20세기 한국민중의 구술자서전 **1.** 어민편
박현수 엮음

짠물,
단물

"이 책은 한국학술진흥재단 2002년도 기초학문육성지원
사업으로부터 지원을 받고 출판되었습니다"

20세기 한국민중의 구술자서전 1. 어민편
박현수 엮음

짠물, 단물

이균옥 · 김양섭 · 최경호 · 주강현

小花

일러두기

1. 책은 다음 순서로 구성되었다. 1) 책머리 2) 서론 3) 개인 생애사 구술 (①개인 약사 ② 개인 가계도 ③개인 연보 ④개인 구술) 4) 생애사 좌담회 5) 20인 연보. 단, 좌담회의 경우, 본 생애사 시리즈 제5편 '고향이 어디신지요?'에만 실었다.

2. 생애사 좌담회는 생애사 구술 텍스트 작업에 참여한 20명의 연구자들이 구술 생애사에 관해 논의한 내용을 정리한 것이다.

3. 20인 연보는 생애사 구술에 참여한 구술자 20인의 연보를 하나의 연대기 속에 묶어 대비(對比)한 것이다.

4. 개인 생애사 구술 부분은 구술자의 구술을 중심으로 구성하였다. 그리고 독자의 이해를 돕기 위해 연구자 영역을 두어 용어나 자료 해설 및 핵심 구술 등을 첨가하였다.

5. 개인 가계도는 구술자의 상황에 따라 생략하기도 했다.

6. 구술은 최대한 구술자의 발음을 그대로 살렸으며 부분적으로 잘못된 사실관계나 이해 불가능한 내용은 연구자가 바로잡았다.

7. 개인 구술 중 (   )는 구술자의 몸짓이나 표정 묘사, 사투리 해제 및 설명을 위한 부호이며 [   ]은 구술에서 생략된 말이나 이해를 돕기 위해 연구자가 첨가한 말의 부호이다.

8. 전문 용어나 부연설명이 필요한 단어들은 각주처리하였다.

짠물, 단물

지금 아니면 안 되는 일: 民衆生活史의 記錄과 解釋

遠近法의 必然性

한국의 인문학도들이 몇 해 전에 가까운 옛날의 民衆生活을 記錄하고 解釋하자고 모여들게 된 것은 사회나 문화 變動의 過速에 대한 현기증을 참을 수 없었기 때문이다. 물론 어느 시대에나 사람들은 자기네 시대가 급속히 변하고 있다고 생각했다. 공자는 급변하는 시간이 사람을 타락시키고 있다고 하여 걸핏하면 "古之君子는…" 하였다. 인류 역사에서 변화를 심각하게 느낀 것은 19세기의 서구인들이었을 것이다. 우리의 선조들이 변화하는 것을 '세상' 또는 '風俗'으로 파악할 때 서구인들은 그것을 '社會' 또는 '文化'라고 하였다.

그러나 오늘날의 변화는 어느 시대, 어느 사회에서나

느꼈던 그러한 변화가 아니다. 변화는 사회나 문화에 그치지 않고 자연에서도 일어나고 있다. 인류의 역사와 비교할 수 없을 만큼 유구한 역사를 가진 까치나 감나무를 보라. 해류나 기후를 보자. 자연이나 생태의 변화도 결국은 인간의 문화변동의 결과에 지나지 않는다.

碧初의 『林巨正』을 처음 읽은 1970년대에, 나는 30년대의 그 벽초가 1970년대보다 1500년대에 더 가까운 사람이 아닌가 생각하였다. 그러나 지금은 그 70년대조차 16세기에 더 가까웠던 것이 아닌가 생각하게 된다. 우리가 살아온 이 시대는 그만큼 중요하다. 변화의 주체였던 우리와 우리 부모도 그렇다.

그러나 우리와 우리 시대는 합당한 대우를 받지 못하였다. 공간적으로나 시간적으로나 사회적으로나 가까운 것은 별로 관심을 끌지 못하였다. 원래 가까운 것이 크게 보이게 마련이다. 원근법 없이는 살 수도 없다. 遠近法은 회화의 表現技法일 뿐만 아니라 우리의 事物認識 方法이기도 하다. 그것은 공간에만 적용되는 것이 아니다.

단위시간당 역사교과서에서 차지하는 페이지 숫자는 확실히 가까운 시대가 많다. 그렇다고 해서 우리의 시대, 20세기가 제대로 대접받고 있는 것은 아니다. 현대사의 중요성을 주장하는 것은 일반 원근법 때문만이 아니다. 20세기의 특수한 의미가 이런 주장을 강요하는 것이다.

시간적, 사회적, 문화적 원근법은 우리에게 現代 生活歷史 작업을 요구한다. 홉스봄에 의하면 진정한 역사는 사회역사(history of society)여야 하며 그것은 역사의 하위 부분 또는 특수 분야로서의 사회사(social history)이기를 거부해야 한다. 이러한 명제는 우리가 구체적으로 추진해야 할 역사 연구에도 그대로 적용되어야 할 것이다. 역사란 생활역사(history of life)일 수밖에 없으며 그것은 결코 기존 역사(학)의 部分(學問)일 수 없을 것이다.

우리가 지향하여야 할 생활역사라는 거창한 개념은 오늘날의 긴박한 상황에 구체적으로 적용되어야 한다. 그렇다면 현 시점에서 우리가 현재의 사회와 문화를 이해하고 기존 역사학이 채 수행하지 못한 현대사 연구에 기여하기 위해 해야 할 일은 무엇인가 생각해 보자. 가까운 것에 대한 경시와 아울러 개발의 열기 및 세대간의 傳承空間 축소가 植民地時代와 6 · 25 시대의 자료를 말살하고 있다. 모든 학문이 경계를 넘어 해야 할 중요한 것은 이 시대를 위해 앞선 시대의 자료를 남기고 다음에 올 시대를 위해 이 시대를 증언하는 일이다.

過去事와 歷史談論

최근 한국에서 일어난 현대사에 대한 관심은 歷史라는 말과 過去事라는 말을 구분시켜 주고 있다. 또한 역사를 역사학의 학문영역에서 시민사회의 영역으로 풀어 주고 있다. 이제 차츰 역사란 특정계급만의 것이 아니라는 생각이 대중화되고 있다. 人類學은 이른바 역사 없는 사람들에 대한 연구에서 출발하였지만, 자의식적인 자기 성찰로 역사에 접근토록 하였다. 인류학의 역사 연구는 특히 한국 생활역사 연구에 많은 것을 보여 준다.

　역사가들이 역사를 서술(historiography)할 때 인류학자들은 문화를 서술(ethnography)하였다. 역사가들이 他時代의 무한한 事象에서 취사선택하여 역사를 구성한다면 인류학자는 他文化 또는 他民族의 무수한 사상을 취사선택하여 에스노그라피를 작성한다. 그런데 두 가지 작업은 독립된 별개의 작업일 수 없다. 역사는 여러 사회에서 나름대로 문화적으로(문화에 의해) 짜여진다. 그 逆의 명제도 타당하여 문화의 틀은 역사적으로 짜여진다. 문화란 본질적으로 과거의 소산이며 과거에 대한 담론은 문화 속의 중요한 부분이다. 그것은 거기에 그냥 있는 것이 아니라 여기서 엮어 내는 것이다. 역사 연구는 문화 연구일 수밖에 없으며 문화 연구와 역사 연구를 구별하는 것은 무의미하다.

　문화 연구를 위해서나 역사 연구를 위해서나 우리가 우선적으로 연구하지 않을 수 없는 것은 한국 현대 생활역사다. 한국 인류학의 경우 긴급한 것은 가까운 과거에 관한 연구다. 한두 세대 전의 사회와 문화에 대한 연구의 경우에도 역사학은 문헌을 중요시하는 나머지 유물과 유적, 그리고 구전 자료 발굴에 소홀하였다. 이러한 작업이야말로 인류학이 주도적으로 수행할 과제다. 여기서 중요한 당면 연구과제로 등장하는 역사란 過去之事 그 자체를 말한다.

　누구나 땅 자체와 이를 묘사한 地圖를 별개의 것으로

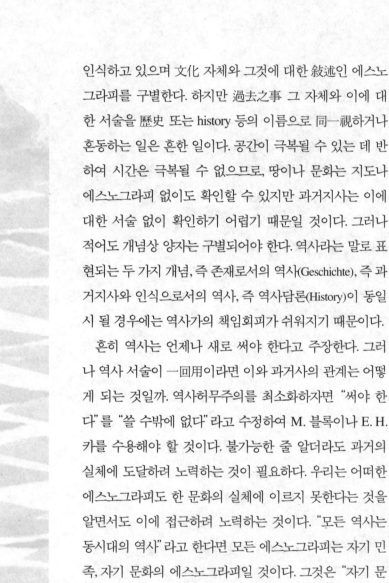

인식하고 있으며 文化 자체와 그것에 대한 敍述인 에스노그라피를 구별한다. 하지만 過去之事 그 자체와 이에 대한 서술을 歷史 또는 history 등의 이름으로 同一視하거나 혼동하는 일은 흔한 일이다. 공간이 극복될 수 있는 데 반하여 시간은 극복될 수 없으므로, 땅이나 문화는 지도나 에스노그라피 없이도 확인할 수 있지만 과거지사는 이에 대한 서술 없이 확인하기 어렵기 때문일 것이다. 그러나 적어도 개념상 양자는 구별되어야 한다. 역사라는 말로 표현되는 두 가지 개념, 즉 존재로서의 역사(Geschichte), 즉 과거지사와 인식으로서의 역사, 즉 역사담론(History)이 동일시 될 경우에는 역사가의 책임회피가 쉬워지기 때문이다.

흔히 역사는 언제나 새로 써야 한다고 주장한다. 그러나 역사 서술이 一回用이라면 이와 과거사의 관계는 어떻게 되는 것일까. 역사허무주의를 최소화하자면 "써야 한다"를 "쓸 수밖에 없다"라고 수정하여 M. 블록이나 E. H. 카를 수용해야 할 것이다. 불가능한 줄 알더라도 과거의 실체에 도달하려 노력하는 것이 필요하다. 우리는 어떠한 에스노그라피도 한 문화의 실체에 이르지 못한다는 것을 알면서도 이에 접근하려 노력하는 것이다. "모든 역사는 동시대의 역사"라고 한다면 모든 에스노그라피는 자기 민족, 자기 문화의 에스노그라피일 것이다. 그것은 "자기 문화와 타문화의 대화"일 것이다. 모든 대화가 상대방에 대한 실체 확인을 바탕으로 하듯, 역사와 민족지는 대상 시대와 대상 문화에 대한 정확한 인식 없이 성공할 수 없다.

실증주의 사학의 보수성에 대한 역사학계의 반발은 근래에 과거가 '어떠하였는가' 라는 문제보다 '어떻게 보고 있는가' 라는 문제에 비중을 두게 하였다. 이러한 경향과 무관하지 않겠지만 인류학에서도 사람들은 세상과 옛날을 '어떻게 이야기하는지' 밝히려 애쓰고 있다. 과거사에 대한 인식과 이의 서술은 문화의 중요한 항목인 만큼 이러한 노력은 한국 문화 연구의 중요한 공백을 채우는 작업이다.

그러나 한국 인류학의 현 단계에서 기대되는 것은 (타자로서의) 원주민들의 신화나 민중의 역사 인식을 찾는 에스노히스토리(ethnohistory)의 전통을 극복하여 과거사 규명에까지 나아가는 것이다. 현장의 자료를 중시하는 인류학은 스스로 역사를 기록하지 못하고 기록되지도 못한 '역사없는 사람들'의 역사 담론은 에스노히스토리라는 이름으로 연구하여 왔다. 그러나 이제는 이들의 역사를 ethno~가 아닌 진짜 history로 복권시키는 일이다. 자신들의 역사는 과학적이고 믿음직하지만 문자 기록이 없는 연구 대상자의 그것은 신화적이며 믿음직하지 못하다는 생각에서 딴 이름을 붙이는 것이야말로 에스노센트리즘의 노출이다.

조금 떨어져 바라보기

지난 2년 반 동안 연구단은 결코 적지 않은 일을 하였다. 시민사회와 인문학의 발전을 위한 이 유례없는 작업은 장시간에 걸친 기획을 요구하였다. 그러나 시대의 증인과 물증의 취약성 때문에 현장출동이 더 강조되었다. 엄밀한 준비를 위한 지연은 자체모순일 수밖에 없기 때문이었다.

작업 자체도 실험적이었지만 연구 작업의 진행과 연구단 운영 방법도 실험적일 수밖에 없었다. 컨소시엄의 규모도 컸지만 이를 구성하는 단위의 숫자도 많았던 것이다. 서울에서 후쿠오카에 이르는 넓은 분포지역도 여러 가지로 실험적 조건이 되었다.

음성 영상 아카이브를 지향하는 이 작업은 조사지역에 대한 공간 파악으로 시작되었으며 차츰 각종 생업군에 대한 조사로 전개되었다. 여러 성격을 지닌 대표성 있는 증인들의 생애사 조사 작업은 차츰 작업의 중심 영역이 되었다.

그 동안에도 쉬지 않고 20세기 민중생활사를 보여 주는 물증들은 사라져 갔으며 증인들은 세상을 떠났다. 가까운 옛날의 사실들은 여전히 왜곡되거나 외면당했다. 복원이라는 이름으로 청계천이 파괴되었다.

오래 된 역사 연구와 가까운 시대의 역사를 연구하는데에는 방법상의 차이만 있는 것이 아니다. 우선 고대의 역사에 비하여 가까운 과거의 역사는 직접적인 이해 당사자가 많아 연구에 어려움이 생긴다. 예컨대 친일 문제라든가 양민 학살 문제 또는 광주사건 연구가 어려운 것은 사료의 부족뿐만 아니라 관계자들의 압력 때문이기도 하다. 잠재적으로 많은 증인이 있더라도 이들의 작용은 부정적일 수 있는 것이다.

　눈앞에서 벌어지고 있는 역사왜곡과 그에 대한 외면은 20세기 역사에 대한 또 다른 필요성을 깨우쳐 준다. 역사 왜곡뿐만 아니라 20세기 역사 자료, 특히 민중생활을 보여 주는 자료의 급격한 소멸은 우리에게 위기를 느끼게 한다. 이런 위기감은 정체감의 상실을 불러온다. 정체감이란 나의 경험을 사회와 시대의 역사 속에 자리잡게 하는 것이기 때문이다.

　지난 2년 반 동안에 20세기민중생활사연구단은 시민들과 지식인들의 관심 속에 실험적 작업을 해 왔다. 이제 작은 매듭을 지어야 할 때다. 이제 스스로를 돌아보고 자기를 성찰함으로써 학계로부터 주어진 일, 시민사회로부터 맡았던 일들이 보람되도록 해야 할 것이다.

　이에 우리는 이번 심포지엄을 연구단의 협력기관이 있는 후쿠오카에서 개최하게 되었다.

　우리는 20세기와 한국과 민중과 생활로부터 조금 떨어져 그 대상을 원경으로서 살펴보고 또 우리 자신의 모습을 돌아보려 하는 것이다. 이러한 疏隔은 조금이나마 觀照(theoria)를 가능케 해 줄 것이다. 볼리바르는 가까이서 관찰하고 떨어져서 판단하자고 했다. 우리의 소격은 어디까지나 密着觀察을 위한 것이다. 어려운 시대가 왔다고들 이야기한다. 가까운 관찰은 어려운 때일수록 필요하고 힘든 때일수록 성공한다.

현대 생활역사의 物證

우리가 현대 생활역사, 특히 민중의 생활역사를 구성하는 데에 있어서 가장 기본적인 자료는 물적 증거일 것이다. 현대생활에 관한 문자기록이나 서술이 기본적으로 심증적인 언증(증언)일 수밖에 없는 데 비해, 유물이나 유적은 일단 物證이기 때문이다. 물증도 잘못 해석될 수 있지만 그 자체로서는 거짓이 없기 때문에, 보수적인 많은 역사학자들이 보조적 사료로서 평가 절하함에도 불구하고 중요하다.

문헌사료보다 더욱 가치 있는 것이 물증적 사료이지만 그것은 한국 역사학으로부터 제대로 이용되지 못하고 있다. 따라서 이런 증거들은 인멸되기 일쑤다. 더군다나 개항기 이후 일제 강점기에 이르는 유물, 유적은 순수성을 인정받지 못하여 제대로 그 가치를 인정받지 못하고 있다. 이들이 제대로 보존되지 못하는 것도 이 때문이다. 식민지 시대의 체험을 떠나 오늘의 한국을 설명한다는 것은 어불성설이다. 식민지 시대를 부정한다는 것은 역사 왜곡이며 과거 은폐다.

물증에 의해 과거의 사회와 문화를 복원한다는 고고학도 요즈음 개발의 치닥거리에 바쁜 데다가 오래 된 것일수록 중요하게 다루는 전통에 빠져 있어 가까운 과거에는 눈 돌릴 겨를이 없다. 뒷날에 이 시대는 고고학 자료의 공백기로서 기록될 것이다. 어차피 전해 오는 삼국시대, 고려시대, 조선시대의 물증은 앞으로도 보존되겠지만 인멸

되어 버린 이 시대의 물증은 어떻게 할 것인가. 골동 애호
가는 물론 학계로부터도 아무런 대접도 받지 못한 채 사
라져 가는 한두 세대 전의 유물 유적은 영화나 방송 드라
마 제작자들의 관심밖에 끌지 못하고 있는 것이 사실이다.

현대 한국의 생활역사에 대한 본격적 관심은 한국보다
외국 인류학자나 박물관에서 잘 나타난다. 한국 농가 한
채를 완벽하게 실어간 외국 인류학자나 현대 한국의 일상
적 물질 자료를 체계적으로 수집, 정리한 외국 박물관은
우리들로 하여금 식민지적 상처를 재발시키게 한다.

현대 생활역사의 물증에 대한 우리의 천대는 민중 계급
에 관한 경우에 더욱 심하게 나타난다. 예컨대 서적의 경
우를 보자. 서정주의 시집은 보존되지만 유행가 책은 보
존되지 않는다. 『사상계』나 『현대문학』 등은 전질이 보존
되어 있지만 『아리랑』이나 『야담과 실화』 같은 책을 누가
보존하고 있는가. 당시 민중의 정서에 미친 영향력을 볼
때 미당의 시집과 세로보다 가로 길이가 길었던 삽화가
실렸던 유행가 책, 어떤 쪽이 보존 가치가 더 큰지는 쉽게
말할 수가 없다.

우선 개괄적인 유물 · 유적 종합조사부터 실시되어 인
멸과 파괴로부터 보존해야 한다. 도시 개발을 위한 환경
평가의 일환으로 이루어지는 고고학적 조사에 당연히 현
대 생활역사를 대상에 포함시키거나 별도의 조사 작업을
설정해야 한다. 개발을 위한 파괴가 불가피한 경우, 지역
주민들의 생활에 관한 조사가 선행되는 것은 너무나 당연

한 일이다. 그것은 사라져 가는 것에 대한 예절일 뿐만 아니라 우리와 부모에 대한 자존심이기도 하다.

서울의 경우, 6 · 25 이후에 형성된 판자촌이나 청계천의 영세 봉제 공장은 물론 신문로의 호화 주택도 보존되어야 하였다. 가회동이 어느 정도 보존되는 것은 그것이 조선시대의 주택을 보여 준다고 생각되기 때문이다. 군산의 일제 건물은 물론 서울 보문동의 과도기 한옥도 조사, 연구되어야 한다. 한국의 초기 산업혁명을 상징하며 농촌의 공업을 대표하는 정미소, 식민지 지배자로 군림하던 일본인들의 주택들도 보존되어야 한다. 이들이 사라지고 나면 가까운 장래에 없어진 이것들을 복원한다고 막대한 자원과 인력이 허비될 것이다.

복원이라는 이름의 공사는 역사복원을 방해한다. 그것은 가벼운 구경거리를 제공하는 데 그쳐야 한다. 진짜 복원은 무형의 복원이어야 한다. 복원은 필요 충분한 근거를 전제로 한다. 그것들을 결여한 유형의 복원은 날조일 수밖에 없다. 황룡사 복원 논의는 많은 것을 시사한다. 보존 없는 복원이란 난센스다.

고고학이 선사고고학과 고대사, 역사고고학에 머문다면 이러한 現代生活에 대한 '歷史考古學' 또는 '考現學' 的 작업들은 연구 대상의 성격과 방법론적 특징 때문에 인류학이 단독으로 감당할 수밖에 없을 것이다. 그러나 한국의 인류학도들은 인류학의 한 분야인 물질문화 연구에 별로 관심이 없다. 이 분야에 대한 연구는 시급한 과제

인 만큼 연구인력의 양성도 집중적으로 추진되어야 할 것이다.

사진은 책과 마찬가지로 정보를 담고 있지만 시각적 매체다. 시각적 정보를 담고 있는 사진은 사라진 사물에 대한 물증이 된다. 한 장의 사진에서 읽어 낼 수 있는 정보의 양은 피사체와 그 배경에 대한 지식에 따라 달라진다. 지난 백년간 한국인들은 공적으로나 사적으로나 적지 않은 사진을 찍히고 찍었으며, 이를 보존하고 있다. 그러나 세월이 지나면서 이를 제대로 판독하고 해석할 능력을 갖춘 사람들은 사라지고 있다. 개인적으로 간직하고 있는 사진들을 발굴해 내고 이를 수집, 정리하여 치밀하게 판독, 해석하고 과학적으로 보존하는 일은 현대 생활역사 연구를 위한 필수적 작업이다. 봉투에 담아 장롱 속에 넣어 둔 사진, 액자에 담아 안방 입구 높은 곳에 걸어 둔 사진, 그리고 인쇄된 학교 졸업 앨범은 그냥 추억거리로 남겨 두기에 너무 아까운 것들이다.

歷史小說과 現在小說

일찍이 洪以燮은 소설이 갖는 사료로서의 가치를 높이 평가한 바 있다. 그 가치는 현대 생활역사 연구의 경우에 특히 강조될 만하다. 우리는 소설의 작자가 자기 시대를 직접 다루었을 때 그 작품을 현재소설이라 하며 동시대가 아닌 과거를 다루었을 때 역사소설이라 부른다. 그러나 문화와 역사가 양립할 수 없고 과거와 현재가 二分法的으로 구분될 수 없다면 역사소설과 현재소설도 단절되는 것이 아니다. 역사기록이나 민족지는 사실 서술을 지향하는데 반하여 敍事文學 작품은 사실주의적 소설을 표방하는 경우에도 픽션이라는 울타리 안으로 피신할 수 있어, 양자의 자료적 가치는 일단 구분된다. 하지만 역사 기록에도 史料批判이 필요한 것은 신뢰도에 문제가 있기 때문이다. 기록과 소설의 사료적 가치는 연속선을 이룬다. 역사기록의 사료비판이 참되지 못한 부분을 가려내는 작업이라면 문학 자료의 사료비판은 참된 자료를 골라내는 작업이 되어야 할 것이다.

현대 생활역사를 총체적으로 구성하는 데에 나타나는 자료의 공백을 채우고 그 시대의 전체적 에토스를 이해하는 데에 소설은 중요한 자료가 된다. '典型性'을 추구하는 문학작품들은 다른 자료들에 비하여 문화적, 사회적 事象을 밀도 높게 정제하고 있는 경우가 많다. 특히 자료의 原初性이라는 시각에서 볼 때 역사소설보다 중요한 것은 작가 자신이 살았던 사회와 시대를 배경으로 하여 집필한 현재소설 작품이다. 追體驗보다는 直接體驗이 진짜에 가까운 자료를 제공하기 때문이다.

1930년대 지방도시 소시민을 그린 蔡萬植의 "濁流"를 분석한 洪以燮은 자신이 '조선 사회를 역사적으로 보는 의식의 한 소재로서 채만식의 문학'을 보았지만, '역사 증거로 채만식의 현실인식을 추구' 했어야 했을 것이라고 말하여 Lukacs의 "역사소설론"에 접근하고 있다. 역사학자 홍이섭조차도 작가정신이라든가 역사인식, 현실인식을 중요시했으나 지금 우리에게 소설 자료가 중요한 것은 그러한 인식 자체보다 인식의 대상이 된 역사적 사실과 현실에 대한 자료다.

6 · 25를 전후한 시대에 대한 증언으로서 권정생, 하근찬, 박경리, 박완서, 박정요 등의 작품과 이보다 앞선 일제강점기를 그린 이기영, 채만식, 염상섭, 박태원, 최서해 등의 작품을 이용하기에 앞서 우리는 자료적 부분과 허구적 부분을 구분해 놓아야 한다. 그러나 이러한 작업은 동시대 사람이 아니면 어려운 일이다. 작가 자신의 설명과 同時代에 同社會를 살아온 사람들의 텍스트 분석이 필요하다. 이러한 작업이 시급한 것은 이러한 사람들도 생명에 한계가 있기 때문이다.

口述史의 중요성과 인류학적 방법

애당초 지배계급의 전유물이었던 문자는 나아가 물신화되었으며 문자 자료는 구술자료보다 진정한(authentic) 것으로 평가받게 되었다. 따라서 기록되지 않은 사회의 역사는 Geschichte건 Historie건 이를 ethnohistory라 하게 되었으며 문자 아닌 구술 전기는 biography라는 말 대신에 생애사 또는 생애담(life history)이라는 말로서 차별해 왔다. 역사 기록이 없는 사람들의 역사를 구성하자면 구전자료를 문자자료와 동등한 가치를 가진 것으로 인정해야 하며 생애담은 문자로 정착된 전기와 동등한 대우를 받아야 한다. 자료의 원초성이라는 관점에서 보자면 꾸밈 없는 이야기로 된 구전 자료의 가치는 작위적인 문자 자료의 가치보다 앞설 수도 있다. 우리는 5 · 18 당시의 '유비통신'이나 '카더라 통신'과 제도권 언론의 보도 내용의 차이를 통해 이러한 사실을 확인할 수 있었다. 더군다나 역사상 중요한 결정이나 명령은 문서보다 말로 이루어지는 경우가 많다. 예컨대 일제시대와 6 · 25 전쟁이 한국 민중에게 무엇이었으며 그것은 현대 생활에 어떠한 조건으로서 작용하였는가. 역사문헌은 이러한 생활역사 구성에 별로 도움이 되지 않는다. '노근리 사건' 같은 事件史조차 전쟁 기록을 통해 밝힌다는 것은 불가능하거나 아니면 터무니없이 답답하고 힘든 일이다.

歷史라는 두 글자의 단어에는 원래 문자 기록이라는 의미가 강하게 내포되어 있었다. 그러나 이 말은 이제 '히스토리'의 번역어로 쓰이고 있으며 이 단어의 뿌리인 historia라는 그리스 말은 원래 이야기라는 뜻이니까 구술 자료일 수밖에 없었다. prehistory니 protohistory니 하여 히스토리를 문자 기록에 국한시킨 것은 근래의 일이다. 원래의 뜻에 따른다면 구술된 역사를 그냥 history라 해야 하고 기록된 역사를 written history라 해야 할 것이다. 그렇다면 구술사라는 말이 없어지고 기록사라는 말이 생겼어야 할 것이다.

기록된 역사에서 가장 많은 부분을 차지하는 것이 개인의 전기인 만큼, 앞으로 수집되길 기대되는 구술사 자료

도 대부분이 구술 전기(라이프 히스토리)가 될 것이다. 구술
된 개인의 역사 또는 전기들은 제각기 하나의 과거사를
여러 관점에서 보여 주어, 이야기가 "羅生門"식으로 전개
될 수밖에 없지만 이 점은 구술된 전기만의 문제가 아니
다. 문자로 기록된 전기도 다를 것이 없다. 또한 구술 역사
나 구술 전기에는 과거의 사실과 현재의 관점이 어울려
과거사가 그것 자체로서 서술되지 못하는 경우도 많다.
하지만 이 점도 기록된 역사와 다를 바가 없을 것이다. 문
자 기록과 구술 사이의 차이는 본질적인 것이 아니다.

우리는 기록되지 않은 부분을 찾아내어 이를 구술사 자
료로써 채워야 할 뿐만 아니라 구술사 자료를 주된 자료
로 삼아 역사를 다시 인식하고 서술해야 한다. 이를 위해
시급한 작업은 직접 생활 터전에 나아가 자료를 수집하는
일일 것이다. 현대사의 중요한 사건들과 그런 사건 속에
서 개인이 겪은 외상들은 자료 수집에 좋은 조건이 된다.
더군다나 책 한 권으로는 어림도 없다고 생각하는 할머니
들의 '신세타령'은, 그것이 '자서전'으로서 복권되는 한,
한국 현대 생활역사 자료의 무한한 재고목록을 이룰 수
있을 뿐만 아니라, 歷史의 民主化에도 크게 기여할 것이
다. 현재 전국에 무수한 잠재적 구술사 자료가 있듯이 인
류학을 비롯한 인문, 사회과학계에는 적지 않은 학문 예
비군이 있다. 위기에 처한 기초학문을 살리고 한국의 인
문 사화과학을 독자적인 것으로 발전시키는 길의 하나가
현대 생활역사의 발굴과 그 결과물의 연구에 있을 것이다.

현대 생활역사의 물증들이 인멸되고 있듯이 증인들도 사라지고 있다. 일본의 岩波書店이 "私の昭和史"라는 제목으로 개인사 자료를 공모한 것은 소화시대가 끝난 직후였으며 S. Terkel은 대공황 40년 뒤에 이에 관한 구술자료 *Hard Times*를 엮어 냈지만 6 · 25는 50년이 되었으며 일제강점기가 끝난 시점도 60년 전이다. 우리가 수집할 수 있는 직접체험 자료의 上限은 기껏해야 70년 정도다.

이제까지 적지 않은 회고록과 전기류가 간행되었고 '논픽션'이라는 사건 기록들도 나왔다. 그러나 대부분이 자기의 처지를 변호하는 명사들의 것이거나 큰 사건의 뒤안길을 이야기하는 데에 그치고 있다. 일단 문자로써 스스로를 표현할 수 있는 계급의 기록이라는 데서 한계가 주어진다. 민중 생활의 역사를 내세우는 "~어떻게 살았을까"류도 총체적 접근과 거리가 멀고, 문헌주의를 벗어나지 못했다. 이런 문제를 극복하여 사람들의 생활 모습을 빠짐없이 겹침 없이 밝히자면 조직적으로 상당히 많은 수의 증인을 채택하여 각 증인의 전기를 체계적으로 채록하여야 한다. 우선 순위는 자료수집에 있다. 자료의 비판과 해석, 그리고 편집과 텍스트의 문자화 작업은 자료 수집을 바탕으로 하기 때문이다. 소수의 대상에 대한 집중적 자료 발굴은 결코 안전한 방법이 아니어서 O. Lewis의 *Five Families*에서 보이는 바와 같은 조사 방법은 일단 유보할 수밖에 없다. 시급한 상황에서 그런 방법에는 너무 큰 위험이 따르기 때문이다.

이 과정에서 필요한 것은 그 내용의 콘텍스트에 대한 이해다. 이런 이해를 위해서는 문헌사학의 성과에 의존하지 않을 수 없을 것이다. 문헌주의 역사학과 마찬가지로 경계해야 할 것이 문헌을 무시한 채 유물, 유적과 구술 자료에만 의존하는 에스노히스토리의 전통이다. 적지 않은 문헌이 이용 가능한 만큼 한국의 현대사 규명을 위해서는 이의 이용이 필요하다. 구전자료 이용에는 철저한 준비 작업이 필요하다.

結語

바야흐로 세기가 바뀌었다. 세월이 비연속적으로 진행할 수 없다면 세기의 전환이란 별 의미가 없는 것이다. 그러나 시간의 매듭은 우리가 못 다한 일을 마무리할 기회를 준다. 한 시대를 정리하지 않고 다음 시대를 준비한다는 것은 있을 수 없는 일이다. 새로운 세기에 들어서는 이 시점은 늦었지만 더 늦기 전에 우리가 살아온 시대를 증언하고 그 시대의 증거를 지킬 것을 요구한다. 볼테르는 18세기에 역사가 손가락으로 꼽을 수 있는 소수에 관한 기록에 머무는 것을 개탄했다. 20세기에 들어와 역사학은 보통 사람들의 일상생활에 주목할 것을 주장하였다. 그러나 대다수 민중들의 비근한 생활 모습은 여전히 역사에서 물러나 있다.

어느 시대에나 사람들은 자기 시대가 가장 급변한다고 보았지만 우리가 겪은 백년 세월은 진정 미증유의 세기였다. 이 시대의 자취를 보전하고 역사에서 소외된 보통 사람들의 역사를 그들의 입을 통해 받아 내는 일이야말로 오늘의 우리가 피할 수 없는 무겁지만 영광된 사명이다. 역사학과 달리 인류학은 발생 초기부터 역사 없는 사람들을 다루어 왔다. 역사 있는 민족이 역사 없는 민족을 연구하고 역사 있는 계급이 역사 없는 계급을 조사했다. 그러나 이제는 역사 없는 민족이란 허구이며 그들은 제국주의에 의해 역사를 빼앗긴 것이라고 생각하게 되었다. 역사로부터 소외되어 온 계급의 역사를 새로 구성하려 하고 있다. 그러나 역사를 빼앗긴 채 살아온 사람들의 역사를 대신 기록한다는 자세에는 문제가 있다. 우리는 그들이 스스로의 역사를 표현할 기회를 마련하여 주고 이를 정리할 각오를 해야 할 것이다.

현대 생활역사를 연구하거나 이를 위해 자료를 수집 보존하는 일에는 엄격한 방법론적 준비가 선행되어야 한다. 그러나 대상은 방법에 선행한다. 방법은 목적 또는 대상에 의해 결정된다. 목적지가 길을 규정하는 것이지 길이 목적지를 정해 주는 것은 아니다. 매일 없어지는 물증과 증인은 우리에게 탁상의 논의를 허용하지 않는다.

엮은이 20세기민중생활사연구단장
박현수(영남대학교 문화인류학과)

20세기를 산 민중들의
구술생애사: 그 의미와 특징

구술생애사의 의미

20세기민중생활사연구단은 한국학술진흥재단의 2002
년도 기초학문육성사업의 지원을 받고 지난 2년 동안 민
중들의 이야기를 모아 왔다. 출범 당시 연구단이 내건 기
치는 지난 세기를 살면서 격동의 역사 속에 묻혀 있었던
사람들에게 역사를 돌려주고자 하는 시대적인 소명의식
이었다. 세계사에서도 유례를 찾기 힘들 만큼 변화를 겪
으면서 살아온 우리 민중들의 삶을 되돌아보는 중요하고
도 의미 있는 기회였다.

민중생활사연구단에서 중점적으로 모아 온 자료는 구
술생애사이다. 구술생애사란 사람들이 자신들의 생애를
이야기하는 것을 말한다. 왜 이 방법이 민중생활사연구의

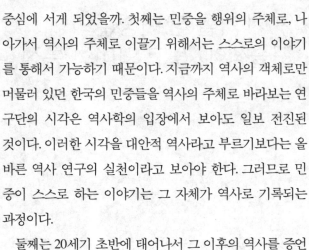

중심에 서게 되었을까. 첫째는 민중을 행위의 주체로, 나아가서 역사의 주체로 이끌기 위해서는 스스로의 이야기를 통해서 가능하기 때문이다. 지금까지 역사의 객체로만 머물러 있던 한국의 민중들을 역사의 주체로 바라보는 연구단의 시각은 역사학의 입장에서 보아도 일보 전진된 것이다. 이러한 시각을 대안적 역사라고 부르기보다는 올바른 역사 연구의 실천이라고 보아야 한다. 그러므로 민중이 스스로 하는 이야기는 그 자체가 역사로 기록되는 과정이다.

둘째는 20세기 초반에 태어나서 그 이후의 역사를 증언할 수 있는 사람들이 벌써 풍전등화 같은 존재가 되어 버렸다. 고령이나 질병 등으로 곧 역사의 무대에서 사라질 날이 얼마 남지 않았기 때문이다. 한시라도 빨리 만나서 이들의 경험담을 듣는 일이 시급하다.

셋째는 새로운 역사 연구 방법의 창안이라는 점에서 의미가 있다. 기존의 역사 연구에 있어서 구술사 채록은 보조적인 자료수집의 한 방법이었을 뿐이었다. 그러나 민중들이 경험한 기억을 구술한 내용을 하나의 사료로서 끌어올리는 작업은 기록의 역사 못지않게 필요한 영역이다. 그래서 연구단에서는 구술사를 긍정적으로 인식하면서 구술자료의 신뢰도와 타당도를 높이는 일에 힘을 기울이고 있다. 예를 들면, 구술된 내용의 사실 여부를 확인하는 작업을 충실히 하고 있다.

넷째는 구술생애사는 구체적이고 상세한 내용을 놓치

지 않음으로써 다른 자료에서 구할 수 없는 사실을 밝힐 수 있다는 장점이 있다. 더욱이 전체사의 흐름 속에서 한 개인이 겪은 미시적인 생애사는 역사의 실제를 만나도록 해 준다. 경험과 기억의 장치를 통과하여 나오는 구술생 애사는 특정한 정치적 이념에 의해서 기록된 역사도 아니고, 이론적 틀에 맞게 쓰여지는 역사는 더 더욱 아니다. 단지 한 개인의 삶 전체를 통해서 역사적 실재를 만나게 될 뿐이다. 때로는 치열하게 부딪치면서, 때로는 초월자처럼 담담하게 살아온 한국 민중들의 삶을 있는 그대로 그릴 뿐이다. 이것이야말로 이론, 논리, 그리고 이념을 뛰어넘어 조우할 수 있는 역사적 진리가 아닐까 하고 생각한다.

마지막으로 구술생애사는 일방통행식의 연구가 아니라 상호교류가 강한 공동작업이라는 점에서 민중생활사연구에서 꼭 필요한 방법이다. 민중을 이해하기 위해서는 연구자가 정해 놓은 틀이나 작업가설 등에서 벗어나야 한다. 다시 말해서 구술자와 면담자가 만나서 함께 말하고 듣고 기록하는 공동작업을 통해서 역사를 새로 기록하는 일이다.

이 작업에서는 구술자는 되도록 자신을 객관화시키면서 신뢰성이 높은 이야기를 하는 자세가 필요하다. 면담자도 개인적인 욕심을 줄이고 상대편의 입장에 서야 한다. 면담자들이 원하는 방향으로 질문을 유도해서도 안 된다. 한편으로 면담자는 직업적인 감수성을 총동원해서 구술의 상황—목소리, 눈빛, 손짓, 몸짓 등—을 빠뜨리지 않고 구술사 채록 속에 넣어 두는 일도 중요하다. 이야기의 컨텍스트가 그 내용이 제대로 전달되도록 돕기 때문이다.

연구단의 구술생애사 채록 작업은 한국 민중들의 실제 경험을 역사화하는 일이다. 이 방법은 면담자 혹은 연구자의 입장에서는 쉽지 않은 작업이다. 구술자들을 만나야 하고, 함께 이야기를 끌어내고, 기록하는 등의 어려운 과정을 거쳐야만 한다. 그럼에도 불구하고, 민중들의 구술생애사는 지금까지 소홀히 다루어져 온 민중들의 삶을 조망하면서 새로운 역사쓰기로 나아가기 위한 초석이 될 것이다.

구술생애사 내용의 특징

스무 명의 연구자들이 만난 스무 명의 민중들의 삶의 모습은 그야말로 각양각색이다. 결국 마흔 명의 작업이기에 일사불란하게 구분을 지워서 통일된 내용과 형식을 갖추어서 낱권으로 만들어 내기는 어려웠다.

각 화자와 청자의 입장이 다르다는 점을 존중해 주어야만 구술생애사의 진면목이 살아난다. 또 한 개인의 생애가 마치 파노라마처럼 펼쳐지기 일쑤여서 이들을 특정한 집단에 분류하는 것도 어렵다. 예를 들면, 농사를 지으면서 이십 년, 장사를 몇 년 하다가 품팔이 노동을 하면서 이십여 년, 그 후 다시 농촌으로 돌아가서 농사를 짓는 일도 드물지 않다. 이러한 민중들의 생애를 어떤 기준을 가지고 분류할 수 있을까? 이들을 직업별 또는 계층별로 나

눌 때 농민에 속할까, 상인에 속할까 아니면 노동자에 속
할까?

구술자들의 이야기를 명쾌하게 구분짓기는 어렵지만
이들의 생업활동 가운데에서 공통점을 찾아서 묶어 주기
로 하였다. 마침 연구자들이 2차 연도 작업의 일환으로 민
중들의 생업활동에 주목하면서 구술을 받았다. 조사를 위
해서 사용된 생업활동의 분류는 농업, 어업, 노동, 그리고
상업이었다. 이러한 기준을 가지고 만난 사람들의 구술이
기에 이 책에서도 우선적으로 유사한 생업활동을 기준으
로 내용을 묶어 보았다. 그러나 한 동아리로 묶어 놓기는
했어도 그들의 생애가 유사하다고 보기에는 어색한 경우
도 많다. 이 점을 미리 알려서 독자들에게 양해를 구하고
자 한다.

20인의 이야기를 크게 다섯 권으로 묶어 보았다. 첫 번
째 권이 바로,『짠물, 단물』이 책이다. 여기에서는 바다에
기대어서 한평생을 살아온 네 사람의 이야기가 들어 있다.
두 번째 권인『흙과 사람』에서는 땀 흘리며 정직하게 땅
을 일구며 살아온 네 사람의 시골농사꾼의 기나긴 인생
여정이 펼쳐진다. 세 번째 권,『장삿길, 인생길』에서는 사
회적으로 합당한 대우를 받지는 못했지만, 부지런히 그리
고 최선을 다하며 산 상인 또는 가내수공업자의 이야기
를 담았다. 네 번째 권,『굽은 어깨, 거칠어진 손』은 막노
동꾼으로부터 전문직 노동자에 이르기까지 모두가 힘을
다해서 산 네 명의 노동자들의 생애이야기이다. 다섯 번

째, 『고향이 어디신지요?』에서는 태어나서 살던 곳을 떠나 낯선 곳으로 옮겨 살게 된 이주민들의 애달픈 이야기가 실려 있다.

다섯 권의 시리즈로 만들어진 20인의 구술생애사 가운데 이 책은 포항 해녀 이춘지, 인천의 배목수 최상윤, 목포 뱃사람 이동남, 그리고 오이도의 강인구의 생애이야기가 들어 있다. 이 네 사람은 각각 한반도의 동쪽, 서쪽, 남쪽 바닷가에 터전을 내리고 자신들의 삶을 바다에 맡기면서 산 것은 같지만, 서로 다른 일을 하면서 일생을 보낸 사람들이다. 평생 한 번도 서로 마주친 적도 없이 산 사람들인데, 민중생활사연구단을 만나면서 비록 책 속이지만 한 자리에서 만나게 되었다. 이들이 누구인가를 미리 간략하게 소개해 보기로 한다.

제주 해녀인 어머니를 좇아서 평생 '물질'을 하게 된 포항 해녀 이춘지의 생애사에서는 가족의 생계를 짊어지고 바다에 뛰어드는 여인의 강인한 생활력과 해녀들끼리 만드는 여성공동체의 모습을 읽어 볼 수 있다. 그리고 배목수로 평생을 산 팔십 고령의 최상윤은 비록 재산을 모으지는 못했지만, 한때는 조선의 유능한 배 만드는 기술자로 이름을 냈고, 그 자부심이 오늘날까지도 그를 지탱하고 있다. 진도에서 태어나서 어린 나이에 혈혈단신 목포로 나와서 뱃일을 시작한 이동남은 열네 살 때부터 닥치는 대로 배를 탔다. 기관장, 선장으로 승승장구 했으나 뒤에는 밀수사건에 연루되는 고초도 겪었다. 그의 생애이

야기 속에는 떠돌이 선원 생활의 애환이 들어 있다. 오이
도 염부에서 시작했으나 뒤에는 생선중개인으로 생업을
바꾼 강인구는 말년에는 바다가 주는 혜택을 완전히 잃고
만 사람이다. 바다가 사라진 곳에서 이주보상비를 받고
근근이 살아가는 그의 삶을 통해서 우리는 바다의 혜택을
잃은 쓸쓸한 삶을 들여다본다.

독자들은 이들의 이야기뿐만 아니라 이야기와 관련된
사진들까지 곁들여서 볼 수 있으며 때로 구술자들이 소장
한 사진이 없을 때는 직접 손으로 그려서까지 자신들이
걸어온 삶의 작은 부분을 드러내 주는 정성과 수고로움까
지도 느껴 볼 수 있다. 그래서 이 책 속의 네 분이 자신의
생애이야기를 언어로만 들려 준다기보다는 온몸으로 보
여 주고 있다는 것을 독자들은 깨닫게 된다.

구술생애사 구성 방식

구술생애사 채록작업이 화자와 청자 두 사람의 공동작
업임을 보여 주기 위해서 이 책에서는 시각적으로 각각의
공간을 분리하였다. 화자가 말하는 부분과 청자가 들으면
서 해설하고 해석하는 부분이 바로 그것이다. 민중생활단
연구단에서는 이곳을 구술자의 공간과 연구자의 공간으
로 부른다. 구술자의 공간에서는 말하는 사람의 이야기를
될 수 있는 대로 그대로 드러나도록 하였다. 구술자의 사
투리, 어눌한 말솜씨, 반복적인 내용 등도 독자들에게 그
대로 전달될 수 있도록 하였다. 이러한 의도는 구술된 내

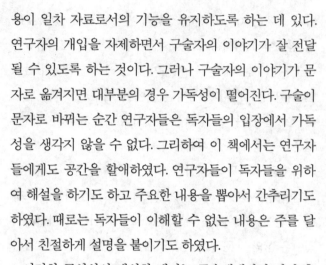

용이 일차 자료로서의 기능을 유지하도록 하는 데 있다. 연구자의 개입을 자제하면서 구술자의 이야기가 잘 전달될 수 있도록 하는 것이다. 그러나 구술자의 이야기가 문자로 옮겨지면 대부분의 경우 가독성이 떨어진다. 구술이 문자로 바뀌는 순간 연구자들은 독자들의 입장에서 가독성을 생각지 않을 수 없다. 그리하여 이 책에서는 연구자들에게도 공간을 할애하였다. 연구자들이 독자들을 위하여 해설을 하기도 하고 주요한 내용을 뽑아서 간추리기도 하였다. 때로는 독자들이 이해할 수 없는 내용은 주를 달아서 친절하게 설명을 붙이기도 하였다.

이러한 구성상의 세심한 배려는 구술생애사가 단지 흥미로운 이야기의 차원을 넘어서 당대의 사회적, 경제적, 정치적 상황과 민중들의 인식세계를 알아볼 수 있는 사료가 된다는 점을 나타내기 위함이다. 이 구술생애사집은 각 개인들의 사적인 기억 속에 들어 있던 이야기들을 꺼내서 구술케 하고, 그것을 공적인 자료로 만들어 내는 데 그 목적을 두었다. 민중들의 구술이 개인적인 경험담의 범위를 넘어서서 당대의 문화를 보여 주는 자료집으로서도 기여할 것으로 본다.

이 책을 돋보이게 하는 생애사 연표와 좌담회 회의록에 대해 덧붙여서 설명하고자 한다. 생애사 연표를 작성한 이유는 두 가지이다. 하나는 국가적으로 중요한 일이 일어난 시점에 민중들은 어디에서 무엇을 하고 있었는가를 생각해 보도록 하는 것이다. 두 번째로는 각 구술자의 행적을 추적하면서 비교해 볼 수 있는 이점이 있다. 이 연표를 통해서 20여 명의 구술자들이 언제 어디에서 무엇을 하고 있었는가를 서로 대조하여 볼 수 있다. 이 책이 아니었더라면 한 장소에서 모두 만나 보기 힘든 사람들을 모아서 독자들에게 한꺼번에 만나 볼 수 있도록 한 것이 우리들의 임무이다.

이 책의 장점은 구술생애사를 표방하면서도 구술자료에만 치중한 것이 아니라 사진, 기록 및 물증 자료를 최대한 많이 수집하였다. 그 결과, 책에서도 다양한 볼거리를 제시하고 있다. 이 자료들은 구술자의 이야기를 보충하는 자료로 제공되고 있다. 물증자료 그 자체가 말해 주고 있는 나름대로의 이야기도 있다. 또 독자들은 사진이나, 그림, 가계도 속에 들어 있는 인물, 옷차림, 거리풍경, 건물, 집안의 물건 등을 통해서 구술자가 살아온 시대의 사회적, 경제적 상황을 알게 된다.

또 연구자들이 좌담회를 개최하면서 그 동안 생애사를 수집하는 과정에서 경험한 문제들을 허심탄회하게 논의하였다. 그 좌담회의 내용을 여과 없이 실었다. 연구자들이 현지조사를 나가서 구술자를 선정하고 그들의 이야기를 듣게 되는 과정을 진지하게 논의하였다. 뿐만 아니라 생애사 수집이 끝나고 연구실로 돌아와서는 녹음을 풀어야 하는 어려움도 맞닥뜨리게 된다고 고백하였다. 그리고 연구자들이 집필하면서 느꼈던 문제점 가운데 특히 구술생애사가 자료로서 또 민중들의 진정한 역사서로 거듭나

기 위해서 짚어야 할 점들을 지적하였다. 이와 같은 연구
자들의 성찰적 자세가 구술생애사 연구를 발전시킬 수 있
을 것으로 기대된다.

이 책이 기획되면서부터 출판되기까지는 예상보다 많
은 시간과 노력이 들었다. 우선은 20명 개개인의 작업을
하나의 시리즈로 묶기 위해서는 크고 작은 문제를 해결해
야 했기 때문이다. 일의 성격상 일사불란하게 움직여지는
작업이 아니었다. 그러나 이 작업이 책으로 나올 수 있었
던 것은 전적으로 박현수 교수님의 지도 아래 지난 2년
동안 동고동락하며 다져 온 연구교수들의 끈끈한 동지애
와 팀워크의 결과였다. 또한 뒤에서 묵묵히 이 작업을 도
와주었던 많은 연구원들의 노고도 빠뜨릴 수 없다. 그리
고 마지막 공은 역시 출판팀에게 돌아가야 한다. 어렵고
도 고된 작업인 줄 알면서도 선뜻 승낙하며 꼼꼼히 교열
을 봐 주시고, 참하게 정성껏 꾸며 주신 소화가족들에게
감사드린다.

그리고 이 책을 만드는 데 가장 큰 공로를 세운 사람들
은 바로 구술자 자신들이다. 연구자들이 수 차례 방문하
면서 귀찮게 구는 것을 마다하지 않고, 자신들의 이야기
를 진솔하게 해 준 구술자들에게 이 자리를 빌려서 다시
한 번 감사를 드리는 바이다. 지금까지 누구도 돌아보지
않았던 힘없는 민중들의 이야기를 듣는다는 것은 새로운
역사의 시작을 예고한다. 다시 말해서 역사의 민주화를
향한 노정이 시작되었음을 의미한다. 20세기민중생활사

연구단의 이러한 역사적 사명감에 동조해 주신 구술자분들과 가족들에게 감사의 마음을 전하는 바이다.

20세기민중생활사연구단 공동연구원
함한희(전북대학교 고고문화인류학과)

'물질', 그기 아이마 우예 살아남았겠노

— 이춘지의 삶, 그 아픔과 기쁨

이균옥(영남대학교 민족문화연구소)

이춘지는 2004년 현재 66세로 구룡포 삼정리에서 태어
나 구룡포에서 자랐다. 부모님은 제주도 출생으로 어머니
는 해녀였고, 아버지는 제주도의 해녀를 모집하여 경상도
일대에서 잡업시키는 소위 '해녀 인솔자' 였다. 이춘지는
아버지의 병환으로 가정살림을 떠맡게 되면서 어머니로
부터 해녀 일을 배우게 되었다. 아버지는 10여 년 동안 앓
다가 돌아가셨으며, 어머니도 3년간 병으로 작업을 못하
게 되자, 이춘지는 자신이 가족을 부양하지 않을 수 없게
되었다.

이춘지와 함께 해녀 작업을 하던 현재의 시누이가 자기

동생을 소개시켜 주면서 현재의 남편과 결혼하게 되었다.
남편은 결혼 당시에 머구리였는데, 몇 번이나 잠수병에
걸리기도 했다. 남편은 배를 3척 마련하여 배 사업을 했으
나 실패하였다. 머구리 작업이 과거와 달리 수입이 적어
지게 되자 남편은 방파제 건설현장에서 잠수를 요하는 작
업을 하고 있다.

집을 마련하고 논밭을 장만하고 배를 마련하느라 계속
빚을 졌으며, 얼마 전에야 빚을 청산할 수 있었다. 이제는
막내아들을 결혼시킬 때 빌린 돈이 빚의 전부라고 한다. 6
남매를 모두 결혼시켰으며, 자신이 일을 할 수 있을 때까
지 자식들에게는 기대지 않겠다고 한다. 다만 지금의 걱
정거리는 남편이 2번의 수술 후 2달에 1번씩 서울로 약을
타러 갈 때의 경비와 남편의 건강상태이다. 그 외의 다른
근심은 없으나 큰아들에게 아들이 없어 조금 서운할 뿐이
라고 한다.

구술자는 그의 생애에서 보이는 것처럼 강인한 삶을 살
아오신 분이다. 이런 삶에 대한 태도는 구술을 할 때에도
적극적으로 드러났다. 3차례의 조사에서 본인이 주도적으
로 구술을 모두 진행하였다. 이춘지는 구술자의 생애사
외에 동해안 지역 해녀들의 작업과정이나 수익의 분배 방
식 그리고 이 일의 어려움에 관해서도 구술하였다.

이춘지의 가계도

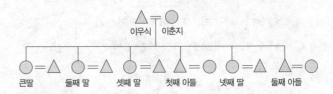

△ 남자　○ 여자　＝ 결혼

이춘지의 연보

1939년(1세)　출생.

1947년(9세)　9살에 구룡포 국민학교에 입학하여 한국전쟁 때 울산으로 피난을 갔다 돌아와서는 학업을 그만둠. 당시 아버지의 병환으로 공부를 계속하는 것이 어려워짐. 그 이후 자배기 등으로 해녀 일을 배우기 시작.

1959년(21세)　본격적으로 해녀 일을 시작.

1961년(23세)　남편 이우식(1939년 출생)을 만나 결혼함. 이우식은 같이 일하던 해녀인 시누이의 소개로 이루어짐.

1962년(24세)　첫째 딸 태어남.

1963년(25세)　남편이 머구리 배를 사서 5년 정도 일을 했으나 잘 되지 않았음.

1965년(27세)　둘째 딸 태어남. 부부가 강원도로 일을 하기 위해 갔다가 1976년에 돌아옴.

1968년(30세)　셋째 딸 태어남.

1970년(32세)　첫째 아들 태어남.

1972년(34세)　넷째 딸 태어남. 큰골 새에 1,300평의 밭을 구입.

1975년(37세) 둘째 아들 태어남.
1978년(40세) 현재의 집터로 옮김. 이때는 뱃집의 형태로 방
　　　　　　　두 칸을 넣어 가족이 살았음.
1983년(45세) 집을 다시 지어 현재까지 살고 있음.
1984년(46세) 밭을 팔고 돈을 빌려 논 1,270평을 구입하여 현
　　　　　　　재까지 농사를 짓고 있음.
1987년(49세) 첫째 딸 결혼.
1989년(51세) 둘째 딸 결혼.
1992년(54세) 셋째 딸 결혼.
1996년(58세) 첫째 아들 결혼.
1999년(61세) 넷째 딸 결혼.
2003년(65세) 둘째 아들 결혼.

보리밥도 실컷 못 묵고

(지금부터 주우욱 살아오신 얘기들 하시면 되거든요.)
나 처음 구룡포에서 컸거든. 구룡포에서 엄마랑 해녀 작
업하면서 아버지가 아파 가지고 엄마도 아파 가지고 내가
벌어 가지고 동생 하나 공부시키고 엄마 아빠 병수발하다
가 엄마는 그래도 나았지만, 아버지는 한 10년 앓다가 돌
아가시고, 그래가 또 이 어른을 만나가 내가 여기 시집을
왔다. 시집오니까 시어른들도 안 계시고 남의 집에 머슴
살이처럼 그래 살다가 참 날 만나 가지고 결혼해 가지고
이왕 만나자마자 군대를 가 뿌리지. 결혼해 가지고 할 수
없이 여기 오니까 집이나 있나 절이나 있나. 시어마시(시
어머니) 산에 저 집 한 채하고 살다가, 이 밑에 여기 와가지
고 헌집을 뜯어다가 저 헌집[에서] 살다가 [헌집을] 뜯어
다가 집을 지어 놓으이, 그 집이 운이 안 맞아가 몇 번 사

▶ 구술중인 이춘지 씨

람이 죽고 살고. 우리 아저씨 머구리 잠수했거든. 머구리
잠수하다가 시베리[1]가 걸려 가지고 몇 번이나 죽고. 이 피
가 마비가 되 뿌면, 갑자기 해녀질하다가도 갑자기 넘어
지 뿌릴(넘어져 버릴) 수가 있거든 피가 잘 안 통하면. 그래
가 우리 아 아바이가(아이 아버지가) 배를 모아가(모아서)[2]
배를 3척이나 모아도 작업이 안 되 가지고, 우리가 참 가
난하게 살아 나왔는데, 아들캉(아들하고) 살라 카이(살라고
하니) 물에 안 들어가면 안 되고, 참 내가 해녀질 해가 [살
면서] 우리 아저씨하고 하다가. 우리 아저씨도 공사장에
일하러 다니다가 뭐. 뭐. 자꾸 일도 되지도 않고 그래가 뭐
하다가 말다가 하다가 말다가. 인자는 폐가 나빠 가지고, 2
번 수술하고 인자 내가 벌어가 아들 결혼 이럭저럭 다 시
키고. 6남매 결혼 다 시키고. 이랬는데 우리가 살아 나가
니 저 주문진까지 가가(가서) 그까지 가 가지고, 감자 삶아
가 8월 15일 날, 감자 삶아 밥해 먹었다. 8월 15일 날이 벌
이가 안 되가. 허허허. 그 가가(가서) 아들 놓고,(낳고) 우리
머시마, 큰아들 거기 가 놓고, 감자 삶아 먹고 있으니까, 저
거 아버지가 와 가지고 밥 지어 달라는데, 밥이 있어야 주
지. 그래가 감자 삶아 먹었다 하니까, 당장 가자고. 그래 묵
호 내려와가(내려와서) 차비 빌려가, 나는 인자 이리 내려
오고. 우리 아버지는 오징어 바리[3] 배 타고 오징어 바리 해
가지고 오고. 우리 살아 나오는 거 생각하면 참 어이구 역
사가. 진짜. 우리 할머니, 시어머니 한 집에 살다가 뭐 몸
아퍼(아파) 돌아가시고, 참 쌀도 1되 2되 좁쌀 1되 2되 받아
다가 아들 밥해가 놓으면 조밥 해 놨다고 투정부리고. 그
러다가 참 우리 내가 벌어 가지고 남의 빚도 좀 얻고 해
가지고 보리밥이나 실컷 먹을라고(먹으려고) 밭을 하나 사

"쌀도 1되 2되
좁쌀 1되 2되 받아다가
아들 밥해가 놓으면
조밥 해놨다고 투정부리고,
그러다가 참 우리 내가
벌어가지고 남의 빚도 좀 얻고
해가지고 보리밥이나
실컷 먹을라고"

1 잠수병의 일종으로 물 아래
  에서 피가 통하지 않는 현상.
2 '배를 모우다'는 배를 건조
  하는 것이 아니라 '기존의 배
  를 구입하다'라는 뜻임.
3 '바리'는 어종 이름 뒤에 붙
  는 관용적인 말로 '잡이'라
  는 뜻. 예를 들면 '꽁치 바
  리', '고등어 바리', '문어 바
  리' 등으로 사용됨.

놓으니까네. 먼데 저 멀어 가지고 결국에는 뭐 우리 아저씨도 [돈] 벌러 간다 카지만(벌러 간다고 하지만) 뭐 일도 옳게 못하고 나도 참 물에 댕기니까… 일도 옳게 못하니까 뭐… 그 밭 팔아 뿌고 논 때기를 하나 사가 그래가 논을 부쳐가 요새는 뭐 남부럽지 않게 밥 한 술 먹지. 그때 우리 한 두배기씩 두배기씩 쌀 받아 먹고 보리밥도 실컷 못 묵고, 아들(아이들) [고생은] 진짜 말도 못한다. 어이구 도시락도 옳게 못 싸 가주가 쌀 1되 받아 놓으면, 아바이하고 아들 도시락 좀 쌀라카면 이틀마다 뚝닥. 이틀마다 뚝닥다 해 뿌고(먹어버리고) 어이구 참 그말 하라카면(하라고 하면) 말도 못하지. 가슴만 찢어지지. 우리 아들 실컷 밥 하나 못 먹였다카이. 내가 가진 게 없으니까 임시 벌어가 임시 묵고 할라니깐 내[가] 가진 거 없으니까. 남은 보리밥 실컷 먹는다 해도 뭐 우리는 1되 2되 받아가 그래가 밥 먹고 살았다. 그래도 내 노력하고, 우리 아저씨캉 노력하니깐 남의 빚 갚아가면서. [살아왔다.] 남의 빚으로 그 배 모은다꼬. 남의 돈을 빚을 얻어가 참 일로 갚고 절로 갚고. 이 사람 꺼 빌려다가 저 사람 꺼 갚고. 저 사람 꺼 빌려가 일로 갚고. 이래 가면서 해 가지고 남의 돈 갚아 가면서 아이들 공부시켜 가면서, 우리 가정 살아가면서 이때끔 살아온 게 이때끔 살아나온 기라.

내가 물질해야 밥이라도 묵제

(처음에 배 모았을 때가 언젭니까?) 배 모았을 때가 그때 내가 26살 되었지. 결혼을 23살에 결혼해 가지고 한

"이 사람 꺼 빌려다가 저 사람 꺼 갚고 저 사람 꺼 빌려가 일로 갚고. 남의 돈 갚아가면서 아이들 공부시켜가면서, 우리 가정 살아가면서 이때끔 살아온 게 이때끔 살아나온 기라."

25살쯤 되가 머구리, 잠수배 사가 그래가 한 5년 [동안] 배했다. 5년 했는데 배를 3번이나 모았다. 머구리가 잘 안 되니까. 배가 잘 안 되니까 이 배 팔아 뿌고(팔아 버리고) 또 남의 돈 있다고 배를 팔아 뿌고 또 남의 빚을

▲ 머구리 장비. 투구처럼 생긴 것을 머리에 쓰고 배 위에서 공기를 주입해 주면서 오랜 시간 물밑에서 어로 작업을 하는 사람이 머구리임. 해녀가 여성인 데 비해 머구리는 모두 남성임.

갚아 뿌면 또 될런가 싶어서, 또 남의 빚 얻어 가지고 또 배를 모아가 이 배나 저 배나 될런가 싶어가 또 하다 보면 잘 안 되가 팔아 뿌고. 또 남의 돈을, 빚을 얻어가 또 해 가지고 또 해 놓으이 또 안 되가 결국에는 배는 배대로 가 뿌리고. 사람은 사람대로 시베리에 걸려 가지고 잠수부도 옳게 못하고 빚은 빚대로 나자빠져 버리고. 그래가 이때 끔 남의 돈 갚느라고 죽으나 사나 벌어가 남의 돈 갚고. 그제 뭐 하루 5만 원 벌 때도 있고 잘 번다고 소문나면, 한 10만 원 벌어 오면, 가정에 써 나가야제 남의 빚 갚아야제… 아이들 공부시켜야제…' 우리 그때가 제일 어려울 때라. 결혼해가 하면 10년 동안을 아이들 커가 공부할 때까지는 어려웠다고 봐야지. 몇 십 년을 몇 십 년을 내가 어려웠다고 봐야지. 내가 23살에 시집와 가지고 한 1년 이럭저럭 댕기고 24살 됐다. 25살부터 마 남의 배도 하고 인자 뭐 가정에 살아나갈라카이 이제 계속 그길로 매 남의 돈

▶ 머구리 배. 머구리 배는 별
로 크지 않은 배임. 보통, 배
위에서 2~3명이 일을 하고,
물 아래에서 머구리 1명이
작업함.

*"그때가 제일 어려울 때지.
제일 뭐 고비가.
그러니까 좁쌀 1되
받아가 밥을 해도
아들 실컷 못먹였다카이.
미역하러 남의 집 종사하러
한 십년 꼭 10년 댕겼다."*

4 '인솔자' 는 해녀 모집책을
말함.

으로 구리까이 하다가 결국에는 배를 좀 할려면 될란가
싶어가 배를 사서 안 되서 또 팔고 또 팔고 하다 그게 한
20년을 우리가 참 애먹었지… 그래가 하니까네 애들 커
가지고 뭐 시키고 뭐 할라 카니 인자 뭐 그때가 제일 어려
울 때지. 제일 뭐 고비가. 그러니까 좁쌀 1되 받아가 밥을
해먹는 것도 아들 실컷 못 먹였다카이. 미역하러 남의 집
종사하러 한 10년 댕겨 꼭 10년 댕겼다.

(해녀 물헤질을 시작한 게 얼마나 되셨습니까? 몇 살 때
부터?) 내가 그러니까네 18살부터 물헤질을 배웠지. 어머
니가 옛날에 물헤질을, [어머니가] 해녀잖아 제주도 사람.
한림면 금릉리.

(금릉, 아버지는요?) 아버지도 제주도 사람. 제주도 하기
라. 저 엄마가 인자 제주도에서는 벌이가 없고 하니까. 여
기서 육지에서 인솔해가 인솔자[4] 들어가서, 그때는 제주도
사람을 많이 해가(데리고) 왔거든. 80명씩, 백 명씩 막 인솔
해가 올 때 그때 같이 따라 나왔는거야. 인솔하는데 따라

나와 갔고 결국에는 여기 와 가지고 몸 담고 살다 보니까
뭐. 그때 아버지도 같이 따라 나왔지. 엄마가 오니까 같이
따라 나와 가지고 남 하는 거 보고, 아버지도 인솔자로 해
가지고 인제 해녀들 인솔자하고 댕겼지. 남 하니까 같이
해 가지고 여기 사람들맨치로(처럼) 인솔해가 인자 해녀들
해가(모집해) 와가 여기 하다가.

(그러면 인솔자 언제부터 하셨습니까? 아버지께서) 23
살 때부터 했구나. 인솔하는 기(것이). 그때 얼마 안 되가
몇 번 안 하고 그래 막 인솔 치웠는(그만두었는) 기라.

(그러면은 아주머니는 제주도에서 태어나셨어요?) 제주
도에서 안 태어났지. 내 태어난 곳은 여 삼정 삼리. 우리가
형제가 많지. 형제가 7남매인데. 내가 넷째. 오빠들은 없고
언니만 서이(셋) 제주도에 있지. 그 인자(이제) 육지에 있는,
제주도 있는 내 엄마 그러면 내가 7남매라도 엄마가 좀
틀려. 내하고 동생 하나하고만 여기 나와 육지 나와 가지
고 있고. 딴 엄마 해 가지고. 나는 여기 와가 [우리 어머니
개 낳고 우리 동생하고는 여기 와가 놓고. 삼정에서 태어
나도 어릴 때부터 구룡포에 가가(가서) 살았기 때문에 구
룡포에서 계속 [자랐다] 인자, 어릴 때 그전에는 제주도 사
람들 이런 바구니에 애기를 이렇게 흔들어 가면서 재우는
거 있거든. 그런데 그 눕게(누어) 놓고 이웃 사람인데 봐줄
라 그러고 그래 인자 물에 들어가고 그랬다 하던데. 어릴
때. 어릴 때 그랬다 카면서(그랬다고 하면서) 지금 날 키워
준 사람 삼정 삼리 살아. 이래 이래 등저리 흔들어 가면서
봐준 사람이 아직 삼정 삼리에 살아. 내[가] 가면 만나 갔
고 언니야 카고 이러면 반가워한다니까. 시장에서 당기면
은(다니면) 내가 참 점심이라도 사 주고 그러거든. 요즘도

*"지금 날 키워 준 사람
삼정 삼리 살아.
이래 이래 등저리 흔들어
가면서 봐준 사람이
아직 삼정 삼리에 살아.
내가 가면 만나 갔고
언니야 카고
이러면 반가워한다니까."*

내 만나면 반갑게 해. 허허허. 우리 동생하고는 내하고 뭐시 5살 차이다. 그 동생은 제주도에 있제. 내 혼자만 여 있다. 내가 결혼을 했기 때문에 내가 [제주도로] 갈 수가 없잖아. 나머지는 제주도 섬에서 크고 다 하니까. 엄마는 내하고, 인자 내하고 내 동생하고 마 여기 와가 낳았는데 동생도 뭐 [제주도로] 가 뿌고 해 뿌니까네 뭐. 내만 남았지. 허허. 외로워도 뭐 말도 못하제. 우리 형제들하고 서울 가서 살고 그 남지기는(나머지는) 다 제주도에 있으니까. 서울 하나에만 있고 전화상으로 내 [연락을] 하니까 그리 외롭지는 안 해.

(일을 어떻게 해서 시작하게 되신 겁니까?) 그러니까 엄마 아빠가, 아버지가 많이 편찮으니까 엄마 혼자 벌어가는 무슨 생활을 해 나갈 수가 없어 갔고. 형편이 너무 어려우니까 내가 뭐가 배운 게 뭐가 있나. 나도 엄마 따라 인자 [해녀 일을] 배우러 댕겨야 되겠다 싶어가 학교도 크게 못하고 그때 피난 댕기면서 3학년 댕기다가(다니다가) 마 졸업도 못하고. 그래가 마 물혜, 그거 배우면서 워낙 가정이 쪼이니까(쪼들리니까) 그래 가지고 그때부터 학교도 때리치워 뿌고 아버지 그거 고칠려고 하다가 마 근 10년 동안 앓다가 돌아가셔 뿌고. 엄마는 또 인자 고기 철사 부러진 걸로, 목에 뼈 가시가 걸려가 하는데, 한 3년을 작업도 못하고 내가 벌어가 그거 했잖아. 이 아바이(아이 아버지) 누나가 구룡포에서 살다가 누나도 해녀질 했거든. 그런데 같이 해녀를 댕겼어. 해녀 같이 댕기다가 처자(처녀)들이 다섯이나 있어도, 나를 우리 올케 해야 되겠다고. 우리 엄마한테 얼마나 꼴라댔는지. 결국에는 내가 이 촌구적에(촌구석에) 와 가지고. 하하하. 그때 물혜질 할 때, 그때는 그때

"학교도 때리치워 뿌고
아버지 그거 병 고칠려고
하다가 마 아버지는
근 10년 동안 앓다가
돌아가셔 뿌고,
엄마는 목에 뼈 가시가
걸려가, 한 3년을
작업도 못하고
내가 벌어가 살았지."

나 이때나 뭐뭐 돈을 따 주면 한가지긴 한가진데. 그때는 성게 그것도 요즘은 성게 이거 돈 하지만은, 그때 성게 이 거는 큰 돈을(돈으로) 생각 안 했거든. 우리 어릴 때 한때는 천추, 도박 그때는 천추, 도박이 많이 달아가 그거를 가지 고 생활을 많이 했지. 우리 처자 때 저 임해 절로(저리로) 가 갓고 전복 잡아 가지고도 내가 열서이가(13명이) 가가 촌에 내가 1등했고. 여 해녀들 천추, 도박 뜯으면 몇 백 명 씩 구룡포에 와 가지고 작업하면은 그 와가 하면은 그때 는 진농회 처음 있을 때 그 천추, 도박 뜯어가 하고 수협에 서 처신했잖아(처리했잖아).

옛날에는 내 자유대로 잡아가 자유로 팔아묵었고

(진농회에서 옛날에 그러니까 지금 보면 월청계와 같 은 역할을 하는 진농회 얘기하는 거지요?) 진농회라 캤는 데. 요즘에는 월청계 카잖아. 그때는 소라라든지. 전복이 라든지 이런 게 내가 자유로 잡아다가 내 자유로 팔아먹 었다. 옛날 천추하고 도박 많이 달고 전복하고 소라하고 그런 거는 자유대로 잡아가 자유대로 팔아묵고. 천추하고 도박만 수협에 놓고 나머지는 우리가 팔아묵고 우리가 해가.

(성게하고 이런 것도 다 마찬가지입니까?) 성게는 그때 는 취급을 안 했다니까. 그때는 그러니까 저 일본으로 수 출하는 그런 것도 모르고. 성게 하는 거는, 그러면 내가 여 기 시집와 갔고 시집와가 한 30살 묵고는 성게 했지 싶다. 그때쯤 되가 성게라 카는 거는, 그때 성게는 이래 피스에

"그때 성게는 이래 피스에 안 담고 소금에 제조해 가지고 많이 팔았다. 요즘 이래 피스에 하는 거는 그때는 그렇게 안 했어."

안 담고 소금에 제조 해가지고 많이 팔았다. 요즘 이래 피스에 하는 거는 그때는 그렇게 안 했어.

(그러면 소금에 넣어 가지고 일본에다가 팔았습니까?) 다 일본으로 수출했지. 다 수출하고 여기 여 한국에는 못 먹지. 그때는 성게하고 말통생이 이거는 워낙 값 채가 다 하면 많이 나오니까. 여 국내는 소비가 다 안 되지. 그래 하고는 그전 때는 성게 이거는 아예 취급을 안하니까 그래 그냥 잡아다가 삶아 먹고. [했지.]

(그러면은 그 뭡니까 소라하고 전복하고 잘 팔렸습니까?) 전복은 그때는 많이 했지. 가는 데마다 마 전복을 많이 땄지. 소라도 많이 잡고. 그때는 이 두른박이 요 꼬등박 두른박이 꼬등박 두른박 해 가지고 요 바가지 하는 것맨치로.(것처럼) 전에는 이 스폰지[스티로폼] 안 하고 꼬등박 바가지 그거 해 가지고 두른박 했거든. 시골에 가면 왜 꼬등박 바가지 있잖아. 퍼먹는 바가지 꼬뜨박 바가지. 그런 거 큰 거 이렇게 꼬등박 같아 수반에 나두면은(놓아두면) 호박 나듯이 크게 나는 거 있거든. 그거 구멍 뚫어 가지고 씨 파내어 뿌고 그래가 인제. 그거 가(가지고) 막아가 두른박을 만들어가 댕겼거든. 그랬는데 그게 잘 깨지고 물이 많이 뿌리면은 무거워 가지고 물에서 잘 터지고 깨지고 하니깐 그러니깐 자연적인 스폰지가 나오니깐 스폰지까 (스폰지 가지고) 했지 전에는 꼬등박 두른박 그것 가지고 했거든. 꼬등박 두른박으로 하다가 이 짐이 많이 차면은 밑에 널앉았다가(내려앉았다가) 올라왔다가 널앉았다가 올라왔다하면은 압축했다가 탁 터지면 터지는 소리가 꽝. [하고 나지.] 그러면은 이 물건 담았던 거 물에 쑥 내려가 버리면 이부제(이웃) 사람 불러 조래기로 끌어올리고 그라

지. 그런데 그때는 전복이고 뭐고 가면은 노랑새이 풀밑
에 가가 노랑새이라고 있어. 풀이 노랑새이라고 있는데,
그거 이렇게 들추면은(들치면) 전복이 더덕더덕 붙어 축추
캐가(툭 추슬러서) 한 움큼씩 가오고 그랬는데. 그때는 전
복 시세도 많이 없고. 물건이 많으니깐 시세도 많이 없고.
이래가 따 오면 그자 5만 원씩 3만 원씩 이래 줄 때라니깐
돈도 많이 안 주었고. 그러니 그래도 뭐 그때는 많이 잡아
오면 요 또 많이 해가하면 그자 요새 만 원, 2만 원 하지만
은 천 원 뭐시 천 원, 2천 원하고 10원, 20원 그래 할 때니
까네.

  (그러면 천추하고 도박은) 천추하고 도박은 그냥 그때
해 가지고 하면 30원도 받고 40원도 받고. 1근에 33원 받
고, 40원도 받고 그때 인자 그때 그래 받았지. 물량을 많이
해도 돈은 크게 많이 안 돼. 요즘맨시로(요즘처럼) 1근 뜯으
면은 3천 원씩, 4천 원씩 이래 하듯이 그때는 30원씩, 40원
씩 이래 해. 20원
도 하고 뭐. 요즘

▼ 해녀들이 공동으로 작업한
   미역을 해변에 말리는 장면

은 천추하고 도박
을 캐도 그렇게 많
이 나지도 않고,
큰 돈도 안 돼. 내
가 많이 뜯어가 한
백 근 뜯어야, 돈 3
천 원씩이면 백 근
뜯어야, 돈 30만 원
밖에 더 되나. 그러
니깐 그래 해야만

이 백 근을 뜯어야만이 돈을 30만 원 벌지만은 백 근을 못 뜯는다 그 말이지.

(그러면 소라나 전복이나 성게는 지금은 넘기지만 천추와 도박 같은 거는 이제는 아예 수협으로 넘기지 않는 제품이지요) 안 하지. 신항만에 가 가지고 해 오는 거는 우리가 자유대로 팔아먹고. 여 동네에서 하는 거는 어촌계에서 관리를 하기 때문에 어촌계에 수수료 좀 덜어 줘 버리고 우리가 또 팔아. 우리 그때 그래가 소라 같은 거는 우리가 팔아먹고. 천추는 수협에 들라주고 그래그래 나가다가 인자는 어촌계 있기 때문에 각 동네 어촌계가 생기기 때문에 어촌계에서 다 관리를 하거든. 그전에는 이 우리 마을에 뜯고. 대보 와가 뜯고. 구룡포 와가 뜯고. 각 동네 다 니면서 서로 뜯어 줬다고. 동네마다 뜯어 가지고 수협에 마캐(모두) 올리고 그랬는데. 각 동네에서 다 하기 때문에 수협에 올리는 건 없이 이제 행사로 많이 하지. 옛날에는 동네 그게 없으면 요쪽 동네하고 저쪽 동네 해녀들이 같이 모여 갖고 같이 작업하러 다니고. 계원에서 뜯으러 오소 하면은 가고.

(아 거기서 오라 하면 가고) 오라 해야 가지. 왜냐하면은 채취는 해야 되는데, 해녀가 적으면은 많이 인제. 한참에 많이 해 갖고 온 부락에 다 넣거든. 그러니깐 한참에 많이 뜯어야지만이 그래도 뭐가 경비가 나오고 다 하니깐. 그러니깐 인자 몇 십 명이라도 한참에 모아가 뜯으려고 그래. 다 갔잖아. 가면 그 뜯고 또 삼정 뜯고, 요 강사 뜯고, 대보 뜯고, 우리가 그렇게 다녔거든. 다녔는데 이제는 각 동네가 어촌계가 있기 때문에 인자 그래 못하지. 인자 동네마다 행사를 받아. 행사를 받아가 마을에 써야 되고. 마

"옛날에는 요쪽 동네하고 저쪽 동네 해녀들이 같이 모여 갖고 같이 작업하러 다니고."

을에 풍어제도 해야 하고. 또 이 수협에 조합원들 또 행사 로도 내줘야 하고. 우리 해녀가 작업했는 수수료 받아 갔 고. 우리가 그전에는 수수료 삼분 줬는데, 너무 삼분 떼어 가도 동네[에] 보람이 하나도 없어가, 우리가 싸움을 해 가 지고 이분 수수료를 해 가지고, 요즘은 우리가 하거든. 요 번에 어촌계장하는 사람은 2부 수수료 받아도 우리 조합 원인데(조합원에게) 돈 여 주고도(넣어 주고도) 동네 풍어제 하고도 동네 우리 나(나이) 많은 사람들인데 뭐 잔치해 가 면서 해도 풍요하게 쓴다.

(뭐 잡습니까) 성게 그리고 전복, 해삼, 미역, 천추, 도박 아 도박은 안 한다 천추밖에 (그럼 시기로 보면 어느 시기 입니까?) 시기는 4월, 5월, 5월부터 천추는 원래 뜨는 날짜 는 5월 5일 되면은 천추는 원래 뜨게 되어 있어. 그렇지만 은 시간이 뭐시라 안 지키잖아. 안 지키면은 5월 달 되면 은 천추를 뜯어. 근데 성게 이거는 6월 달쯤 되어야 성게 잡거든. 한 20일. 그래하고 인자 이 말똥성게 이거는 한 8 월 달쯤 되면은 12월 달까지 그래 말똥성게는 기한이 좀 길고. 미역은 3월 달 이거 그러면 음력 3월 달부터 시작하 면은 잠깐이라. 한 5일간 날만 좋으면은 뭐 니도 나도 개 인으로 하니깐. 이 집에도 하고 저 집에도 하면 한 5일간 만 하면 날만 좋으면은 다 끝나.

(그 다음에 소라는요?) 전복, 소라는 10월 달이제. 10월 에는 저거 전복 못 잡는다. 그거 뭐시 산란기 때문에 못 잡 잖아. 그때만 빼 놓으면 2개월간 빼 뿌면은(빼 버리면) 인자 계속 1달에 2번씩 작업시킬 때도 있고. 1달에 1번 시킬 때 도 있고. 잘하면 인자 1달에 3번 시킬 때도 있고.

(해삼은요.) 해삼은 요즘 2개월 동안 3개월 동안 요즘서

리부터.(요즘에서부터) 4월, 5월, 6월. 그때부터 딱 끝나면 그땐 못 잡아. 요기요기 제일 인자(인제) 그거 해삼이 조금 있으면은 산란기 들어가기 때문에 또 못 잡지.

(그러면 그렇게 많이 잡을 것도 없다 그지요?) 그러니깐 그 짧은 시간이 있었기 때문에 여기서는 잘 안 시켜 주면은 우리가 객지 안 나가고는 수입이 없어 가지고, 죽어나 사나 객지 가(가서) 돈 안 되지만은 다문 그래도 전기세값 뭐 이 뭐 물세값 전화기값 주려고 하면은 다녀야 되거든.

(근데 저 위쪽으로는 물량이 좀 많은 모양이네요.) 울진 하고 주문진하고 이쪽으로는 있다고 보지. 있다고 보니깐 에 값이 헐으니깐 우리가 잡기는 좀 잡아도 값이 헐으니 깐 돈은 몇 푼 안 되지. 우리가 여기맨치로 적게 잡아도 돈 을 좀 낮게 주면은 벌 수가 있지만은 우리가 여기서러(여 기에서) 할 것 같으면 더러 입찰에 전복 1키로에 8만 원 간 다고 보지. 8만 원 가면은 1키로 한 2키로씩 잡으면은 내 한테 아다리가 2부 수수료 떼어 버려도 8만 원이면 16만 원 아니가. 16만 원에서러 2부 수수료 띠 버리면(떼어 버리 면) 3만 원, 4만 원. 그 아다리가 내 아다리가 되지만은. 저 기는 가봐야 1키로에 한 2만 원씩 그렇게 줘버리면 2키로 3키로 잡아야 돈 6만 원이다. 그렇다, 저거들은 그래 그래 안하고는 안 되지. 그 인자 물량 입찰값 줘야제(줘야지). 자 기 차비 대절했제. 자기 없는 집이, 뭐 먹는 게 있어야 장 사하는 사람이 먹는 게 있어야 하지. 그래 하기 때문에 저 쪽에서러 적게 준대(고) 우리가 말하지 못해.

"여기서는 잘 안 시켜 주면은 우리가 객지 안 나가고는 수입이 없어 가지고, 죽어나 사나 객지 가서 돈 안 되지만은, 다문 그래도 전기세값 뭐 물세값, 전화기값 주려고 하면은 다녀야 되거든."

우리끼리는 재밌기 일했다

(그럼 옛날에 이런 해녀들끼리 물헤질하는 해녀들끼리 모이는 모임도 있었습니까?) 모이면 그래 우리 해녀들끼리 우리 제주도 사람들이 나오게나 할 것 같으면, 인자 이거 저거 친목회라고 모아가 한 번씩 계중도 하고, 이래 했는데. 인자는 그런 것도 나이든 사람들도 다 인자 마 돌아가시고 하니깐, 젊은 사람들이 그거를 신경을 안 쓰고 잘 안하잖아.

(그래도 옛날에는 그런 모임이 있었던 모양이네요) 많이많이 모아가 놀기도 하고 모아가 계중도 하고 이래 했지만 인제 뭐 그런 거 없다.

(그럼 8분이 지금 그러면) 우리 여덟은 한 차에 다니니깐 날이 궂주면은(궂으면) 앉아 가지고 심심하면 여 10원짜리 가지고 고스돕 치고 놀 때도 있고. 또 놀다가 뭐 국수

"옛날에는 많이많이
모아가 놀기도 하고
모아가 계중도 하고
이래 했지만
인제 뭐 그런 거 없다."

◀ 작업이 없는 날에도 모여 정을 나누고 있는 해녀들

도 데어먹고 그래가 하지.

(어디 놀러가신다든가 뭐 여행가신다든가 그런 거는 없습니까?) 왜 없어. 우리 1번씩 1년에 1번씩 계 모아가 1달에 하나 앞에 돈 만 5천 원씩 인자 내면은 1년 모아가 (8분이서?) 아니 인자 동네서러, 전체 아줌마들 우리 패들, 젊은 사람들도 여덟도 다 같이 다 모아가 서울로도 전라도로 저 여수로 요번에도 우리 계중 갔다 왔어 2박 3일로.

(그러니깐 동네 부인회 이런 데서 다녀왔습니까?) 응 동네 사람들.

(그럼 해녀 하시는 분들끼리는 그렇게 가는 거 없습니까? 8분이서 돈 모아 가지고 온천을 간다거나.) 어 목욕 가는 거는 인자 우리 여덟이 한참에 오늘날 쉬니깐 목욕 가자 하면 한참에 갈 수도 있어. 여덟은 매일 본다. 매일매일 1시간도 안 보면 뭐 하노 빨리 온나 전화하고. 뭐 먹을려고 온나. 전 꾸버(구워) 먹으러 오너라. 뭐 먹으러 오너라. 고기 먹으러 오너라. 별난 음식을 하면, 집에서 뭐 하노 빨리 오라고. 맛있는 거 해 놨다.

▼ 해녀들이 미역귀를 말리는 장면

(왜 그거 뭐고 미역 나눠서 가져가잖아요. 그거는 어떻게 해서 그런 겁니까?) 그거는 이제는 미역해 주는 사람하고 돌임자하고, 우리 [일을] 했는 사람하고 갈라가 반찬하고 먹으라고 다 갈라가 가 오

잖아. 미역을 인자 10오리 1단이거든 10오리, 1단이면은
우리가 인자 백열 오리를 해 주잖아 10단을 해 주면은 우
리가 인자 품을 받지. 미역 돌임자하고 1단 하면 3오리씩,
1단 10오리 하면 1오리는 돌임자 가져가고 3오리는 내가,
해 준 사람이 가오고(가져오고). 그런데 그렇게 해 가지고
팔아 가지고 돈을 나누잖아. 돈 10만 원이면 7만 원은 돌
임자 가져가고 3만 원은 내가, 했는 사람이 가져가고.

　(그럼 미역귀 넣어 놓은 거를 나누는 게 아닙니까? 그
거는 뭡니까?) 그거는 미역귀는 인자 돌임자하고 해녀 했
는 사람하고 반찬해 먹는다고 다 가르잖아. 미역귀 가져
왔는 거는 너이(4명이) [일을] 했으니까 굵은 거는 팔아가
돈 갈라 쓰자고 하고. 돈 나누는 거는 우리 성게 잡아가
신항만에 가갔고.(가져갔고) 성게 잡아가 통에 담아가 1키
로에 3만 원씩 받거든. 그러니까 인자 아까 시간 있을 때
어제 저녁에 어제 신항만에서 잡았는 거라고. 가가(가서)
팔아가 보내놨더니 정다나 보내 놨더니 팔아 와가 그걸
돈 갈랐다.

　(아 어제께 한 물량이 얼마나 되시는데요?) 에이 얼마
안 돼. 하나 앞에 1통씩. 1키로 잡는 사람 1키로 잡고. 또
한 5백 그램 잡는 사람 5백 그램 잡고 뭐 그랬는 거 해가
가져가.(가지고 가서) 팔아가 갈랐다 하나 앞에 2만 원씩.

　(어제 일당이 2만 원밖에 안 된다는) 어제 또 천추 좀 잡
아뜯고. 또 어제 인자 해삼 잡아가 쪼매 팔고 그래가 하나
앞에 3만 원도 벌고 그자 4만 원도 벌고. 5만 원도 벌이고
(벌고) 10만 원도 벌이고. 인자 그거는 많이 하는 사람은
많이 벌고, 적게 하는 사람 적게 벌고. 우리도 인자 천추를
팔아 봤자 돈 얼마 안 되지.

"미역 돌임자하고
1단하면 3오리씩,
1단 10오리 하면
1오리는 돌임자 가져가고
3오리는 내가,
해 준 사람이 가오고.(가져오고)
그런데 그렇게 해 가지고
팔아 가지고 돈을 나누잖아.
돈 10만 원이면
7만 원은 돌임자 가져가고
3만 원은 내가,
했는 사람이 가져가고."

(왜 그럼 해녀들도 일 잘하는 분도 있고 못하는 분도 있
다 아닙니까? 잘하고 못하고는 어떻게 구분합니까?) 잘하
고 못하는 거는 깊은 데 가서 잘 잡아 오고 힘도 좋고 젊
을 때는. 근데 나이가 드니까 깊은 데 가면 힘 좋은 사람들
은 깊은 데도 깊이, 우리가 한 5발을 가면, 6발 7발씩 들어
가 갔고(들어가서) 수심 깊은 데서 좀 가면 해삼도 좀 큰 거
잡고, 전복도 잘 따 가지고 오지만, 우리는 인제 숨이 가파
가(가빠서) 좀 깊은 데 가니까, 전에는 겁나는 거 하나도 없
었는데, 나이가 드니까 수심 깊은 데는 못 가니까. 우리가
인자 아까 젊은 사람들 보다는 좀 못하지.

(저 위로 올라가시는 분은) 올라가는 분하고, 요 또 나이
한 삼십 몇 살 묵은 우리 8명 중에 막내 턱이지. 잘해. 인자
한창 나이 30살 넘었는데 인제 잘해. 잘하지 그래 하고 우
리들은 인자 그 사람들 10만 원 벌면 한 5만 원 번다고 봐
야 되고.

(그러면 잘한다고 하는 상군들이, 그 뭐 잘하면은 상군
이라 그런다 그죠?) 상군 맞다. 조뱅이꾼들은 제일 못하는
사람들이고. 중간에 좀 하는 사람들은 중 잠수들. 중잠수
들 상잠수들 이래이래 해가.

(나이 대에 따라가 그래 된다 그죠?) 그래 또 나이 어려
도 물혜 잘 못해가 하던 사람들도 못하는 사람들은 못해.
그거를 신경을 쓰가 많이 할라고 애 안 쓰고, 그자 뭐하면
하고 말면 말고. 얕은 데만 하는 사람들은 하고. 욕심내가
저기 가서 내가 많이 가와야겠다고 이래 하는 사람들은
저거 노력하는 만큼 버니까 많이 하잖아.

(근데 요쪽 동네 앞바다는 맨날 들어가시면은 어느 바
위에 가면 뭐가 있다 안다 아닙니까? 근데 예를 들어가 주

*"나이가 드니까
수심 깊은 데는 못 가니까.
우리가 인자 아까
젊은 사람들보다는
좀 못하지."*

문진이라든지 울진이라든지 올라가면) 올라가도 인자 많이 댕기노니까네. 거기도 내 바닥처럼 인자 지대를 좀 일로(이리로) 가면 좀 있겠다. 그래도 또 물에 가 보면은 돌이 요거는 물건이 좀 있겠구나 하는 돌 이래 보면 알아.

(그러니까 돌 모양하고 위치라든지) 모양하고 풀이 있고 이래 돌 이렇게 보면 허연 거. 백돌 이렇게 하는 거는 뭐 물건이 별로 없고. 성게라도 알이 안 들겠다. 천추나 도박이나 달고 좀 이래 뭐 있으면은 아 요 물건이 쪼매(조금) 있겠구나 하면 가는 거야. 아무것도 없으면 하얀 백돌이고 물건이 파이라(좋지 않아). 그럼 뭐 도박이나 천추나 이런 풀 같은 거 파래나 달면은 이 웅담도 먹어[서] 알이 많이 들고 하얀 백돌에 가면은 이 밤새이(밤송이) 같은 거라도 알이 없다니깐. 알이 안 들어. 알이 아무것도 없어. 그저 마 이 또 알이 있거나 없거나 지방에서로 피를 인자 상인들이 가 갖고 잡아가 다려가 온다고 보면은, 무조건 많이 잡아가지고 다려가 주면 된다고 싶어 가지고, 알이 없거나 있거나 막 잡아 가지고 막 다려 줘 버리는 사람들 있거든. 우리들은 그게 아니거든. 우리는 우리 자신으로서 우리가 피스에 담아야 되고, 까 가지고 알이 많이 나와야 분담이 많이 나가고 하기 때문에 우리는 가 와가 호미가 이래 깨 보잖아. 하내[를] 이래 밑구멍으로 깨 보면은, 알 들었는 거 들었다 싶으면은, 아 요기는 알이 있구나 싶어가 그 부근에는 다 잡고. 인제 저쪽에 가 보고 풀이 있어도 알이 없는 데도 있어. 이래 깨 보고 몇 개 깨 보면은 알이 없으면은 거기는 안 잡지. 안 잡는데 지방 해녀들은 그게 아니거든.

(갈 수 없는 데가 거기밖에 없으니깐.) 갈 수 없는 데가

"다른 지역으로 가도 인자 많이 댕기노니까네. 거기도 내 바닥처럼 이리로 가면 좀 있겠다. 그래도 또 물에 가 보면은 물건이 좀 있겠구나 하는 돌 이래 보면 알아."

거기밖에 아니라도 다른 데는 있지만은 많이. 그런 데는 많이 있거든. 남이 많이 안 잡으니까. 그러니까 자기는 무조건 많이 잡아와 가지고 달아만 주면 되는 거야. 무조건 달아 주기만 하기 때문에 지방 사람들은 그거를 많이 잡으라 하고. 우리는 요만큼씩 잡아와도 근당이 좀 나와 가지고 그 사람처럼 많이는 달이지는 못해도 그래도 우리는 알 때를 가져와야 요쪽에서도 상인, 사는 사람도 알이 많이 들어야지 물량이 나오잖아. 그러기 때문에. [우리는 그렇게 하지.] 하지만은 지방 해녀들은 그게 아니라고. 피를 달인다 하면은 무조건 많이만 잡으면 돼. 많이 잡아가 근당 저거는 돈을 받기 때문에 그렇게 하지. 그러니까 가져와 가지고 피해서 피 조 뿌면 까가 피값 주고 뭐 주다 보면 어떨 적에는 적자가 많아. 그 상인이라도 적자가 많지. 우리들은 우리 손으로 잡아가 우리 손으로 담고 다 까고 하니까 별 적자가 안 가지만은. 피 가져와가 하는 사람들은 적자가 많을 때가 많아. 어떨 적에는 저 일본 보내 놓으면 한 이래 뭐 몇 물치를 해 갔고 일본 보내면 어떤 적에는 백만 원도 가고 2백만 원도 가고 적자가 많애. 이래 갈 때가 있어. 그래 그거를 물량을 잘 맞춰가 알로 많이 들었는 걸로 해야지만이 그거 한다고.(이익이 많다고)

(작업하는 장소가 어딥니까?) 우리가? 우리 [작업하는] 장소[는] 강사에. [채취해서] 가져오면은 어촌계에 뭐시 하잖아아. 여기 우리 창고가 있어. 요쪽에 저 아까 미역 널어 놓은 데서 저쪽으로 가면 매립장에 창고 큰 거 하나 있어.

(8명이 작업하는 게 그게) 그게 원래 15명씩 미니버스에 댕겼거든.(다녔거든.) 처음에는 미니버스에 15명씩 해서 댕겼는데. 인자 저 전라도로 어디로 해삼바리도 가고 돈

벌러 딴 데 가고 이러니까네. 그 인솔자가 이런 사람 잡고
이랬다가는 자기가 작업을 옳게 못한다고. 우리가 인자
미니버스고 뭐고 다 때려치워 뿌고 쪼매는(조그만) 트럭더
블캡 그거 가지고 그래 인자 타고 댕기지. 짐 싣고. 딴 데
객지도 가지 말고 그래가 한다고. 차라리 그게 낫다 싶어
가지고 사람도 적은데 그거 큰 버스 해 봤자 경비도 안 나
오고 그러니까 다 때려치워 뿌고. 인자 우리 저거 할 때는,
처음에는 15명씩 할 때는 많이 해가 거기서 까고 거기서
담고 다 했거든. 피 가오면 피도 인자 동네 사람들이 피가
다 까 갖고 담아 주고 이랬는데. 인자 뭐 8명이만 하면은
인자 사장이 피 가와 가지고 딴 사람이 할 때는 사장이 딴
사람이 하고, 우리 인제 8명은 딱 짜가 객지도 안 가고 그
사람들로만 할라고.

   (그러면은 언제 15명이 하셨어요?) 15명 할 때는 우리
한 6, 7년 댕겼지. 작년까지 댕겼지. 한 7년 동안. 작년까지
는 내(항상) 댕겼는데(다녔는데) 올해부터는 마 [8명으로]
줄었어. 물량도 없고. 인솔자가 인자 뭐 댕겨 봐도 자꾸 사
람들은 해 놨다가 작업할 만하면 다 객지로 다 나가 뿌리
니깐 그 뭐 안 되잖아. 미역할 사람은 가 뿌고(가 버리고)
이래니까네 사람 없잖아.

   (지금 8명은 항상 같이 움직이십니까?) 내(항상) 같이 우
리와 같이. 우리는 매일 마주봐야 되는데 1시간만이라도
없으면은 전화해 가꼬 뭐 하노 왜 안 오는데.

> "처음에는 미니버스에
> 15명씩 해서 댕겼는데.
> 인자 저 전라도로 어디로
> 해삼바리도 가고
> 돈벌러 딴 데 가고
> 이러니까네."

니는 니고 내는 내다 하마 누가 다하노

(그렇게 하면은 집에 대소사가 있거나 이럴 때는 어떻게 합니까?) 그럴 때는 다 와서 일하지. 부조도 하지만은 몸으로도 와 갖고. 다 도와주고 집안 식구처럼. 돈 부조도 하고.

(돈 부조는 얼마나 합니까?) 아이구 뭐 3만 원씩. 내 당대만. [부조를 하지.] 자기 어제 다나 아들 같으면 아들이나 딸이나 치우고 정옥련이 같으면, 아까 번데기 올라가는 사람 같으면, 그 집이나 아들이나 딸이나 치우면은 우리가 가가(가서) 거들어가 일 다하고 그러지.

(최근에 뭐 큰일 치르신 거 뭐 있습니까?) 막내가 작년에 8월 달에 결혼했잖아. 결혼했는데 그때도 와가(와서) 일 다 거들었제.

(그러면 식 치를 때 식당에 와서 일을 도와주시는 겁니까?) 식당은 뷔페 하니까네 도와주는 거 그거는 없지. 집에 손(손님) 치는거만. 동네 마을에 사람들도 예식장에 못 가는 사람들 여기 [집에] 오잖아. 여기 오면 그때 다 와가 상차려가 다 도와주고 우리도 인자 작년에 또 하고 다나네 아들 딸네 시집갈 때 다 우리도 가가 도와주고.

(그러면 하루 가서 도와주시는 거예요?) 아 하루 결혼식 당일 날 가서. 이틀 사흘 이틀 드는 날 하고 그때는 계중이 있잖아. 계 모임에서 다 와가 하거든. 계 모임에서 와서 하면 우리는 인자 모임 안 하는 사람들은 이튿날 진짜 잔치하는 날만 손[님]치는데 바쁘잖아. 가가(가서) 설거지도 해주고 상도 차려 주고 그래 하고. (동네 안에서도 그런 계모

임이 따로 있습니까?) 있어야지. 왜냐하면 친척들은 예식장 가고 뭐 하다 보면은 일할 사람이 없잖아. 그러니까 설거지 하고 상 차리고 하는 연회 잔치할 때 큰일 치를 때. 우리 그거 동해에서 설거지 계중.

(몇 분이나 들어가 있습니까?) 그러면 8명도 되고 뭐 10명도 되고 그렇게 하지. 우리는 또 해녀들 요래 계중하고 우리 또 동생, 우리 형제들 동서간들, 집안들 동서간들. 왜 그러냐 하면은 먼데 있으니깐. 바쁘다. 못 온다. 애기들 때문에 못 온다. 이러니깐 큰일 치를 때 자주 만나지도 못하고 안 되겠어. 그래서 계중을 딱 해가 안 오면은 벌금 2만 원씩. (1달에 얼마씩 내는데요?) 1달에 내는 게 아니고. 인제 그러면 1년에 2번 하잖아 2번 하면 회비 2만 원씩 내잖아.

(해녀들 전체 계중은요?) 열둘이, 우리 마을에서 말이야. 여거 우리 계중하는 거는 우리 마을에서 그냥 계중해 갔고 우리가 만약에 잔치를 지내면은 그 인제, 아 그전에도 돈 얼마씩 내었지. 1년에 계중할 때마다 겨울에 2번. 1년에 2번 하거든 그러면 6개월 1번씩 계중하면은 2만 원 내고 그래가 모아 놓았다가 아이들 인제 반지 해 주고 인제 일하고 설거지 하고.

(설거지 계중으로 하는 사람은 이 해녀들하고 겹쳐지는 겁니까?) 다 겹쳐져요. 저쪽에 가면 저쪽에 포함되고 이쪽에 오면 이쪽에 포함되고. 젊은 사람들 계 모임할 때도 내가 나도 한 번 들라 주라 같이 우리 나이쯤 되는 사람들이 모으는 것도 우리 해녀 8명 댕기는 중에도 그래 인제 사람이 숫자가 적다 싶으면은 딴 사람들 인제 우리 쪽으로 더 붙여 가지고 모으는 거지.

"우리는 또 해녀들 요래 계중하고 우리 집안들 동서간들. 왜 그러냐 하면은 먼데 있으니깐. 바쁘다. 애기들 때문에 못 온다. 이러니깐 큰일 치를 때 자주 만나지도 못하고 안 되겠어. 그래서 계중을 딱 해가 안 오면은 벌금 2만 원씩."

(따로 돈 같은 거 매달 내는 것도 아니고) 1년에 2번 계 중할 때만 2만 원씩 내 갖고, 밥도 먹고. 밥은 그래 크게 안 먹지. 인제 1번씩 인제 2년에 있다가 1번씩 인제 목욕관광 1번씩 갈 때도 있고.

(부인회는요?) 여기 부인회에서 인제 12명이면 12명, 10 명이면 10명, 지(자기) 모았는 사람을 1번씩 저 목욕하러 갔지. 평해 온천으로 1번씩 갔지. 곗돈도 모아 났지. 잔치 지내는 일 있으면은 잔치 지내가 설거지 하니라고(하느라 고) 수고했다고 반가집에서 돈 한 10만 원씩 내거든. 내면 은 그거 모아났다가 그래 가지고 관광 1번씩 가고.

(1번씩 1년에 관광 가시는 게) 1번씩 가지 뭐 2년 거쳐 가 거 설거지 계중은 2년 걸쳐가 1번씩 갈 때도 있고. 우리 는 인제 돈 달달이 만5천 원씩 내가(내어) 2박 3일로 1년에 1번씩 가지. 부부동반 해가. 우리 25일 날 전라도로 저 여 수로 거기로 마 한 바퀴 빙 돌았지

(집에 큰일 치를 때 동네 그런 도움이 없거나 아니면 설 거지 계중이 없으면 힘들겠다. 그지예.) 그러니깐 집안에 아이들이고 뭐고 다 나가 사니깐 누가 할 사람이 있나. 동 서간이고 아들네고 딸네고 다 객지 가가 있으니깐. 그래 도 저거 시간 맞추어서 오면은 일할 사람이 뭐 그렇게 딱 안 맞친다. 딸 2명, 하나 있는 사람들은 하나에 둘이니깐 일이 되느냐고 안 되잖아. 그러니깐 여러 명씩 해놓아야. 와 갖고 드는 날이 내일이 잔치하면 내일에 와 갖고 음식 다 만들어야 되고. 그 이튿날은 인제 예식장, 딸네들은 예 식장 따라가 버리니깐 여기 사람 없잖아. 그 사람들 계중 했는 사람들이 와가 설거지하고 상 채리고 손님 받고 다 하잖아 그래 해요. 옛날에는 마을 사람들이 와서 하지만

"우리는 인제 돈 달달이 만 5천 원씩 내가 2박 3일로 1년에 1번씩 가지. 부부동반 해가. 우리 25일 날 전라도로 저 여수로 거기로 마 한 바퀴 빙 돌았지."

은 이제는 그래 안 해. 나이 먹었다고 또 젊은 사람들이 없잖아. 전에는 지방에 젊은 사람들이 살았으니깐 와가(와서) 해 주지만은. 요즘은 젊은 사람들이 다 객지에 다 가 버리고, 있어야 와서 해 줄 사람이 있지. 나이든 사람이 요즘 와가 하라고 하면 옳게 하나. 못하잖아. 일부로라도(일부러라도) 그거 때문이라도 인제 큰일 치를 집들은 계중을 들어야지. 그러니깐 늦게라도 큰일 치를 사람들은 다 들어야 해.

　(그러면 마을에 장례가 있거나 이러면 우야닙까?) 장례식 할 때도 할 수 없이 거들고 해야지. 내나(마찬가지로) 설거지 계중에서 가서 다 도와주고. 상 나면은 가가(가서) 하는 계중이 있어. 상포계. 열 몇 이가 열이면 열이 상 나면은 그 집에 가가 해 줄 사람 모아가. 상포계가 있고. 그래 인제 다른 사람들도 또 모아가 하는 사람들도 있고. 여러 구찌가 있으니깐. 인제 여기 나면은 저 사람들 가가 하고 여기 나면은 우리 사람들 가가 하고.

　(요 동네 안에 친척분이 계십니까) 우리 5촌들, 6촌들 다 있어. 또 우리 삼촌네들도 또 이렇게 계 모아 났는 게 있거든. 그러니 그 사람들도 계 모아 났는 사람들이 오고, 우리도 집안에서 가가 우리도 하고 다 그래 되어가 있어. 그 뭐 상 났다고 저거는 저거대로 하고 우리는 우리대로 하는 게 아니고. 한 번 기회가 딱 있으니깐 삼촌네는 또 딴 사람하고 모아 났는 사람이 있으니깐 그 사람들 불러들이고. 우리는 또 집안에서 인제 며느리랑 아들네랑 와 가지고 하는 대로 하고 다 그래 되어요. 그래야 일이 되어가지. 니는 니고 내는 내고 할 것 같으면 누가 다하노 못하지.

"옛날에는 마을 사람들이 와서 하지만은 이제는 그래 안 해. 또 젊은 사람들이 없잖아. 전에는 지방에 젊은 사람들이 살았으니깐 와가 해 주지만은. 요즘은 젊은 사람들이 다 객지에 다 가 버리고, 있어야 와서 해 줄 사람이 있지."

싸움, 미안하다고 이래 버리면 해결되고, 그래 해야지

(해녀 8분들 작업을 나가면 작업하다가 싸움이 일어나거나 이럴 수도 있다 아닙니까?) 그렇지. 있다고 봐야지. 허허허. 싸움하는 거는 인제 만약에 인제 이거는 강사 이거는 색병이고 이렇게 되면은 경계가 있잖아 경계에 가지 마라. 남의 경계에 가지 마라 이래 하는 하는 사람이 있으면 마 그거를 불만하고 남의 경계에 또 넘어 작업 해 오는 사람도 있단 말이야. 그러면은 또 우리 쪽에서는 왜 남의 경계에 넘어왔나 이렇게 하잖아. 우리가 인제 왜 넘어가지 마라 했는데 넘어갔냐. 그카면(그렇게 말하면) 듣기 싫어가지고, 내 조금 갔는데 너거 있는데 불만이 뭐가 있노. 이래 와서 말하면 우리한테 불만이 있잖아 이래 하면, 됐다 시끄럽다 이왕 갔다 왔는 거 불만 뜯어 봐야 말썽만 생긴다. 또 했재 또 인제 그러다 보면은, 또 뭐 무슨 말을 하다가도 말이 잘못되어 가지고 니 그러면 안 된다 남의 말을 그러면 안 된다. 지금 거짓말 안 하고 살아도 얼마든지 살 수가 있는데, 왜 거짓말을 해 가지고 남한테 싫은 소리를 듣느냐 하면, 내가 언제 거짓말 했나 뭐 했나 하면서, 또 싸우다 보면은 됐다 남의 말 할 필요도 없고 그런 것도 치우고, 우에(어떻게) 하자 뜯어 말려 가지고 할 수도 있고 그렇게 같이 댕기다 보면은, 말 잘못하다가 보면은, 또 니 인제 그래 하면 안 된다. 사람이 말을 해도 그렇게 할 수가 있나. 그렇게 안 했다 하는데 왜 그런 말을 했느냐 이래다 보면은 자꾸 댕기다 보면은 말을 또 잘못할 수도

> "남의 경계에 가지 마라 마 그거를 불만하고 남의 경계에 또 넘어 작업 해 오는 사람도 있단 말이야. 그러면은 또 우리 쪽에서는 왜 남의 경계에 넘어왔나 이렇게 하잖아."

◀ 작업이 끝나고 망태를 지고
집으로 돌아가려는 해녀

있고 돌아가는 새도 물릴 수 있는데 말 실수 할 때도 있으
니깐, 이제 됐다 됐다 그만해라 하고 이래 막 말릴 수도 있
고 그래요.

(큰 싸움이 되었거나 이런 경우는 있습니까?) 그렇지 싸
움날 때도 있지. 배 이래 타고 작업하다 보면은 저쪽 경계
사람들도 오고 이쪽 경계 사람들도 오고. 어촌계장이 감
시하러 다닌단 말이야. 감시하러 다니면은 마 경계 넘어
갔다고 우리 망태를 배에다 끄집어 올리려고 하거든. 그
럴 것 같으면 끌어올려라. 우리 있는 데는 망태가 목심(목
숨)인데 끄집어 올려라 좋다. 법으로 하자. 우리가 그러거
든 그럴 때는 마 왜 오지 마라 했는데 왔느냐 왜 너거는
왜 우리 경계 넘어왔느냐. 너거 경계 안 넘어왔으면 우리
경계 안 넘어갈 건데. 이 물이 이래 가니깐 당연히 갈 수도
있으니깐. 그 조금 가는 거 이해하지 하면서 싸움 붙고 어
촌계장들이 오고 하잖아. 이제 서로 그렇게 하고 나서 싸
움하고 하더라. 다음부터는 경계 오지 마라 가지 마라 이

랬다고.

(그걸로 끝입니까? 그걸로 법적으로 갈 것까지는 없다 그지요?) 서로 얼굴 아는 사이니깐요. 다음부터는 경계 오지 마. 물이 가니깐 가는 거지. 우리가 가고 싶어서 가는 게 아니다. 마 이래가 하다 보니깐.

(동네 안에 해녀들끼리도 왜 그런 물건 때문에 싸움을 하거나 그런 경우도 있습니까?) 물건을 인제 왜 니 와 내 것 가 갔니 이래 할 때도 있고 사람이 살다 보면은. 물 밑에 내려가 갖고 가(가져) 오는 건, 그것은 자유인데, 만약에 물건을 해가 이렇게 담가 놓으면은 뭐 사람이 또 잘못 [알고] 자기 건 줄 알고 잘못 가져가가 뭐 이래 물건을 다려 줘 버리잖아. 왜 남의 물건을 다렸나 하면서, 하다 보면 아이고 내가 좀 실수했다 내가 잘못했다 내가 뭐 내 조개인 줄 알고 내가 갖다 다렸는데 미안하다 하고 이래 버리면 해결되고 그냥 그래야. 그것을 가지고 시비 걸어 가지고 법적으로 하고 [그렇게 되면] 마 안 되지. 이튿날까지 싸움할 수도 있고 그치만 그래 봐도 자기 이미지만 나빠지지 그거 큰 뭐 덕 되는 것은 아무것도 없잖아. 그래 그러니깐 길게 끄지 말고 간단하게 해 가지고 서로 이해하면 된다면서, 항시 나는 어디 가면 서로 잘못되었다 하고 미안하다 하고 해라 하고, 나는 항시 우리 형님은 뭐든지 미안 하고 잘못했다고 하면 된다고. 뭐 분해 죽겠는데[라고 해도] 분한 것 하나도 없다. 그거보다 더 억울한 것도 사람도 죽이고 살리고 하는데 그 잘난 것 그해 가지고 뭐 할 것 있나. 이래 버리고 그래야 되지. 그것 가지고 시비를 걸고 하노.

(거 동네마다 머구리도 있고 스킨스쿠버 다이버 하는

"그거보다 더 억울한 것도 사람도 죽이고 살리고 하는데 그 잘난 것 해 가지고 뭐 할 것 있나. 이래 버리고 그래야 되지. 그것 가지고 시비를 걸고 하노."

사람들도 있다 아닙니까?) 어 우리 마을에는 없다. 인제 다른 동네 가다 보면 많지. 스쿠버도 우리 해녀가 하는 거 똑같이 다 해가 가는데, 그러니까 싸움을 하지. 해녀가 [스쿠버에 비해] 훨씬 불리하다. 우리 양 다 잡아가 버리니깐. 그러니깐 우리가 자꾸 싸움을 하지.

(해결 방법이 있습니까?) 만약에 스쿠버가 작업을 한다 암만 저거가 와가 해도, 해녀가 얼마든지 할 수가 있는데, 스쿠버는 어촌계장인데(어촌계장에게) [물에] 넣지 마라 말이야. 우리는 할 수가 있으니깐. 스쿠버를 넣지 마라. 왜 넣느냐 그러면 어촌계장 우리 해녀 말을 들어야지. 그할 것 같으면 어촌계장 우리 말로 들어야지. 우리는 숨쉬어 가면서, 물밑에 숨차가 가면서 하지만은, 스쿠버는 이 물밑에 가면서 숨쉬어 가면서 하기 때문에 우리가 못해. 그리고 어촌계장은 우리 말을 들어야지 우리 말 안 듣고는 어촌계장 지 잘못해 버리면 사표나 버리는데. 그 해녀가 없으면은 물량을 많이 못 꺼내 가지게 되면은 스쿠버하는 사람들이 [작업을 할 수] 있어. 하지만은 우리들은 그 일로는 해녀들이 많이 있기 때문에 물량을 다 꺼집어낼 수 있는데 스쿠버 넣어가는(넣으면) 안 되지.

(그러면 옛날에는 동해안 이쪽 해녀들끼리 전체적인 모임 이런 것도 있었습니까?) 그렇지. 아 전체 많이 그래 많이 모이는 그래 모이는 것은 못하지. 왜냐하면 한 2동네 3, 4 동네까지는 한참에(한 번에) 모여 가지고 어른들이 해 가지고 오늘 작업을 한참에 한다 하면 인제 인솔자들이 가가 한참에 모아가 하고 그랬지만. 뭐 여럿이 구룡포에서 대보까지 한참에는 못하지.

(그때는 어느 어느 동네를 모아가 그렇게 했습니까?) 구

"해녀가 없으면은 물량을 많이 못 꺼내 가지게 되면은 스쿠버하는 사람들이 작업을 할 수 있어. 하지만은 우리들은 그 일로는 해녀들이 많이 있기 때문에 물량을 다 꺼집어 낼 수 있는데 스쿠버 넣으면 안 되지."

룡포에서 하면 구룡포, 삼정, 인제 그러면 색병, 인제 그러면 이쪽으로 와가 강사 이동까지도 구룡포 해녀들 다 많이 했지. 모아가 같이 채취를 했지. 같이 채취 해가 한참에 모아가 한참에 채취 다 해가 그거 물량 다려 주고 헤어질 때는 각 동네 자기네 집들 찾아가.

(옛날에는 물량이 많아서) 많으니깐 빨리 그거를 뜯어내야만이 [시기에] 맞춰 가지고 빨리 그거를 팔아먹을 [수가 있다.] 하지만은 요즘은 인제 각 동네에 해녀 이래 많이, 지방 해녀들 많이 생기니깐. 전에는 제주 해녀들만 나왔지. 옛날에는 지방 해녀들은 없었거든. 제주도 해녀가, 내가 그러면 18살에 시작해 가지고 하면은, 그러면 내가 여기 왔다 여기 우리 여 여기 시집와 가지고 보니깐. 여기 지방 해녀들이 조금 하나씩 하나씩 하던데. 23살부터, 오니깐 지방 여기 지방 사람들이. [해녀 일을 하고 있어] 한 45년도부터, 그래 한 44부터 지방 해녀가 많이 늘기 시작했지. 이 동네 들어온 지 한 3년 이후에 지방 해녀들이 많

"요즘은 인제 각 동네에 지방 해녀들 많이 생기니깐. 전에는 제주 해녀들만 나왔지. 옛날에는 지방 해녀들은 없었거든."

▶ 해녀들이 작업할 때 사용하는 갈고리.

이 늘었지.

(처음에 제주 해녀들과 지방 해녀들이 있으면 뭐 갈등이라든지 이런 것은 없었습니까?) 갈등은 없지 왜냐하면 자기네들이 물량을 다 못 끄집어내 가니깐. 지방 해녀가 자기네들이 다 못하니깐. 인솔자들이 물건을 빨리 끄집어내려 하려면, 사람 뭐 지방에서는 열대넛이 되는 사람 가지고는 다 못하잖아. 그러니깐 제주도 해녀들 데리고 와 갖고 여기다 인제 방마다 집을 얻어 갖고 살면서 그래 했지.

(옛날에 근데 물량이 시기에 따라서 채취를 안 하면 그게 그 다음에 할 때 못합니까?) 죽지. 사그라져 버리잖아. 저게 1년초거든. 천추하고 도박은 자기 시기에 못하게 되면은 다 녹어 버려 사그려져 버리잖아. 그래 뿌럼지만(뿌리만) 돌뿌럼지 맨크로(처럼) 쪼매(조금) 남아 있고 [그 시기에 채취가] 안 되면 다 사그라지고 없어. 그래가 다음해에 요때 되면 또 새로 피어오르고 그러지. 그 시기를 놓쳐 버리면, 이래 천초하고 이런 거 아무거라도 그 시기 놓쳐 버리면 두 번 다시 못하잖아. 그러니깐 그 해녀들 많이 해가지고 빨리 끄집어내려고 애쓰지. 그때는 여기 가도 천추, 저기가도 천추, 천추가 많이 달았거든 도박하고. 그랬지만 요즘은 그렇게 많이 안 돼. 작년에 우리 30근씩 15근씩 그래 뜯어 와가. 없어. 없어.

일 배울 때야 죽을 판 살 판 따라다니며 배웠지

(인제 처음에 일 좀 배우실 때 어머니가 가르쳐 주셨습

니까?) 그런 거는 인제 먼저 하는 사람들 어른들 내 위에 어른들인데 자꾸 따라다니지. 배울라 하면은(배우려고 하면) 인제 만약에 아가씨인데 아가씨가 먼저 배워 갔고 바닥에 인제 물건 있는 자리로 이래 가면 자꾸 따라다니면서 어떻게 하는가 보고. 아 저렇게 하면은 한다. 이런 데 오면은 물건이 있다. 인제 그런 걸 많이 배웠다. 그냥 따라다니면서. 눈으로 확인하면서. 말로는 설명 안 해 주지. 누가 설명해 주노. 인제 머리를 써 가면서 그 사람들 따라다니면서 인제 죽을 판 살 판 따라다녔지. 같이 인제 어딜 가면 어떻게 있다. 어딜 가면 어떻게 한다 그거를 많이 배웠지.

(어디 가면 전복이 좀 많이 있다. 어디에 뭐가 많다 이런 거 안 가르켜 주세요?) 그런 거 안 가르켜 주지. 그 배울 사람들도 인제 내 뒤에 따라다니면서 내 하는 거를 인제 보는 거지. 인제 처음에는 전복을 어디로 어디로 붙어야 된다 그것을 가르켜 주지. 맨 처음에. 전복은 인제 요때 되면은 정이월 때 동지섣달 때는 전복이 돌 위에 올라오고, 요즘 전복은 아래로 내려가는 거야. 밑으로. 그러니깐에 요즘에는 돌 옆으로 봐라. 동지섣달에는 돌 위에 전복이 있다. 인제 그렇게 가르쳐 주고. 인제 해삼은 돌 밑에 봐라. 이렇게 가르쳐 주고 처음에는 그렇게 가르쳐 주지.

(그럼 소라는요?) 소라 여 뭐 돌 위에 그냥.[있다.] 해삼은 그 뻘 쪽으로 돌 밑으로 모래자락 밑으로 봐라. (그럼 성게는요?) 성게는 돌 위에 많이 있지. 전복만 가르치고 해삼만 가르치면은 나머지는 설명 하나도 안 해 주지. 다 보고 있으니. 보이니깐. 그래 우리 하는 거 보고 하면 따라와 하는 거 보고 하면 알지. 그러니깐 영리한 사람은 빨리 배우고. 못 배우는 사람들은 물량 적게 해 오고, 빨리 배우

"그냥 따라다니면서. 눈으로 확인하면서. 말로는 설명 안 해 주지. 누가 설명해 주노. 인제 머리를 써 가면서 그 사람들 따라다니면서 인제 죽을 판 살 판 따라다녔지."

"그러니깐 영리한 사람은 빨리 배우고 못 배우는 사람들은 물량 적게 해 오고, 빨리 배우는 사람은 물량 많이 해 오고 그래."

는 사람은 물량 많이 해 오고 그래.

(엄마가 해녀일 경우 인제 딸한테 그런 정보를 주지 않습니까?) 그런 엄마는 가르쳐 주지. 딸이니깐 돌 밑으로 봐라. 인제 뻘밭으로 봐라. 해삼 똥 요렇게 쌌났으면 요래 풀 자테(곁에) 있으면 어데 들쑤어 봐라.

(엄마가 딸한테 가르칠 때는 어느 바위 이름이란 게 있다 아닙니까. 어느 바위의 어디 가면 뭐가 많이 있다 그런 거까지도 가르쳐 주십니까?) 아니 그런 건 안 가르쳐 줘. 그런 건 안 가르쳐 주고 인제 풀이 있고 이래 좀 한 데 가면 그런데 가면 있겠지. 가면 있다 있다 그런 말은 많이 하지만은 그래도 사근사근하게 가르쳐 주지는 안 해. 그러니깐 죽을 판 살 판 배우는 사람이 그 사람한테 따라다니면서 봐야지.

(해녀 일 오래 하다 보면 물속에 오래 들어가 왜 건강이 많이 안 좋아지기도 한다던데요?) 그렇지. 힘이 딸리고 할 때도 있지. 그럴 때는 인제 힘이 딸릴 때는 보약도 먹어야 되고. 닝겔 주사도 가져와가 맞아야 하고. 뭐 약도 사다 먹을 때도 있고. 힘이 대게(아주) 딸려가 아휴 내가 힘이 없어 우야노 할 때. 그럴 때는 영양제 주사도 맞고 우리 이래도 탄약(한약) 보약도 먹어야 되고. 또 인제 대게(아주) 힘이 없어가 내가 몸이 고단해 아파 누울 때는 청심환도 하나씩 먹을 때도 있고 그래.

(저 남해에 가면 쉬는 시기가 있더라구요. 그 시기에는 보약을 먹는 시기다 그렇게 이야기하시던데.) 정이월에는 보약 먹어야 돼. 정이월에는 우리가 놀거든. 그 시기에는 인제 요 한창 딱 물건이 뭐 없으니깐. 안 하니깐 놀 때거던. 놀 때 이 보약을 먹어야 돼. 뭐 이 가정에 따라서 인제

"힘이 딸리고 할 때도 있지. 그럴 때는 인제 힘이 딸릴 때는 보약도 먹어야 되고, 닝겔 주사도 가져와가 맞아야 하고, 뭐 약도 사다 먹을 때도 있고."

한 30만 원까지 먹을 때는 1자리만 먹어도 되고. 한 15만 원 짜리 먹을 때는 한 2자리 먹어야 되고. 손발이 재리고 (저리고) 이렇게 할 때는 인제 그렇게 해 갖고 같이 먹을 때도 있고. 우리가 피가 순환이 잘 안 되고 이럴 때 손발도 재리거든. 손이 재리고 할 때도 인제 보약 지을 때 가서 말하면은 그거 인제 같이 여가(넣어) 주면 쪼매 덜 재리고.

(물 속에 해녀들한테 많이 오는 병 종류가 있다 아닙니까?) 많이 오는 거는 인제 이래 힘이 부달리고(부치고) 인제 좀 내가 힘이 부달리고 그거 할 때는 이 애림증. 어지러운 병이 많이 올 때가 있지. 해녀들은 내가 힘이 부달려가 물 속에서 밑에서 올라오면은 이래 좀 애롭다. 애로와가 빙 둘를 때가 있지. 그럴 때도 봐서 아이고 이래가 며칠 멀쩡하다 싶으면 가가 주사 맞고 약도 사다 먹고. 피 안 통한다는 거. 시베리 걸릴 때에는 그거는 인제 지푼(깊은) 마을(바다를 말함)에 들어가 갖고, 물이 아주 많이 차갑고 할 때는 이 피가 도마리되 버리면 그때는 막 올라옵니다. 막 주물리고. 그래 해녀들이 막 퍼지고 이래 물 위에 올라와가 퍼지고. 옆에서 작업을 같이 하니깐 이 사람이 어떻게 한다는 것을 알 수 있거든. 그래하니깐 인제 오면은 주물러 주고, 나와 빨리 나가자 하고 나와가 병원에도 데리고 가고 그래 해야 돼. 그래 주사 맞고 심장 약한 사람들은 가만히 보면 그런 게 잘 오거든.

(그 다음에 두통은요?) 두통, 머리 아프고 이럴 때는 진통제, 그거 먹고 물에 들어가잖아. 머리 자꾸 아픈 사람들은. 인제 그런 거(약) 먹어도 자꾸 아프고 하면은, 천상(어쩔 수 없이) 병원에 가가 주사 맞고 그러니 죽을판 살판 병원 신세 많이 지지. 허허허. 우리 해녀들이.

"머리 자꾸 아픈 사람들은. 인제 그런 약 먹어도 자꾸 아프고 하면은, 천상 병원에 가가 주사 맞고 그러니 죽을 판 살 판 병원 신세 많이 지지. 허허허."

　(인제 이러면 보통 해녀들 정년 나이를 몇 살쯤으로 봅
니까?) 정년 나이가. 한 70살 되면 안 하지. 나도 인제 뭐
남 보기에는 대게 정정해 보이지만은 작업해 보면요 인제
틀려. 인제 깊은 데 갈라 하면 좀 겁은 나는가 싶으고. 숨
도 가프고. 인제 뭐 이래 물건을 해가 와도 전에 맨처럼 못
하고 이제는 힘 달려 내 손으로 가오지도 못하고. 인제 마
힘이 후달리니깐 나이가 있으니깐. 뭐 인제 전에 같으면
뭐 하는데 겁나는 게 하나도 없었는데. 허허허.
　(해녀 하시는 분들이 보면 굉장히 생활력도 강하고 독
립심도 강하고.) 그런데 힘 많지. 협동심도 많고, 협조심이
많아. 해녀하는 사람들이. 서로서로 인제 뭐 이래 하면은
내가 인제 만약에 물건을 1키로가 안 되면은 내 조금 남
으면은, 그릇 채워가 팔아 갖고 그럴 수도 있고 협조심이
많아요. 그래 해야지 내가 인제 도움 줬으면 저 사람도 나
를 도움 주고.
　(나하고 친하든 친하지 않든 별로 상관없습니까?) 그래
도 친한 사람한테 도움 가지. 내가 대게(아주) 안 친하면 또
내 물건이 남아 있어도 안 줄 수도 있지. 니 거 내 거 없이
그럴 때는 하지만은 딴 사람한테는 줄 필요 없지. 내가 줘
봤자 내한테 도움을 안 주니깐. 그래 가만 보고 또 인제 그
내보다 조금 가난해가(가난해서) 뭐하니깐 조금 도움 주자
이럴 수도 있어. 쪼매(조금) 줘야지 우에하노(어떻게 하느
냐.) 어렵다 싶으면 조금 모자라하는데 아이고 이거 줘 버
리야 되겠다 싶어 그래 줄 때도 있어. 그런 동정을 사 줘
야. 내가 저 사람은 안 줘도 뭐 저거 풍부하게 살고. 돈 뭐
이자나 먹고 사는데 싶은 사람은 안 주지만은 많이 좀 어
렵고 가정도 짜치고(쪼들리고) 뭐 하는 사람들은 자기 혼

"내 조금 남으면은,
그릇 채워가 팔아 갔고
그럴 수도 있고 협조심이
많아요. 그래 해야지
내가 인제 도움 줬으면
저 사람도 나를 도움주고."

자 뭐 이래 해가 살아 나가야 한다. 아이고 내가 요거 조금 하는 거 봐야 저 사람 돈 주지 싶어 가지고 줄 때도 있어.

(정월하고 2월에 좀 쉬고 그 다음에 지금 인제 예를 들어서 동네에서만 하는 사람들은) 많이 쉬지. 아직도 뭐 3, 4월까지 쉬는 사람도 있고. 인제 미역만 하면은 뭐 할 게 없으니깐. 하지만 우리들은 딱 그 달만 놀면은 마 계속이야. 비 안 오면 [일하러] 가. 바람 많이 불고 파도 많이 안 치면은 내(늘) 가는 거야. 샛바람⁵ 많이 불 때는 파도가 많이 치고, 다른 바람 일 때는 뭐 겁 없으니깐. 샛바람만 안 불면 나가. 인제 집안에 큰일이 있거나 그럴 때는 빠지지. 그러니깐 놀러가고 싶어도 아들네 집으로, 딸네 집으로 오라고 전화가 몇 번 와도 못 간다. 내가 벌어야 내가 살지. 뭐 딸네 집 아들네 집 가 봐야 그 공만 처 버리지 그 뭐 하러[가느냐?

물에 갔다 와도 논농사 밭농사 내가 다했지

(그러면 집안 생활은 혼자 버시는 것으로 다 해결하십니까?) 내가? 그렇지. 우리 아저씨 저게 편찮으시고부터는. 3년 되었다. 이전에 아저씨가 공사일 다니면서 돈을 많이 가오지는 못하지. 인제 차비하고 회식하고 밑에 사람들 회식시키고 하는 거는 내가 벌어다 넣으면은 가 가고.(가져가고.) 10만 원도 가 가고. 20만 원도 가 가고. 가져다 가버리고 자기 공사 마치고 가져올 때는 돈 3백, 4백 가져오면 그걸 크게 가져왔다고. 그거 해가 오면 남의 빚도 갚을 수 있고. 그전에는 빚이 많았어. 진짜 빚도 많았고. 우리 집

"놀러가고 싶어도 아들네 집으로, 딸네 집으로 오라고 전화가 몇 번 와도 못 간다. 내가 벌어야 내가 살지."

"그전에는 빚이 많았어. 진짜 빚도 많았고. 우리 집 지을 때도 뭐시 융자집이거든."

5 동풍의 뱃사람 말. 서풍은 하늬바람.

지을 때도 뭐시 융자집이거든. 이 집은 그러면 우리 딸 23
살 시집, [갔는데] 우리 큰딸, 그때 우리 집 지었는데. 지금
하마 나이가 42살인데, 20년 다 되었지. 그때 6백만 원 융
자받았지 싶다. 6백만 원 융자받고 우리 꺼 좀 보태고 해
가지고. 원래 살던 집은 저쪽 앞에 저 숙모네 살던 집이 우
리 집이랬는데, 빚이 하도 많애 갔고 팔아 갖고 그거 해가
갚아도 다 못 갚아가, 빚은 남아도 아이들이 많으니까. 요
거 또 뱃집이라고 방 2칸 전기하고 부엌하면 뱃집 지어가
요래가 방 2칸 하다가 아들도 많이 커 가제. 방 두나(2개)
그냥 질게 뱃집처럼 길게(길게) 그거 해서 살다가 인자 융
자 좀 받고. 우리 형편에 그것 좀 하니까네. 보태가 인제
집을 지어가 우리 노력했던 것이지. 내가 참 워낙 노력을
하니깐 노력해 가지고 참 땅도 하나 없다가 논도 샀고. 밭
도 샀고. 그래가 이리저리 해 살다가.

  (논은 몇 마지기인데요?) 논? 논이 13마지기. 천 3백 평.
논은 다 동네 안에 있는 논. 밭은 팔아묵아 뿌리고. 인자
우리가 힘이 드니까. 여 2군데는 채전밭이고, 저기 13마지
기 또 있었는데 다 팔았어. 아저씨 몸도 아프제. 나도 자주
하제.(아프지) [밭까지] 거리도 멀제(멀지). 우리가 물헤 댕
기고 하니까 뭐 밭에 일하려고 하니까 저 뭐 안 되겠어. 아
침에 새벽에 4시 되면 일나가(일어나서) 밭에 일하다가, 또
물에 가면 물헤 갈 때는 집에 가가 찬밥에 말아 가지고 후
딱후딱 먹고. 또 객지로 물헤 가고 5시 6시 7시 되면 또 물
헤 가고. 갔다 와가 해가 조금 있으면 해가 지도록 밭에 일
하다가 와가(와서), 어두워서 와가, 밥 해가 먹고 내가 전에
그랬다고. (언제까지 그러셨어요?) 그거 한 7, 8년 된다. 아
침에 새벽 4시에 일나가(일어나서) 밥 앉혀 놓고. 그 다 해

"아침에 새벽에 4시 되면
일어나 밭에 일하다가,
또 물에 가면 물헤 갈 때는
집에 가가 찬밥에 말아
가지고 후딱후딱 먹고
갔다 와가 해가 조금
있으면 해가 지도록
밭에 일하다가 와서
밥 해가 먹고
내가 전에 그랬다고."

가 반찬까지 만들어 놓고. 또 인제 부움하면 또 가 가지고 밭 다 매놓고 물에 간다고. 또 [일 하자는] 연락 오면 호미랑 거기 밭에 내 삐고(내버리고) 가 가꼬 밥 한 숟가락 찬물에 툭툭 말아 묵고 갔다가 또 와가 저물어(저물어) 올 때는 [밭에] 못 갔고. 또 일찍 오면은 밭에 또 인자 해가 좀 있다 싶으면 [밭으로] 가가 내대로 가가 밭 매다가 저녁 저물어 밥 해가 묵고. 우리 아저씨는 [논밭에 약을] 못 치거든 몸이 약해 놓으니까네. 약 내가가(가지고 가서) 논에 약치고 비료 치고 다 모숨기(모내기), 모(못자리?) 일구고 아직도 내가 그래. 모심기는 기계랑 하는데 뒤 설거지, 뒤에 못 빠지는 그거, 할 때는 내가 가가 다하고. 물에 갔다 와도 해가 져가 얼마 안 했다 싶으면은, 한 30분만 한 1시간만 있다 싶으면은 가가 1시간 동안 [밭에서 일]하다 와가 또 다음날에 하고. 논농사, 밭농사를 내가 다했지.

(자제분들이 있는데) 아들은(아이들은) 다 지(자기) 공부하고 다 그거 뭐 직장생활하고 여기 올 형편이. [안 된다.] 근데 전에는, 학교에 댕길 때는, 엄마 인자 와 가지고 도와주디(도와주더니) 학교 갔다 오면 같이 와서 해가. 가자가자 하면서 해졌다고 난리고. 또 일요일 날은 내가 인자 물에 안 가고 아침부터 일할 때에는 자기도 와가(와서) 밭도 다 같이 매고 우리 딸네들 다 와가 하고 그랬어. 그래도 그 때는 학교 댕기고(학교에 다니고) 직장 댕기니까 별 크게 도움은 없었지. 인자 일요일 날은 도움이 있지. 일요일 날은 미리 밭을 해가 고구마를 마 캐가, 마 방 하나에 칸을 잘라 놓고, 인자 깔대기로 잘라 놓고, 수북이 그거를 인자 밥 삼아가 아침 저녁으로 삶아 가면서.

(옛날에는 고구마를 많이 했습니까?) 많이 했어. 인제는

"전에는 고구마 가지고 다 살았다니까. 열 몇 가마씩 캐도 그거 팔아먹는 거 하나도 없어. 집에서 다 먹지."

고구마 안 하지. 전에는 집에서 먹기 위해서. 그전에는 보리밥에다가 고구마, 낮에 고구마 삶아 먹고 낮에는 점심 대용으로 고구마 삶아 먹고. 고구마 삶아 먹다가 남은 게 있으면 저녁에도 먹고, 보리밥 해가 보리밥 위에다가 고구마 생 거를 집어 넣어 가지고 같이 이래 치대가 밥해가 먹고. 전에는 고구마 가지고 다 살았다니까. 열 몇 가마씩 캐도 그거 팔아먹는 거 하나도 없어. 집에서 다 먹지.

(밭을 13마지기 하면 밭에서 나는 것도 제법 많았을 낀데 고구마를 그렇게 많이 했습니까? 논도 있고 그랬는데.) 논은 그때는 없고. 밭 할 때는 논이 많이 여기 없었거든. 여기 없었는데 인자 우리 밭 논 나고 3년 있다가 밭 팔아버렸거든. 인자 다 와 가지고 밭 가지고 모두 만들었으니까네. 밭 밀어가 논을 만드니까 그때는. 인자 밭 있는 사람들이 논이 되니까. 그때부터 인자 밭 있는 사람 밭 다 팔아버리고 논을 직종했지. 10년 전까지만 하더라도 다 밭에서 나는 고구마를 가지고, 논 나기 전에는 전시로(전부 다) 고구마로 살았다니깐 여기 사람들. 쌀도 좀 사고. 형편이 [좋은 사람들은] 쌀 사서 먹고. 보리가 여기 많이 났잖아. 여기 이 목장에 이쪽으로는 목장이라서 보리가 많이 났다고. 인자 색병부터 시작해가 약동으로는 보리가 많이 났지. 쌀 많이 못 먹어. 색병에서부터 대보, 구만까지. 왜냐하면 여기 처녀들이 아가씨들이 시집갈 때 쌀 3말 먹고 가면 부잣집 딸내미라고 했어.

(근데 여기가 물이 귀했습니까?) 그 물도 반농촌이라서 그렇게 논이 많이 없고 전부 밭. 산이라서 밭을 많이 하기 때문에 그 논이 많이 없었거든. 농촌이다 보니 고기 많이 해 봐도 고기도 크게 돈이 많이 안 되고 보리를 많이 갈았

"여기 처녀들이 아가씨들이 시집갈 때 쌀 3말 먹고 가면 부잣집 딸내미라고 했어."

다고. 그러니 보리가 많이 났기 때문에 보리 농사만 했지. 다른 농사는 안 하고, 보리 농사하는 것보다 고구마 농사하는 게 낫겠다 싶어서 고구마 농사를 많이 했는가 봐. 내 시집오니까 고구마를 많이 하더라고.

(그러면 좁쌀도 많았습니까?) 그래 조 많이 났는데. 노란 조 많이 하더라고 그때는. 인제 그런 거 안 하잖아. 그때는 차재는 많이 안 하고 깐재 고거는 밥 많이 불어나니까. 인자 뭐든지 많이 불어나는 그거 해가 먹으라고 깐재 그거를 해 가지고 하더라. 우리는 1되 2되 노란 좁쌀. 그기 한 움큼만 해도 이리 불어나잖아. 그러니까 우리는 1되 2되 쌀도 안 넣고 보리쌀도 안 넣고. 보리쌀도 1되 받아다가 하다가 이러면 그 깐재 좁쌀에 해 가지고 섞어가 좁쌀밥이 많지. 우리는 그래 컸다고. 우리 여기서 시집 여기 와서 그렇게 살았다고. 아이들 조밥 해 주면, '엄마 인자 이런 밥 그만 먹을란다' 하고 그랬다.

내 시집와가 우리 아저씨 군대 갔다 와가, 집이 운이 안 맞아 가지고, 내(항상) 우리 아저씨 안 아프면 아(아이가) 아프고. 저 앞에 집에 저 집에 팔아 버린 집이. 결혼하자마자 헌 집을 저 대동배에 가 가지고 하나 헌집을 뜯어서 사가지고 와서 그 집을 세우니까 그기 내한테(나에게) 운이 안 맞았던가 봐. 그러니 그 집 짓고 살고 난 후부터는 재수가 없어. 어른 안 아프면 아(아이) 아프제(아프지) 아 안 아프면 배가 어디를 나가도 재수가 없어. 물건도 잡혀 오지도 못하고 내 기계가 탈나고 내 그래 가지고 애를 먹고 남의 빚에 살다가.

(그때 그 집에서 몇 년이나 사셨습니까?) 그거 한 7, 8년 살았지. 결혼하자마자 우리가 집지어가 알라(애기) 우

"아이들 조밥 해주면, '엄마 인자 이런 밥 그만 먹을란다' 하고 그랬다."

리 큰아(아이) [끈으로] 허리 매 가지고 저쪽에 허리 매여 놓고, [내가 일하는데] 힘이 들고 이러니깐. 어디 기어 못 가게 땅바닥에 저쪽에 묶어가 허리, 장갱이를 묶어가 더 이상 못 가게 놔 놓고. 이 흙을 밟아 가지고 짚 섞어가 흙 밟아 가지고 벽에다가 붙여 가지고 흙 바르니까. 우리 손으로 다 바르려고 하니까네 이 흙을 밟아야 된단 말이지. 그러니깐 아기 업고 하라니깐 허리가 힘들어 가지고 우리 큰딸아 허리 매 가지고 나무에다 묶어 놓고 그래 했다니깐.

(그럼 저 집에서 애가 몇 명이나 태어났어요?) 우리? 저 집에서 알라(애기) 그럼 너이(넷) 낳았다. 거기서 너이 놓고 여기 와서 뱃집 지어서 그리고 둘이 놓고(낳고) 그랬지. 여기 오고부터는 조금 조금 인자 배사업도 치워 버리고, 그때 저 집에 있을 때. 머구리 잠수복 그거 배할 때. 배를 사 가지고 와서, 머구리를 사 가지고 와서 우리가 직접 인제 자기가 잠수복 하면서 했지.

"아기 업고 하라니깐 허리가 힘들어 가지고 우리 큰딸아 허리 매 가지고 나무에다 묶어 놓고 그래 했다니깐."

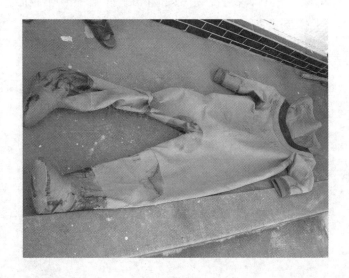

◀ 머구리 잠수복. 잠수복 안에 평상복을 입고 잠수복을 착용함. 무게가 많이 나가기 때문에 혼자서는 입을 수 없다고 함.

(머구리 할려면 머구리만 있으면 되는가요?) 안 되지. 사람들 해야지.(더 있어야지.) 사람 둘이 서이(셋) 타야지. 서이 너이(넷) 펌프 저시니깐 둘이 서이가 타야지. 그래 머구리 사업했는데, 그날 가서 작업 온종일 해도 밥벌이가 안 되는데 우야노. 그래 했는데 우리는 재수가 없어 가지고 안 되더라니깐.

(그때 무슨 일들이 있었는데 재수가 없다는 게) 재수없 다는 게. 그래 물에 가면은 전복도 많이 잡아 오고 문어도 많이 잡아 오고 해삼도 많이 잡아 와야 하는데, 도통 이 양 반이 가면 잡히지를 않애. 그래가 어디가 물으면 뭐 재수 가 없어. 결국에는 저 집 떠나가 나오니까 아픈 것도 덜하 고 인자 뭐 해 나가는 게 서서히 조금 조금 풀리더라고.

(숙모님은 저 집 가고 나서는 괜찮았어요?) 우리 숙모님 댁은 [저 집으로] 가니깐 운이 맞는지 괜찮아. 그러니까 저 기에 있을 때 머구리 배를 3척 모았어. 그때 빚을 많이 졌 어. 그래 마 이집에 가가 돈 빌리다가 저 집에 갔다가 갚 고, 또 저 집에 갔다가 돈 주라 카면은 저 집에 빌리다가 이 집 돈 갚고. 어이구. 그래 빌려가 하면은 이자해서 갚아 줘야 되고. 또 이자해야 갚아 대고. 또 언제는 못 줄 때는 이자에 이자 붙어가 갚아 줘야 되고. 우리가 그랬다.

(그 빚은 다 갚으셨습니까?) 빚은 다 갚았지. 인제 빚은 다 갚고. 인자 요번에 아(아이) 장가보내면서 수협에 또 3 백만 원 빚 있는 거.

내 농사 내가 지어가 내가 묵는다

(그러면 인제 그 애 둘은 여기서 낳고 그 앞에 넷을 낳고 그랬다 아닙니까? 애 키우면서 힘들었던 거) 힘들었던 거 말도 못하지. 우리 애 낳고 한칠 가고 자모질했다. 첫째 아도(아이도) 그렇고 둘째 아도 그렇고. 한칠 [지나]가면 무조건 물에 가는 거야. 벌어 와야 묵고(먹고) 살지. 그때 그렇게 먹을 것 없었지. 내 곡식 지어 먹을 땅이 없으니까. 그때는 땅이 없었으니까. 남의 품팔이를 해 가지고 물헤 갔다 와가, 또 남 보리타작하면은 같이 가가(가서) 타작해 주고 또 보리 1되 받아가 오면은 그거 가지고 해먹고 나면, 또 물헤 가가 또 좁쌀 2되 받아 묵고 살고 그렇게 했다니깐. 내가 그케 글이나 잘 쓸 줄 알았으면은 그거 다 일기장에 적어 가지고 해 놨으면 이렇게 올 때 그 일기장 보여 줬으면 [좋았을 텐데]. 그래 아이구 말도 못한다. 눈물로 눈물로 밤을 새우고 내가 형제한테도 너무 괄시를 많이 받고. 형제 시동생이 하나 있는데 우리 시동생이 말을 해도 되는지 모르겠다만은 우리 시동생이 양재(양자)를 가 가지고 밭 전지 논전지 전지가 참 많았어. 그랬는데 그것 다 우리 시동생이 팔아 버리고 없다. 나도 양재 가니까 그 거 잘되는 것도 없데. 보리 농사 지을 때 보리 얻으려고 시동생한테 가서 보리타작 해 줘도 밥도 안 해 줄려고 괄시를 줘. 가지고 참 울고 우리 딸내미 하고 울고불고 오고. 밥도 못 해먹고 그래 얻어먹으러 갔다가 못 해먹고 와가 내 집에 와서 깐쟁이하고 밥 먹고 내 작업하러 가고 그래도 살았다. 어이구 내 참 살아온 거 생각하면 우리 아들,

"내가 글이나 잘 쓸 줄 알았으면은 그거 다 일기장에 적어 가지고 해 났으면, 이렇게 올 때 그 일기장 보여 줬으면. 그래 아이구 말도 못한다."

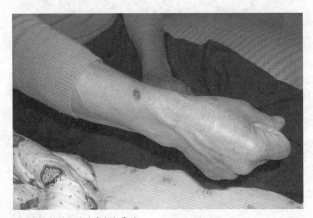

▲ 일종의 잠수병인 '자갈피'가 손목에 내리면 손목에 먹을 넣어 치료함. '자갈피'는 손목이 시리고 아픈 현상을 말함.

"임신했을 때 자꾸 노동을 하면 애기가 잘 낳아지지. 우리는 병원에 가지도 않고 무조건 뭐 아침에 새벽에 알라 트면은 새벽에 4시 같으면 아침 7, 8시에 알라 낳아뿐다."

참 8월 보름날이 감자 삶아 가지고, 우리 아들 저 주문진 가서 낳았는데. 8월 보름날에, 딸 서이 낳고, 첫아들 낳았거든. 넷째를 주문진 가서 낳았거든.

(임신한 상태에서도) 그럼 작업해야지. 해산달이 오늘 저녁에 배가, 오늘 아침에 약간 아프다 싶어도 작업 가서 하다가도 배가 많이 아파서 와서 알라 낳아 뿌리지.[낳아버리지.] 하하. 임신할(했을) 때 자꾸 노동을 하면 애기가 잘 낳아지지. 우리는 병원에 가지도 않고 무조건 뭐 아침에 새벽에 알라 트면은 새벽에 4시 같으면 아침 7, 8시에 알라 낳아 뿐다.

(주문진 가서) 주문진 가서 우리 아저씨 머구리질 해 가가 같이 따라가서, 거기 가가 있는데, 우리 아저씨 이 자갈피가 되어 가지고, 큰 문어를 해산깡에 10깡이더라고 문어 1마리가. 너무 커가 발 하나가 1깡씩이야 발 하나가. 거기 [주문진] 가(가서) 잡았는데 그게 무군디(오래 된 또는 나이가 많은 동물) 인가 봐. 무군디. 저 물속에서 오래된 무군디라고 그거 잡아 버리면 재수가 없어. 그거를 잡고 나니까 재수가 없어서 이 미역을 치러 가니까 자갈피가 내려가, 이 손목이 씌여 가지고 이 호미질을 하니까, 호미질 하다가 자갈피가 내리면 이 손목이 씌이면은 이 먹줄로 나가 이렇게 만들어지잖아. 이렇게 해 뿌리면은 이 손목이 안 씌어지잖아. 먹줄을 놓아 뿌리면, 이 손목이 안 씌이거든 그러니깐 이 먹줄을 놓잖아. 그래가 머구리에다 먹줄

놓잖아. 그래가 했는데 그래 손목이 씌여 가지고 낫질을 못하니까 그쪽에서 머구리하는 사람들이 낫질 못할 거 같으면 어디 쓸려고 하나 안 쓸려고 하지. 그러니깐 우리 아저씨는 오징어 잡으러 가 뿌고.(가 버리고.) 그게 우리 아(이 이) 저 이래 7월 초하루 날에 알라 낳았거든. 알라 낳았는데 8월 보름날에 먹을 게 없어 가지고, 감자 삶아 가지고 사다가 삶아가 밥 먹고 나니까 저녁에 [애 아버지가] 밥 줄라고 왔대. 우리 아저씨가 밥 좀 줄까 하고 왔는데 밥은 없고 감자 두나 저거 남았다 하니깐, 당장 보따리 사라 캐. 당장 보따리 사라 캐 가지고 보따리 싸고.

　(애 낳았다고 거기서 미역국이라도 안 끓여 줍니까?) 우리 형님이 살아 있었는데, 우리 형님이 뭐가 삐뚤어졌는지, 우리 형님이 거기 저 주문진에서 돌아가셨지만은, 우리 시누이가 주문진에서 살아 있기 때문에 우리 시누이가 말해서 우리 아바이가(애 아버지가) 갔거든. 소개받아 가지고 그 머구리질 하러 갔다고. 우리 아저씨가 거기 가서 내가 [따라]갔잖아. 가니까네 그래 인자 우리 아바이하고 [시누이가] 뭐가 삐뚤어져 그랬는지, 마 우리 형님이 마 삐뚤어져가 말도 옳게 안 하고, 우리 와가 보지도 않고 그랬는데, 우리 형님이 잘살았거든. 잘살았는데 돌아가시고 나니깐 있던 돈 하나도 없고. 남의 보증 앉았는 문서만 남아가 거기서 집 팔아가 그 보증 앉았는 거 갚아 주고 나니깐, 우리 오는 차비도 못했다카이. 뭐 우애 됐는지(어떻게 됐는지) 돈이 하나도 없어. 우리 형님 죽고 나니깐. 그만치 있던 돈 다 어디로 가 뿌리고 없는데, 죽었다 캐가 올라가 보니깐 그래가 7월 보름, 8월 보름날이 밥을 해먹는지 죽을 해먹는지 그것도 보지 않고 자기만 있다가 그래 하니깐, 그

"애기 낳았는데 팔월 보름날에 먹을 게 없어 가지고, 감자 삶아 가지고 사다가 삶아가 밥 먹고 나니까, 저녁에 우리 아저씨가 밥 좀 달라 하고 왔는데, 밥은 없고 감자 두나 저거 남았다 하니깐, 당장 보따리 사라 캐."

래 와 가지고 당장 보따리 사라 캐 가지고 보따리 사 가지고 우리 아저씨캉(아저씨와) 같이 묵호 내려와가, 우리 저 시형님 집안에 있는 형님한테 와 가지고 차비 빌려가 날로(나를) 이리 보내 뿌고(보내 버리고) 자기는 인자 오징어 잡으러 가고. 그래 가지고 얼마 있으니깐, 오징어 잡고 이쪽으로 왔다 카면서 와 가지고, 우리 할머니 우리 시어마시(시어머니) 살아 있으니까네. 거기서 [주문진에서] 알라 놓고(낳고) 왔거든.

(그러면 주문진에서 낳았고 여기로 데리고 오고. 그러면 지금 장남은 몇 살입니까?) 우리 장남이 인자 그러면 35살. 그래가 오이(오니) 우리 시어마시 아들 낳아 왔다고. 딸 서이 낳고 아들 낳아 노으이(낳아 놓으니) 아들 낳았다고 반갑와가(반가워서) 맨발로 뛰어나와 가지고 좋다고 춤을 추고. 그 난리지. 우리는 고생해가 왔는데. 우리 시어머니한테는 첫 손자니까네. 그래가 우리 할머니도 뭐시 당뇨에 돌아가시고. 그래가 우리 형님도 우리 와 뿌고 한 2년 있다가 마 돌아가셨거든. 심장으로, 우리 형님도 작업하는 사람이라 놓이. [형님이] 구룡포 있다가 [남편이] 내하고 결혼하고 나뿐(결혼해 버리고 난) 뒤에 우리 형님도 주문진으로 올라가 버렸거든. 거서(거기서) 살다가 그래가 그때 가가(가서) 벌었는 돈 하나도 [없는데] 뭐 누구를 줘 버렸는공(버렸는지) 어디 우에 빼는동 돈 많이 있다 캐도 가 보니깐 아무것도 없고. 남의 보증 앉았는 문서만 있고, 남아 있던데. 그래가 집 팔아가 돈 갚아 뿌고 우리는 우리대로 그냥 우리 차비해가 와 뿌고 그랬다. 아이고.

(35년 전에 첫애 낳고 막내는 몇 살 때 낳으셨어요?) 막내 그럼 몇 살 때 놓아졌노. 인자 30살. 인자 나이가 드니

깐 뭐 잊아뿌고(잊어버리고) 헷갈리고 아이들 어떨 때는 생신도(생일도) 잊어뿐데이.

(그때는 70년도여서 새마을운동 한창 되고 그때는 좀 살 만하지 않았습니까?) 아이구 살 만했지만은 우리 형편이 남의 빚이 있으니까. 우리 가정에는 조금 인제 그거 하지. 아저씨 뭐 그거 한다 캐도 그렇제. 우리 빚[이] 워낙 많았기 때문에 그걸 자꾸 줄어들가라(줄이려고) 하니깐. 아이들 공부도 시켜야 되제. 가정에 써 나가는 것도 있어야 되제. 남의 돈도 줘야 되제. 그러니깐 우리 살아 나가는 게 빠당빠당하게(빠듯하게) 나갔지. 농사는 우리가 지어가 먹지만은.

(그러니깐 논은 처음 사신 게 언제 입니까? 13마지기를 한꺼번에 사신 거 아니지 않습니까?) 빚은 있었지만은 그러니 남의 빚은 있어도, 밭을 그때는 인자 조금 헐타(싸다) 싶어 샀는데. 그것도 뭐 그거는 오래 됐지. 밭 산 지는. 그러면 내가 그러면 우리 큰딸 놓고 큰딸 11살 묵고 밭 샀지 싶으다. 43살이니깐. 그러니까 지금으로 33년 전이네 그러니깐 장남 태어나기 전에. 그래가 거기서 농사지어가. 우리가 아이고 이제 이 이상 더 부자는 없다 싶은 게 내 맘대로 농사지어가 내가 묵으니까네. 1되 2되 받아먹다가 벼농사 지어가 내가 묵으니까네. 이제 남 이상 부자로 살라 카면 살고 말라 카면 말고 내 인데는 최고 부자라고 생각[되더라.] 그때 13마지기, 밭 13마지기 샀지. 남 돈도 쪼매 빚 좀 내고. 내 [돈] 쪼매 하고 [보태서] 샀지. 동네 조금 벗어나 저 안에 그전에 국민학교 고 위에 밭에 그거를 우에 있었어. 우리 마을에서 좀 골짜기로 들어가서 국민학교, 그전에 초등학교 있었거든. 초등학교 있었는 그

"아이들 공부도 시켜야 되제. 가정에 써 나가는 것도 있어야 되제. 남의 돈도 줘야 되제. 그러니깐 우리 살아 나가는 게 빠당빠당하게 나갔지. 농사는 우리가 지어가 먹지만은."

"거기서 농사 지어가. 우리가 아이고 이제 이 이상 더 부자는 없다 싶은 게 내 맘대로 농사 지어가 내가 묵으니까네. 1되 2되 받아먹다가 벼농사 지어가 내가 묵으니까네."

밭 위에 있는데. 지금 현재 과메기 하는 집인데. 그 집에서 샀어.

(그러면 처음에 밭에 뭐 지어 먹었습니까?) 콩도 갈아 묵고, 대파도 한 번 갈아 봤고. 무도 한 번 갈아 봤고. 그 다음에는 보리 갈고 또 보리 갈다가 옆에 깨도 심어 보고 하는 거 다해 봤지. 해 봐도 그래 뭐 양이 많이 나오는 게 없으니까. 그 온 밭에 무 숨가(심어) 봐가 그때 한 30만 원 받았나? 또 그거 뭐 밭을 비려 줘야제. 일꾼 데려가 일해야제. 다 띠주니까(떼주니까) 내인데(나에게) 남는 게 없어. 땅만 내 땅이라고 그것뿐이지 뭐 보리 갈아내고는 인자 내 대로 메고 논 해가 메도 내가 가져 들어오니깐 다 따지면 그거 뭐 농사짓는 거 이득이 되는 게 없다고. 논이고 뭐고 따져보면 이득 되는 게 없어. 땅이 내 땅 있다고 그것뿐이지. 그래 인자 쌀 안 받아묵고 푼돈 안 들어가. 쌀 안 받아 묵고 내가 쪄가(찧어) 묵고 하니까.(먹고 하니까.) 그거지 다 비료 들고, 농약값 들고, 인부값 들고, 그 심었는 값, 논 가는 값, 비료 값, 약치는 값, 다 치면(다 계산하면) 남는 거 없어. 그렇지만 푼돈 들여가 그 인자 농사지어가 내가 해가 와가(와서) 인자 쌀 찌어가(찧어서) 아들도 주고 딸도 주고 그래. 요즘도 아직은 우리가 외상도 하나도 안 되고, 딸 서이 아들 막내까지 요번에 막내까지 우리 농사지었는 거 가지고 갈라 먹잖아. 딸 하나는 부잣집에 시집가 놓으니까. 농사 많이 짓는 집 가 놓으니까. 저거는 저거대로 먹는 때문에 우리 꺼는(것은) 안 가져가는데. 딸 서이는 저거 인자 좀 그거 하니까 우리 농사지었는 거 가져가서 먹고. 아들 둘이 먹고.

내 살아서 노릇할 때까지는 자식들한테 안 바란다

(학교 얼마나 다 시켰습니까?) 우리 큰아들은 대학교까지 전문대 그 나오고, 큰아들인데. 우리 막내는 고등학교밖에 못 나왔어. 지가 마 시험 한 번 쳐 보고 안 되니까 특진대(특전사). 군대 가 버렸잖아 특진대 그 공수부대. 딸들은 다 중학교밖에 안 나오고. 우리 큰딸은 고등학교 나오고 포항에.

(밑에 딸들이 언니만 시킨다고 안 그랬습니까?) 그런 것도 없지. 그거 없고 중학교 나온 딸도 둘째 것도 그렇고, 셋째 것도 그렇고, 셋째 꺼는 중학교 3학년 되가 지 집 나가가 저 부산 가가(부산에 가서) 기술 배워가 나와가 요즘 커텐, 이불전하고 그러잖아. 중학교까지 댕기다가(다니다가) 지대로 집 나가가 부산 가 가지고 하더만은 방직공장 들어가가 일하고 뭐 이러더만은 커텐하고 이불전하고 그래하고. 우리 둘째 딸은 대구에서 반찬가게 하고 있고. 우리 큰딸은 구포에서 단란주점인가.[하고 있고.] 막내는 그거 가방, 모자 저런 거 손가방 그런 만드는 거 뜨기(뜨개질)[가게를 한다.]

(어느 딸이 제일 잘 삽니까?) 아이구 뭐 그래 그만그만 우리 셋째 딸이 커텐하는 딸이 저기 좀 낫지.

(애들 키우거나 해녀 하시면서 힘들었던 거는요.) 살아온 이야기사 뭐 깡주밥 먹어 가면서 아들 학교 시키신다고 애를 먹고 다니고. 우리 셋째 딸은 학교 갔다 오다가 지 공책 같은 거 연필 산다고, 바닷가 옆으로 살살 걸어오면

"살아온 이야기사 뭐 깡주밥 먹어 가면서 아들 학교 시키신다고 애를 먹고 다니고."

서 대보에서 걸어오면서 천추, 도박 주워다가 마당 갖다가 넣어다 놓고, 엄마 이거 엿 사 먹지 마라 하면서 지 인제 연필 사고 한다고 자가(저 애가) 그렇게 하더라. 셋째가 그래 하던 아인데.(아이인데.) 그래가 지 중학교 댕기다가 때리쳐 버리고. 졸업도 못 받고(못하고) 때리쳐가 부산 가가지고 기술 배워 와가 저래 커텐하고 이불전하고 저래 하잖아. 아휴. 이 아는 별나게 뭐 하는 게 그렇고 어디 가가 가지고 들어올라고 애쓰지, 집에 거 가져갈라는 거 거의 없더라고.

(첫째는 어땠어요?) 첫째는 하마 외할머니한테 커 갔고. 어릴 때 그래 뭐 국민학교 1학년 때부터 친정 엄마 있는데 구룡포 살 때. 맡겨 놓고 우리가 객지로 댕기고 물헤 하러 댕기고 이래니까네. 저거 외할머니, 딸 1학년 국민학교 초등학교 1학년부터 국민학교, 구룡포 중학교, 고등학교까지 할머니 밑에서 자랐지. 우리가 형편이 그렇고 할매 혼자 있고 그러니깐 할머니 자테서(곁에서) 살았고. 살았는데 그 아는 저거 할머니캉(할머니와 함께) 컸고. [외할머니도 해녀 일] 그거 했기 때문에 그 아도 할머니 뭐 미역 같은 거. 뭐 물건 잡아오면 학교 갔다 와가 교복 딱 벗어 버리고, 다른 옷 입고 구룡포 시장 가가(시장 가서) 팔아 오고 했다. 또 할머니한테 용돈 얻어 쓰고 그러려고 지가 가가 팔고 그랬다. 첫째는 사실은 계속 떨어져 있어 가지고 정이 없어. 그래 그거는 정이 없고. 인제 아들이 그거한테 우리 저 둘째 것도 고등학교 댕기다가 지가 마 안 댕기고. 우리 아이들이 학교 [다니기를] 큰놈하고 인제 우리 큰 여식애만 그거 했지. 아들이 우리 아들이 다 그랬어. 그러니깐 둘째가 동생 다 거느리고 지가 마 장녀 짓했지. 말하는 거

고 뭐고 뭐 하는 기, 마음을 이래 주는 것도 큰아보다 이
아이한테가 이래 뭐 말하는 것도 수월해지고. 야야 뭐 이
래 저래 해라 하면 말 받아 주는 것도 수월케(쉽게) 받아
주고 그래. 그게 집에서 컸기 때문에. 그래도 저 애들도 학
교 댕길 때만 그래했지 쪼매 클 때는, 또 커기사(커기야) 컸
지만은 학교 댕길 때도 그 지 뭐뭐 저거 직장 따라 나가
버리고 크게 집에 붙어 있었나? 안 붙어 있었지. 그러니
안 붙어 있어도 직장 다녀도 돈 10원 하나 가져왔나. 안
가 가고(안 가져가고) 안 가오고(안 가져오고) 딸 서이가 다
시집가도 다 우리 손으로가 [결혼을 시켰다.] 우리 큰아이
는 지 돈 그거해가(벌어서) 결혼했지만도. 둘째부터는 돈
하나 안 가오고 전부 다 뭐 엄마 밑에서 돈 해 가지고. 우
리 둘째 딸아 치울 때는 이 앞에 집 땅, 저 우리 땅 쪼매 갈
라가 팔아서 돈 3백만 원을 가지고 시집보냈다.

　(몇 년도에 시집보냈는데요?) [둘째 딸은] 22살 때 시집
보냈지. 첫째 딸도 22살 아니 23살. 셋째는 저것도 21살인
가 22살인가 모르겠다. 우에 대는동(어떻게 되는지).

　(집에서 준비해서 그래 보냈다. 그지요.) 그럼 집에서 보
내야지 우짜는데, 돈 하나 없어 가지고 딸 아들 죽이니 살
리니 막하다가 그래도 우야노.(어떻게 하느냐.) 저거 짝지어
와가, 저거 연애해 와 가지고 할라 하는데. 뭐 남자 쪽에서
결혼하면 해 주시오 마 하는데. 아이고 마 찾을 때 줘 버리
면 되겠다 싶어가 그래가 마. [결혼시켰다.]

　(다 연애 결혼했어요?) 다 연애 결혼. 셋째만 중매 서 가
지고 했지. 다 연애 결혼. 우리 큰놈 그랬고. 우리 큰놈도
저거 누나 덕 많이 봤지. 큰아들이 저거 누나가 그 포항에
서러 고등학교 졸업하고 [큰딸] 직장이 어디냐 하면, 주유

"우리 둘째 딸아 치울 때는
이 앞에 집 땅, 저 우리 땅
쪼매 갈라가 팔아서
돈 3백만 원을 가지고
시집보냈다."

"뭐 남자 쪽에서
결혼해 주시오 마 하는데.
아이고 마 찾을 때
줘 버리면 되겠다 싶어가
그래가 마."

소 경리를 했었거든. 주유소 경리를 했었는데, 인제 저거 누나 포항에 있으니깐. 우리 큰머시마는(머슴애는) 거기서 경주 인제 통학했지. 고등학교 댕길 때 통학하고 또 인제 전문대학 댕길 때 그 요 하니깐. 포항에서러. 저거 누나한테 그 집에서 사고(살고) 이러니깐 우리 큰딸아는 저거 동생 공부시켰다고 봐야지. 그래도 지 시집갈 거는 큰딸은 지가 다하고. 우리 인제 딸 서이가 사람 애먹였지. 돈 한 푼 안 해가 오고. 우리 막내딸도 농협에 있다가, 농협에 면세점에 그 하다가 우에가 머시마 남자, 연애 그래 가지고 뭐 얼마 안 있고 돈 한 푼 없이. 그래가 마 부랴부랴 [결혼시켰다.] 아휴 전신에 돈도 많이 들어서, 다 들이지도 못하고. 내가 형편이 안되는데 돈 들여가 해 줄 거 뭐 가지고 해 주노. 그래가여 앞에 우리 둘째 딸 치울 때는 집에 밭 팔아가 3백만 원 주고 해 가지고 그래가 했지. 우리 또 셋째 딸은 그 인제 뭐시한다고 하다가. 그때도 또 한 2백만 원을 대가 지 했제. 우리 막내딸은 완전히 뭐 돈 하나도 없어가지고, 아휴 그거는 돈 5백만 원 들어갔다.

　(막내는 언제 보내셨습니까?) 막내가 22살에 갔나, 23살에 갔나. 그러니까 21살에 갔나. 지금 33살이니까네.

　(그러면 시집가서 뭐 애들은 다 몇 명씩 몇 명씩 낳았습니까?) 우리 아들 딸 아들 딸 아들 딸 다 그래 낳았는데, 우리 인자 큰 머시마는 딸 둘이고, 우리 셋째 딸은 아들 둘이고, 우리 인제 막내는 이제 아들 하나 낳고, 딸들 서이는 아들 딸 아들 딸이고, 우리 인제 큰며느리만 딸 둘이고.

　(그래서 걱정이 좀 되시겠네요?) 그러니 우리 막내 이 며느리 아들 낳아 놓으니 괜찮다. 아들 낳았거든.

　(집에 제사가 있으십니까?) 우리 제사 6번. [지낸다.] 할

아버지, 할머니, 증조부, 제사까지.

(아 그러면 큰아들이 아들 낳아야 된다고 생각하시겠네요.) 그러니깐 지금 [큰아들 집에서 아들을] 못 나면(못 낳으면) 할 수 없지. 막내아들한테 [제사가] 가야지. 그래야지 우야노. 아무래도 머시마 있는 쪽으로 가야지. [큰아들과 며느리는] 부담돼지. 아들 낳으라고 내 보내도 내년에 [낳겠다] 내년에 [낳겠다] 말은 그래 해도 인지 뭐 하마(벌써) [장남의] 아가(아이가) 하마(벌써) 하나는 7살이고 하나는 인자 4살인데. 그런데 인제 [다시 아이를] 낳겠나? 안 낳는다.

(아들 꼭 낳아야 될까요?) 아들로 낳아야. [아들에게 상속을 하지.] 그 요새 여자들 상속 받는데 있더나. 그러이끼네(그러니까) 상속 받으라 하면(상속 받으려고 하면) [아들이] 제사를 지내기 때문에 [아들이 안] 하면 누가 하노? [큰아들이 아들을] 낳아야 되는데 안 낳고 저래가 골치 아프다. (알게 모르게 낳아라 이야기하신다 그죠?) 그래 내가 어떤 때는 애를(큰아들을) 거처 갖고 [애기]엄마보고 알라 애기, 아들 하나 낳아라 하면, 엄마. 동생[이] 아들 하나 낳아라. [고 해라고 말하고.] 그래 저거(큰아들) 아버지가 또 엄마 알라 낳아라 해라 응? 저거 뭐시 저거 숙모는 알라 고추 낳았는데. 엄마, [마누라에게] 낳아라 해도 안 낳잖아요. 안 낳아. [아들을] 낳을 사람 같으면 달아갔고(연속해서) 낳지. 지금 안 낳는데, 아기 낳나. 안 낳는다.

(만약 그러면 [제사가] 막내한테로 가면은) [큰아들이] 대우 받기 힘들지. 지 인제 뭐 물려받는 것도 큰아들 물려주려고. 큰아들 줘야 하는데. 만약에 제사지낼 사람도 없으면은 인제 작은 아들에게 가는 거지 뭐. 집 재산이나 이

"큰아들 줘야 하는데. 만약에 제사지낼 사람도 없으면은 인제 작은 아들에게 가는 거지 뭐. 집 재산이나 이런 것도 제사 받을 애 집으로 줘야지 우예하노"

런 것도 제사 받을 애 집으로 줘야지 우예하노.(어떻게 하
느냐) 그래 귀신들 모시려 하면 귀신 모실 데로 우리가 해
줘야 할 것 아니가. 우리가 뭐 [재산을] 이고 갈 거가, 지고
갈 거가. 살다가 빈손 빈몸으로 가는데, 그 살아가면서 제
사 우리를 다문 물이라도 한 그릇 뭐 먹는 거. [물이라도
한 그릇] 떠놓는동 모르지만은. 전체적으로 우리가 볼 때
제사를 우리가 내가 현재 제사를 지내니깐 이 정도는 해
야 안 되겠나. 내가 지내고 있으니깐. 내 하는 정도 해야
안 되겠나. 밑에서 그래도 귀신을 맡아가 하는 사람이 그
래 뭐 뭐가 좀 있어야, 그래도 우리가 물림해 줬다는 뭐가
있어야지, 빈 껍데기로 가지고 귀신만 맡아가 있으면 우
야노. 허허. 그래 막내아들이고 뭐고, [제사를 지낼] 아들
이 있는 쪽으로 [가야지.] 그래 설사 막내아들이라도 아들
이 나중이라도 죽으면 귀신을 맡아가 제사를 지내야 되
니깐.

(지금 애가 태어난 지 얼마 되지 않았는데.) 그거는 안
주(아직). [생각할 필요 없고.] 그러니깐 차차 차차 우리 아
직 살아 있으니깐. 차차 차차 그거는 할 애기고. 그래 원칙
은 인제 재산, 집은. [아들 있는 집으로 상속해야지.] 우리
가 뭐 많은 재산은 없으니깐. 이 집은 큰아들 주고, 인자
논 밭, 저기 있는 거는 인자 작은 아들 주고, 우리 벌어 먹
다 죽으면은 그만이고. 우리가 빈손 빈몸으로 가니깐 내
한테 나눠 봐야 소용없고. 그래 한다고 생각은 가지고 있
는데 모르지 글케. 인자 어떻게 되어갈란지.(되려는지.) 우
리 산따네는(살아 있는 동안에는) 우리 생각이 그렇게 되어
가 있어. 집은 큰아들 주고 저거 있는 천 3백 평짜리 있는
걸랑 작은 아들 줘 버리고.

"그래도 우리가
물림해 줬다는 뭐가
있어야지, 빈 껍데기로
가지고 귀신만 맡아 가
있으면 우야노, 허허."

"우리가 빈손 빈몸으로
가니깐 내한테 나눠 봐야
소용없고. 그래 한다고
생각은 가지고 있는데
모르지 글케. 인자
어떻게 되어갈란지."

(딸들이 달라고 안 합니까?) 딸들이 뭐 하러 달라 하노. 달라 할 거 뭐 있고, 딸들은 바래지(바라지) 않아. 왜냐하면 엄마가 재산이 언가이(어지간히) 있는가 하면, [딸에게도 상속을] 하지만은, 저거는 저거대로 결혼할 돈 하나도 없이 우리가 결혼 다 시켜 줘가 살게 해 줬으니까네. 바랄 게 뭐가 있노. 저거가 벌어 와가 주고 우리가 먹고 살다가 또 결혼하는 거 같으면 몰라도, 10원 하나 없이 [부모에게] 와 가지고 결혼만 시켜 줄라고 덜렁 와가. 우리가 참 작으나 많으나 돈 보태 가지고 저거 결혼시켜 줬는데. [지금] 저거 보태 줄 꺼리가 뭐가 있어요. 못하지. 허허. 그리고 또 저것도 그렇고 아들네들 뭐 갖다 주러 가지 우리[딸들]는 바라지도 않는다 하고. 저거는 저거대로 살 궁리를 다 하니까네. 우리한테 바랄 게 뭐가 있노. 친정 쪽에 바랄 게 뭐가 있어야지 바라지. 언가이(어지간히) 돈이나 많이 있고 재산이나 많이 있는 것 같으면, 아이고 우리 죽기 전에 딸들도 쪼매(조금) 주고 하지만은. 뭐 있어야지 주고 자시고 하지. 집 해 봐야 돈 몇 푼 돼. 그러고 요번에 우리 막내이 아파트 얻어가 가는 데 살림, 막내아들 아파트 얻어가 가는 데 2천 8백만 원 주고 얻어 갔거든. 얻어 갔는데. 우리가 2천 5백만 원 대 줬어. 대 주면서 논을 저거 제패(저당 잡혀) 놓고 대 줬는데. 인제 니 더 바라지 마라 하니까네. 알았습니다. 지도 요번에 10원 하나 벌었는 거 없이 우리가 요번에 갑자기 마 처재[가] 알라(애기) 가져 버리니까네. 급하게 시키는 바람에, 또 [막내며느리도] 안동 저거도 양반 권씨라니까네. 그래 그랜다고 보니 부랴부랴 콩을 볶듯이 볶더라고. 그래도 니 돈 10만 원 벌어 온 것 없고, 직장 없이 이래가 댕기면서 어떻게 하려고 하니까네. 두말

> "돈이나 많이 있고 재산이나 많이 있는 것 같으면, 아이고 우리 죽기 전에 딸들도 쪼매 주고 하지만은. 뭐 있어야지 주고 자시고 하지."

도 안 하고 그저 마 입만 수북히 내밀고 있어 가지고, 할 수 없어 남의 돈을 빌려가 마 그래가 형제들도 마케(모두) 부주돈 받아가, 남의 돈 해가(빌려서) 마 넣었지만은. 내가 요번에 방을, 집을 얻어 주면서 그랬어. 더 바래지도 말고 인제 니 더 손도 벌리지도 마라. 그렇게 하니깐. 알았습니다. 하면서 그래. 그래 해도 안주(아직) 우에(어떻게) 될지 모르지만은 또 팔아 봐야 얼마 돈이 나올지 모르지만은 음. 그냥 한 보로코만 준다고 생각하고 천 3백 평 말고 7백 평, 7백 평짜리 하나만 준다고 생각하고 돈은 2천만 원 얻어 가지고 내 집에 있던 거 줬는데. 논은 인제 천상(할 수 없이) 뭐 우에 할지라도 이거하고 한 번은 인자 [자식들과] 의논해 봐야지. 내 살딴에는(살아 있는 동안에는) 안 주는데, 있다가 내 죽을 때 되어야 의논하지. 아직은 뭐. 의논 안 한다.

(자제분들한테는 평생 바라지 않는다. 이래 생각하시겠네요.) 그럼 내가 뭐 하러 바래. 내 살아가 노릇할 때까지는 자식들 이런 데는 아직 안 바란다. 내 노릇 못할 때, 들앉아 가지고 참 뭐 이래 뭐 밥도 못 끌어(끓여) 먹고 [이] 정도 되면은 천상(할 수 없이) 너거 인제 이래가 [어떻게] 해라 하지만은 아직 내 노릇 할 때까지는. [자식들에게는 바라지 않는다.]

(물헤 못 나가시면 어떻게 됩니까?) 할 수 없이 뭐 너거 용돈 다오. 인자 너거 인제 우리를 우에 해야 된다. 말이라도 해야 되고. 우리 큰아들[의] 손지,(손자) 손녀가 나와 가지고 보험 하나 들어 준 거 있거든. 교육보험 그때는 첫 번째 첫 손녀라서 교육보험을 해 주고 또 둘째 거는 반 인자 목걸이, 그 뭐 20돈 팔아가 요거는 통장 내어가(통장을 만

들어서) 적금시켜 갔고, 그 해 갔고. 인제 둘째 놈 그래 주고 그래가 했는데. 요번에 머시마(머슴애, 남자아이) 낳는 거는 안 주고, 보험 하나 들라 하다가(들려고 하다가) 요새 내가 안주(아직) 좀 형편이 그래가 안주 안 넣었거든. 안 넣어가 했는데. 아레는(그저께는) 인제 저거 아버지가 2달만큼씩 우리가 아직 서울 약 타러 다니거든. 수술 2번 한 거 [때문에] 약 타러 다니는데. 1번씩 올라가면 돈 70만 원씩 가져가거든. 다 검사받고 약 타고 다 해가 올라가면, 2번씩 올라 왔다 갔다 하면, 꼭 70만 원 들어. 인제 검사받고 사진 찍고 다 할라 하면. 약타가 올라 하면 70만 원 드는데. 다음 달에 가야 되거든. 13일 날 가야되는데. 돈이 좀 째이가지고(궁해서) 보험을 인자 이야기를 하니깐, 그거는 유치원부터 그게 돈이 나온다 하네. 그게 나오는 게(것이) 80만 원 나온다 하던가? 학교 갈 때 되면 학교 갈 때 되는 대로 나오고. 그렇다 하데. 애들한테 인제 얘기를 했어. 야들아, 그거 너거 뭐 바쁘걸랑 써라 찾아가서 써든지 해라. 하니까네. 아니요, 그거 어머니 요번에 한 번 찾아가서 어머니부터 쓰이소. 이러데. 그래, 야야 뭐 우리가 쓸 거 아니잖아. 애 몫이라고 넣어 났는데 애부터 찾아가 우에 하던지. [해라고 하니까] 안주(아직) [돈을] 찾아도 [아이가] 학교도 안 가고 하니깐 어머니부터 쓰이소. 그래도 내가 넣어 줘서 내가 찾아 갖고 우에 쓰는 싫어 갖고 그래가 해 났거든. 그러니깐 우리 아들이 그거 또 인자 딸 앞으로 올려져가 있으니까네. 인자 그 뭐 통장에서러 컴퓨터로 다 눌리면 통장에 들어간다 하데. 신경 쓰지 말고 있으소. 어제하고 오늘하고 뭐 대게 축제한다고 울진에서 대게축제한다고 요거 끝나거들랑 해 드릴께요. 해사터만은(말하더

니만) 우에 될란가(될런지) 모르겠다. 그래도 우리가 받아
쓰라니깐(받아서 쓰려고 하니까) 미안찮아. 애 뭐시로(무엇
으로) 그 넣어 놓은 건데.

(그래도 그 돈이 많이 들고 이러니까. 병원 다니시고 이
러시려면) 그래서 [지금은] 아주 큰 벌이도 안 되제. 이러
니깐 여름 같으면은 그런 거 좀 [형편이] 괜찮은데. 그러니
까 내가 다 해야 되니. [힘이 들지.] 전화요금, 참 저 의료보
험, 전화요금, 여 이 전기세, 우리 심야보일러거든, 심야보
일러니깐에 전기세 이 뭐 물세, 다 이거 할 것 같으면 1달
에 백 십 몇 십만 원 치워야 한다. 그래 백 몇 십만 원 치워
야 하는데 이거 뭐 2만 원, 3만 원 벌어가는(벌어서는) 1달
에 백 몇 십만 원이 돌아 요즘은 [요금을] 안 준다. 판판이
모자라거든. 그러니 그저 1달 되어 가지고 자동 그거로 납
부 들어가기 때문에 통장에 꼭 넣어야지만, 거기 돌아가
잖아. 가만 보고 안 될만 하면 남고 온신에(우선에) 빌려가
갖다 넣어 났다가 갖다 주고. 요즘은 요 한 3달은 좀 회전

*"판판이 모자라거든.
그러니 그저 한달
되어 가지고 자동납부
들어가기 때문에 통장에
꼭 넣어야지만, 거기
돌아가잖아. 가만 보고
안 될만 하면 빌려가
넣어 났다가 갖다 주고.
요즘 한 3달은
좀 회전이 잘 안 돌아.
허허허허."*

▶ 해녀의 잠수복. 과거에는 천
  으로 된 옷을 입고 작업을 했
  으나 요즈음은 모두 고무로
  된 잠속을 입고 작업을 함.

이 잘 안 돌아가. 허허허허.

(고생 많이 하시네요. 집집마다 다 해녀 하시는 분들은 거의 가장 역할을 하십니까?) 아 인자 남자가 버는 집은 그래 안 하지. 우리들은 남자가 안 버니까. 이래 역할을 많이 해야지. 또 가만히 보면은 이 해녀 하는 집이 남자들이 좀 길이가 좀 길다고 사람들이 미련타고. 이 길로 빠져 가꼬 일로(일을) 할라고(하려고) 애를 안 쓴다고. 여자 버는 게 있으니까 그런가 봐. 가만히 보면은 그래. 그러니 환자들 많이 있는 사람들도 있고 그러니깐에 해녀가 버는 집을 보면은 남자들이 노는 집이 많애. 그래 대강 보면은 남자들이 노는 머시가 많아. 죽을 판이거든 여자들은. 그 파도 속에서도 뭐고 그저 마마마 애를 쓰고 해가 와도, 남자들은 그 심정을 모른다. 잘 몰라. 옛날부터 이래 [남자와 여자가] 짝지어가 살아라 카는 이유를 뭐 하러 냈나 싶어. 내 말은 그 말이야. 결혼하고 인자 결혼해야만이 또 대를 이사 나와 가지고(이어서) 그 가정을 자꾸 참 뭐시기를 해야 하기 때문에 하긴 해야 되는데. 내가 살아오는 게 너무 고달프니까 옛날부터 왜 만날 짝지어가(짝지어서) 살으라 카는지.(살으라고 하는지.) 혼자 살면 자기 혼자 벌어가 혼자 살다가 죽으면 죽고 살면 살고. 이렇게 살도록 안 하고 왜 이러노 싶은 때가 많다고. 내가 참말로. 어떨 적에는 마가만 생각해 보면 우리 아저씨 전에는 술도 많이 묵고, 담배도 많이 피고, 술로 많이 잡샀거든. 예전에 잠수부 하는 사람들이 술 안 먹는 사람이 없다고. 왜냐하면 이 혈액순환 잘되라고. 잠수부 잠수해 갖고 깊은 데 [채취를] 해 갖고 올라오면은 한 잔 먹고, 또 깊은 데 [채취를] 해가 올라오면 또 한 잔 먹고, 이래 혈액순환이 잘되라고. [아저씨

"해녀가 버는 집을 보면은 남자들이 노는 집이 많애. 그래 대강 보면은 남자들이 노는 머시가 많아. 죽을 판이거든 여자들은. 그 파도 속에서도 뭐고 그저 애를 쓰고 해가 와도, 남자들은 그 심정을 모른다. 잘 몰라."

개 술만 먹고 오면, 진짜 내 안 했는 말로 하라 카고, 또 말을 자꾸 하고 그러면 그러냐라고 하고] 또 나는 얘라고 대답을 하면서] 그렇게 넘어가고. 어떨 때는 대답도 하지도 않고 뭐 그거 하고. 마 참 어떨 때는 가정에 살라 카면 싸울 때도 있고 그렇게 해 나갔지만, 요즈음은 술도 안 먹고 담배 안 피우니 내 심간에 편해. 요즘은 많이 편해. 인자는 자기 내 건드렸다가 안 되거든. 허허. 요즘은 내가 편한데, 그 그 또 편한 대신 뒷돈이 들어가니까네 내가 좀 또 힘이 들어. 나이는 들어가고 내가 나이는 묵어지고. 돈은 자꾸 들어가이 [걱정이 많다.]

(아저씨는 머구리를 몇 살 때부터 하셨습니까?) 머구리, 그러면 인자 내가 23살 결혼할 적에 그럼 [남편은] 25살인데, 머구리를 7년 더 했지. 결혼해 가도 내(계속) 머구리질을 했고, 인자 그러면 배 사업했는 거는 한 10년 넘게 하고, 요즘은 공사장에 일할 때도 머구리 잠수부 했으니까. 그러니까네 꽤 오래 했지. 삼발[6] 갖다 넣을 때는 잠수부가 밑에 들어가 가지고 이 맞혀 가지고 이래 같이 이래 맞춰 줘야 되거든 [물] 밑에 내려 가 가꼬. 잠수일을 해 가면서 해야 되거든 왜냐하면 이 돌 받아 가지고 밑에 자체를 잘 놓아 줘야만이 이 자체를 잘 놓아 줘야만이 이기(이것이) 무너지지를 안 하고 받아 주는 힘이 있거든. 그냥 보지도 않고 위에서만 터거덕 터거덕 놔 뿌면은 이 받쳐 주는 힘이 없고, 옳은 좌석에 안 넣어 주면은 나중에 파도 치면은 막 무너지는 수가 많잖아. 그러니깐 이 돌 하나 하나 인자 이래 걸어 갖고 물에 이래 놓으면은, 물밑에서 따악 요 돌을 받쳐 주고, 요도 받쳐 줘야 되고, 요거도 받쳐 줘야 되고 되면은 이래 딱 아구(아귀) 맞도록 그래가 밑에서 받아

"마 참 어떨 때는 가정에 살라카면 싸울 때도 있고 그렇게 해 나갔지만, 요즈음은 술도 안 먹고 담배 안 피우니 내 심간에 편해. 요즘은 많이 편해. 인자는 자기 내 건드렸다가 안 되거든. 허허."

6 방파제를 쌓을 때 사용하는 삼각뿔 형태로 된 콘크리트 구조물.

줘야돼. [잠수부가] 물밑에서.

(그러니 인제 결혼하시기 전에도 머구리를 하셨고) 결혼해가 결혼하고부터는 머구리질 했고, 결혼하기 전에는 머구리질 안 하고 인자 군대 갔다 오고 뭐 남의 배 타고 이랬지만은, 인자 내 결혼하고부터는 머구리질 했지. 한 10년 머구리질 했지. 인자 내 배 가지고 하다가 그 남지기는(나머지는) 공사장에 댕기면서 잠수부, 잠수부 하는 거는 우리 아저씨 짜는 거 잘 짠다고.

(지금 그 물 속에 들어가서 돌 짠다는 게 방파제 같은 거 이런 거 하신 겁니까?) 그래 방파제 저 돌 비탈지게 이래 짜가 이래 올라오는 데도 있고. 삼발 이렇게 이래 세맨해 갖고(시멘트로 만들어서) 삼발이 이상하게. 그런 거 놓는 것도 밑에서 잘 받아져 갖고 삼발이 딱딱 요래 딱딱 맞아 들어가도록 서로서로 카면서 이래 받아 주고 그래야 돼. 그러니 잠수부 하다가 아파 가지고 저래가. [옛날에] 자갈피 내려갔고 그거부터는 [머구리를] 안 하고 그래가 인자. 공사장을 갔지. 징그럽다 문어가 그거 다리 하나가 해산깡[7] 요런 요 깡 하나씩이라

(보통 사람들이 그래 큰 거는 너무 오래 되었는 거다.) 말하자면은 우리 미신 지켜가 나간다 카면은 인자 물 인자 찌끼미,[8] 물귀신 한가지 맨치로 찌기미 너무 오래 되어. 그런 거는 (잡아도) 놓아 주면 낫는데 잡다 보니까 그렇게 뭐 큰 게 잡아지니까 욕심도 나고. [그래서 잡아와 버렸지.] 어디가 물으니까 너무 물에서 오래 된 거, 찌끼미 그 물에 많이 있을 거를 잡아 올리 뿌니까 재수가 없다고 이렇게 나오니까 하는 소리지. 전주가 어디가 물어봤던가 봐. 그 왜 이래 뭐 가가(가서) 물어보는 거 있잖아.

7 드럼통.
8 지킴. 민속에서 '한 집안이나 어떤 장소를 지키고 있다는 영물(靈物)'을 이르는 말.

해녀 작업하는 사람들, 애기를 더 숩게 놓는다 니깐

(해녀들은 가리는 거 없습니까?) 해녀들 가리는 거 없다. 뱃사람들은 많이 가리는데. 여자도 가리고 뭐 임신한 여자도 가리고. 애기 놓을(낳을) 때는 더 가리지. 우리 해녀들은 없어. 배 사업하는 사람들은 인자 이 상(초상) 나갔고 하는 거는 배 사람들은 괜찮은데. 애기 낳아 가지고 하면은 부정이 많어. 부정도 많고 여자들 맨스 와가 할 때는 저 전라도 저쪽으로 가 작업하는 사람들은 큰 고기 나와가, 상어 나와가 맨스할 때는 물에 못 갔다고. 상어 나오면은 이 맨스하는 사람들 보면 흠뻑 달라든단다.(달려든단다.)

(해녀들 같은 경우에는 어떻게 합니까?) 생리와도 뭐 할 수 없이 물 속에 들어가지. 차는 것도 없이 마 그냥 가지. 물에서 다 뭐 씻어지니까. 고무옷을 입으니까네 별 표 없다. 표 없고 인자 옷 갈아입고, 몸 다 벗고 갈아입을 때에는 [생리대를] 차야지. 그러니까 별 차이 없다.

(임신하면 어떻게 해요.) 일 계속하지. [일하면] 애기는 뭐 더 튼튼하게 더 잘 낳아지지 뭐. 허허허. 육지에 그냥 아무것도 안 하고 있는 사람들보다 해녀 작업하는 사람들, 애기를 더 숩게(쉽게) 놓는다니깐. 아도 더 튼튼하고. 그래 우리는 뭐 애기 가질 때나 안 가질 때나 조심하는 것도 없지 뭐. 뭐 어딨노. 아무데나 가가 물헤, 뭐 어떨 때는 애 지울라고 하도 우리 형편도 쪼달리고. 아 그제는 산아제한 그런 것도 없었잖아. 우리 할 때는 그러니깐 애는 자꾸 놓아지제. 뭐 가정 형편은 쪼이제.(쪼들리지.) 이러니까 하나

"해녀 작업하는 사람들,
애기를 더 쉽게 놓는다니깐.
아이도 더 튼튼하고.
그래 우리는 뭐
애기 가질 때나
안 가질 때나
조심하는 것도 없지 뭐.
뭐 어딨노."

라도 지우 뿔라고(지워 버리려고) 우리 막내 머시마, 내가
산에 나무하러 가가 우리 물혜 안 갈 때에는 산에 나무하
러 가거든. 나무하러 가가 난간에서 우에 올라가가 넘어
져도 보고, 뒹굴러도 보고, 나무 이고 오다가 같이 뒹굴러
도 보고, 이래도 [애기가] 안 떨어지더라고. 또 물혜 가 가
지고 돌방구에서러 물에 파삭 엎어져도 보고 그래도 안
떨어지더라고. 이 세상에 태어나가 저래 클라 하니까 그
랬는가. 그래도 해 보고 내가 온갖 짓도 다 해 봤다고. 참
어디를 가(가서) 돈을 빌려가 [임신중절 수술을 받기 위해]
병원도 갈라 카이, 그때는 또 저 아가 이 세상에 태어날려
고 그캤는가.(그렇게 했는지.) 다른 때는 돈 빌리러 댕기면
(다니면) 잘 빌려지는데 내가 병원에 갈라고 돈 빌리러 댕
기니까 돈도 안 빌려지더라고. 그래 내가 야가 진짜 이 세
상에 태어날 안가(아이인가) 보다 생각하고 마 될대로 되
뿌라.(되어 버려라) 그래도 태어날 거는 태어나지 싶은 기.
그래 참 놓으니까 아들이라. 아이구 내 잘 안 지웠는가 싶
은 마음이. [생겼지.] 하하하. 잘 안 지웠다 싶으고. 마 그럭
저럭 마 저거사 공부사(공부야) 저거 싫어서 말았지. 뭐 공
부도 좀 했으면 한 번 시험 쳐 보고 대학 떨어지니까 지가
뭐 지원해 가지고 공수부대. 지 특공대 가 뿌려 가지고 했
지만은 지 내한테(저애가 나에게는) 후회는 못하지. 한 번
더 쳐보던지.[라고 하니까.] [아들이] 됐다.[라고 한 마디만
했다.] 자가(저 애가) 말로 잘 안 해. 지 할 말만 있으면 하
지. 입도 떼이지도 않고, 됐다, 후회하지 마래이, 알았다. 허
허허. 그렇게 인자는 조금은 후회를 하지. 지(자기) 속으로
는. 내인데는(나에게는) 말은 못해도 모든 것이 직장이고
뭐 이래 [잘] 해 볼라카니 [잘 되지 않으니] 조금은 후회를

> "물혜 가 가지고
> 돌방구에서러 물에 파삭
> 엎어져도 보고 그래도
> 안 떨어지더라고.
> 이 세상에 태어나가
> 저래 클라 하니까 그랬는가.
> 그래도 해 보고
> 내가 온갖 짓도 다
> 해 봤다고."

하지. 그렇지만 지 내인데는(나에게는) 말 못하지. 내가 그
만치 째이게나(쪼들리거나) 우에게나(어떻거나) 똥 주(바지)
뭐를 팔아도 내 대학 보낼 꺼라고 대학시험 쳐라 캐도, 지
가 안 치고 지 한 번 쳐보고 떨어지니깐 마 안 치데. 그러
니깐 그래도 인제라도 제 뭐시기 하라 카니까네 안 하데.
지 하기 싫어 안 하는 거, 누구한테 말할 수는 없잖아. 안 그
래. 인자 지 자신으로서 가만 생각하니 후회는 좀 되는 가
봐. 말은 안 해도. 우리 며느리는 대학교 나왔고, 우리 며느
리 둘이는 다 대학교 다 나왔잖아. 근데 대학 나와가 유치
원 선생질 하다가 다들 만났다고. 우리 며느리 둘이 다. 그
래 했제. 그랬지만도 고등학교 며느리한테 좀 질리지.

우리 집 여기 처음 있을 때는 집 하나도 없었다고

(이 동네도 모습이 굉장히 많이 바뀌었겠네요. 옛날하
고 비교해서) 아이구 많이 바뀌지. 우리 집 첫 저거 있을
때만 해도 여기 집이 하나도 없었다고. (손으로 가리키면서)
저 기와집 저거 저거 요 있거든. 숙모 사시는 데. 소 묵이
는(먹이는) 데. 숙모 사는 데가 요 앞에서 요 밭에서 보면은
저 기와집이 우리 집이랐는데(집이었는데) 우리 처음에 저
집 지을 때 집 하나도 없었다니까. 이쪽으로는 집이 하나
도 없었는데, 마을회관 건너서 섬 있고, 요 위에 신작로 집
우에(위에) 올라서 갖고. 그랬는데 우리 저 집 짓고. 요 우
리 집 옆에 이 집 짓고. 저 팔각정 저거 생기고. 그 다음에
저 우리 저 사돈네 집 생기고. 우리 인자 그래그래 3집 생
기고는 아까 우리 방에 누워 가지고 여자들. 그 집 생기고

*"인자 우리 뱃집 짓고부터
집이 하나하나씩 더 생겼지.
더 생기고 우리 이 집
짓고부터는 집이 많이
생겼지."*

그러고부터는 인자 우리 뱃집 와가부터는(와서부터는) 집이 하나하나씩 더 생겼지. 더 생기고 우리 이 집 짓고부터는 집이 많이 생겼지.

(몇 년도부터 집들이 막 늘어나고 인구도 늘어난 겁니까?) 인구가 늘어난 턱이지. 그럼. 인제 객지 사람이 많이 들어온 턱이지. 여 경주 이씨. 김씨들 많이 살았고. 이씨들 쪼매 좀 있고. 우리 이씨 집안 캐 봐야 그 많이 너리지는(집안이 넓지는) 않거든. 요 김가들이 많아. 김가들이. 2패지. 김가들이 김해 김씨 있고 뭐 어디 뭐 김씨고. 2패거든. 2패 있는데 김가들이 많았는데, 차가 오가 뭐 박가 이런 사람들 객지 사람들 많이 왔어. 객지 사람들 오고부터는 집이 많이 생겼지.

(언제부터 많이 들어오기 시작했습니까?) 여 들어온 지가, 객지 사람들이 들어온 지가 한 20년 되었지 싶으다. 어업, 배 작업하는 사람들도 있고. 또 요 한 몇 년 3, 4년 들어와가 하는 사람들은 소 미기고(소를 먹이고) 농사짓고. 한 5년 전에 들어오는 사람들은 소 미기고 인자 농사짓고, 목장 하는 사람들 인자 그런 사람들 많이 와가, 여 객지 사람들이 많이 와가, 집을 인제 이 위로 객지 사람들이 여하고 여 객지 사람들이 많이 왔어 지방 사는 사람.

(동네 사람들이 [객지에서] 들어오면 반깁니까.) 반기기야 안 하지만은 자기네 돈[으로] 땅 사가, 들어와가 하는데 어떻게 [하겠느냐.] 우리 양어장 저거 하는데도 어촌계에서도 말 많았고. 우리 동네에서도 양어장 해 놓으면, 이 오염 많이 된다고 하지 말자 하고 많이 실랑이 있어도 자기네가 땅 사 와가 하니깐에, 어떻게 말려 봐야 안 되는데, 그래 말하는 사람만 아프다고 생각하고 하니깐. 아이고

"옛날에 비해 보면 뭐 안 좋은 거는 그래. 저 양어장 해 놓으니깐에 오염도 되는 것도 있고 이 소 갖다 먹이니깐에 동네 오염되는 거 한 가지이고, 전부 소똥 고 뭐고 하니깐 오염되는 거 한 가지 아니가."

모르겠다. 내 하나 입 닦으면 되지. 옛날에 비해 보면(비교
해보면) 뭐 안 좋은 거는 그래. 저 양어장 해 놓으니깐에 오
염도 되는 것도 있고. 이 소 갖다 먹이니깐에 동네 오염되
는 거 한가지이고. 전부 소똥 고 뭐고 하니깐 오염되는 거
한가지 아니가. 냄새도 나지를 뭐 객지사람이 들어와 가
지고 덕 되는 게 뭐가 있노.

(동네 사람들과 화합을 하려고 객지 사람들이 노력을
좀 합니까.) 노력하지. 뭐 앉아 가지고 술좌석에다 앉아 가
지고 뭐 하면서 잘 봐 주쇼[라고] 하며, 뭐 젊은 사람들은
젊은 사람들끼리 앉아가 그 하고. 나 많은 사람들은 나이
많은 사람들끼리 그 하고. 자꾸 객지서 왔다고 잘 부탁하
자 이래 도움을 많이 하지만은, 그 저거(자기들) 덕 되려고
(이익이 되려고) 도움받는 거고. 우리 인제 지방에서는 그래
오염 없이 하라고. 하되 당신네가 땅을 사가 하는데 우리
가 말을 못하지만은 오염 없이 하라고. 말이사(말이야) 그
래하지. 하지만 그 사람들 그래. 그래 [사업을 하는] 수가
(방법으로) 오염 없이 하는 데가 있나 소 미겨도(먹여도) 정
화제 갖고 이래 하면서 하지만은 그런 게 있나. 소똥물 내
리고 골짝에 아이고. [엉망이다.] 우리 전에는 우리 집안에
우물이 있어요. 우리 집 뒤에 창고에 우리 우물에 연구소
뭐시에서 와 갖고 이 물 떠다가가 [조사하더니] 우리 물이
최고라던데. 요 마을에서는 최고라는데. 인자 저 골짜기
물 내려오는 골짝 위에 전신에 소 다 미기제(먹이지). 저 골
짝 들어가면 전신에 개 미기제(개를 먹이지). 이제 우리 그
물 못 먹잖아. 저번에 [연구소에서] 와가 해 갈 때는 우리
물 먹을 때는 최고라고 그랬는데, 요즘은 인제 우리가 수
돗물로 하니깐, 그 물을 또 사용 안 했거든. 틀림없이 저

물로 가 가지고 검사할 것 같으면, 안 좋을 거다. 우리 생
각에 온통 저 우로 전신에 소야 개야 많이 먹이니깐 내 생
각이 그래. 근데 현재에도 우리가 물 뽑아가 이래 해 보면
은 물은 참 좋아. 물 차갑고 여름 되면 찹고.(차고.) 겨울 되
면 뜨시고.(따뜻하고.) 우리 우물 인지라도(지금이라도) 물
뽑아 올리면 물이 참 시원하고 좋아. 에 그래 물 좋다고 그
랬는데, 한 번씩 인자 큰일 칠 때, 이 밭에 물 줄 때는 그
물 가지고 하잖아요. 우리 요번에 막내이 장가보낼 때도
동네 뭐하다가 물이 안 나와가, 우리 그 물 뽑아가 마 온
통에 물 받아 넣고 해나놓으이 대풍양같이 물 썼지. 밥 가
올게(가져올게) 밥 좀 먹자.

(아니 괜찮습니다. 오늘은 이만하고 제가 다음에 더 들
을게요.)

평생 배를 만들었던
인천토박이

— 목수 최상윤의 삶

김양섭(중앙대학교 인문컨텐츠연구소)

최상윤(남, 83세)은 1923년 인천부 창영동(우각리 또는 쇠
뿔 고개) 15번지에서 아버지 최대길과 어머니 박연남의 외
아들로 태어났다. 구술자의 아버지는 일본인이 경영하던
미나가다 잡화점의 점원으로 근무하였고, 구술자가 인천
공립창영보통학교 5학년이 되던 1937년(14세) 사기를 당
해서 전 재산을 날린 뒤에 울화가 치밀어서 그만 제정신
을 잃고 말았다. 겨우 보통학교를 졸업한 구술자는 '기술
을 배워야만 먹고 살 수 있다' 는 어머니의 권유로 16세의
나이로 만석동에 있었던 일본인 소유의 후지가와(藤川) 조
선소의 견습공으로 들어갔다. 먹여 주고, 재워 줄 뿐 자유

가 전혀 없는 노예생활과 같은 5년간의 견습공 기간을 마친 구술자는 기술을 가르쳐 준 도목수에 대한 보답의 예로서 다시 6개월 동안 무보수로 일을 한 뒤에 연장 한 벌을 받아들고 후지가와 조선소의 정식 목수로 취직하였다. 이후 구술자는 1998년 서해 조선소에서 75세로 퇴직하기까지 60년간 인천에 있었던 대림 조선소, 인천 조선소, 영종 조선소, 삼광 조선소 등을 두루 거치면서 선박을 건조, 수리하는 목수의 삶을 살아왔다.

인천은 개항장으로서 우리나라 근현대의 전형성이 잘 농축되어 있을 뿐만 아니라 이곳에는 다양한 민중의 삶이 항만과 그 인접지역의 임해공단에 소금처럼 용해되어 있다. 이들의 삶 중에서 항만 노동자나, 성냥 공장 내지 방직 공장 근로자의 삶은 시대적 필요성에 의해 어느 정도 새롭게 조명되어 온 것은 사실이다. 하지만 개항장인 동시에 항구도시로서 수많은 선박들이 입출항을 하였던 인천에는 크고 작은 조선소가 여러 곳이 있었음에도 불과하고 배를 만들고, 수리했던 목수의 삶에 대해서는 어느 누구도 관심을 보이지 않았다. 이런 점에서 우리는 일제의 말기에 조선소 견습공으로 취직한 이후 60년간 목수로 살아온 구술자의 삶에 주목한 것이다. 구술자의 삶을 단순히 한 개인의 삶으로 치부해서는 안 될 것이다. 그의 삶을 통해서 우리나라 근현대 조선술의 변화 과정을 총체적으로 살펴볼 수가 있다.

이 자료는 3차례의 기초조사(2003년 12월 26일, 2004년 1월 28일, 2004년 2월 9일, 각각 2시간)와 3차례의 보충조사(2004년 7월 13일과 14일, 2004년 7월 16일, 각각 3시간)를 통해서 얻어진 내용들이다. 구술자에 대해서는 현재 인천광

▶ 2004년 7월 13일 1차 보충
면담 때에 숭의동 자택에서
찍은 구술자의 모습

역시 동구 북성동에 소재하고 있는 대원 조선소를 방문하
여 기초조사를 실시하는 과정에서 연락처를 확보하게 되
었다. 대원 조선소에 대한 기초조사를 마치고 나오면서
전화를 걸어 면담을 요청하자, 구술자는 흔쾌히 수락해
주었다. 기초조사와 보충조사는 구술자의 자택에서 실시
되었다. 자료를 정리하는 과정에서 드러난 미흡한 문제점
들은 여러 차례의 전화 통화로 해결하였다. 그리고 2004
년 7월 13일 구술자는 본 구술 내용에 대한 출판은 물론
자신의 실명과 사진에 대한 공개 모두를 허락하였다.

최상윤의 가계도

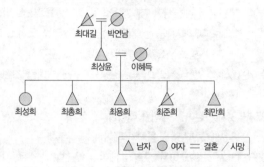

△ 남자   ○ 여자   = 결혼 / 사망

최상윤의 연보

1923년(1세)   인천광역시 동구 창영동 115번지에서 아버지 최
대길(崔大吉)과 어머니 박연남(朴蕙男)의 외아들로 출생.

1932년(10세) 인천 공립창영보통학교 입학.

1937년(15세) 사기를 당해 재산을 날린 아버지는 그만 울화로
정신병을 얻음.

1938년(16세) 인천공립창영보통학교 졸업(21회?).

1939년(17세) 후지가와(藤川) 조선소 견습공으로 입사.

1941년(19세) 미나가다 잡화점에서 근무하던 아버지가 지병으
로 사망.

1944년(22세) 후지가와(藤川) 조선소 견습공을 마치고 '레이보
꼬'로 근무. '흥동', '흥서', '흥남', '흥북' 호 등의 목선
수송선 건조. 해주 경계선인 끌배(파이롯트)를 건조할
당시에 일본인 도목수 아와리(上理)로부터 설계, 현도
등을 배움. 이혜득과 결혼(19세), 어머니 사망.

1945년(23세) 맏딸 성희가 태어남.

1946년(24세) 대림 조선소에서 대림산업의 200톤급 화물선
부림호 건조. 목포 해운항만청의 주문으로 목포 함선(잔
교)을 건조.

1950년(28세) 제2국민병으로 강제 징집되어 부산으로 이동. 부산에서 해산시에 제대비용으로 쌀 1말을 받음. 마산 103보충대에서 군 입대를 자원했지만 연령 초과로 거부. 구마산 조선소를 찾아가서 무보수로 근무.

195?년(?세) 인천 수복 이후 송현동으로 귀향, 대림 조선소에 복직.

1953년(31세) 맏아들 충희가 태어남.

1956년(34세) 둘째 아들 용희가 태어남.

1958년(36세) 셋째 아들 준희가 태어남, 인천 조선소로 이직 (10여 년 근무)

1960년(38세) 넷째 아들 만희가 태어남.

197?년(4?세) 영종 조선소로 이직(13년 근무), 시멘트 선박 건조.

198?년(5?세) 삼광 조선소로 이직(5년 근무).

1985년(63세) 서해 조선소로 이직(13년 근무). 한강 유람선 '아리랑'호, 월미도 유람선 '용주 1, 2, 3, 4, 5호' 등을 건조.

1989년(67세) 10월 셋째 아들 준희가 스리랑카 건설현장에서 스리랑카 인민해방군에게 피살됨.

1998년(76세) 서해 조선소에서 퇴직.

2002년(80세) 7월 부인 이혜득 사망.

2004년(82세) 현재 숭의동 자택에서 홀로 살고 있음.

우리 집안은 인천 토박이

내 이름은 최상윤! 한자로는 崔相潤이라고 쓰지. 내 생년월일은 1923년 3월 21일이구, 아버지는 최대길(崔大吉)이시구, 어머니는 박연남이시지. 내가 태어난 곳은 인천광역시 동구 창영동 115번지. 옛날에는 창영동을 '우각리' 또는 '쇠뿔고개'라고 불렀으니, 인천부 우각리 115번지라고 해야만 맞는 것이 아닌지 모르겠네!

아버지두 인천! 할아버지두 인천! 우리가 인천에 오래 살아요. 인천에 한 2백 년 정도 살 겁니다. 허~허~허~

그러다가 중간에 송현동에서 좀 살았지. 그리고 화수동으로 이사하였고, 현재 화수동에는 큰아들이 살고 있어요. 근데 여기가 아파트로 옮겼는데, 주소는 (예전에 살았던 곳과는) 조금 다를 것이에요. 숭의동으로 이사를 온 지는 한 25년! 아마 그 정도 될 걸요.

(다소 격양된 목소리로) 우리가 옛날에 살던 창영동 115번지 집은 지금 세무서 있잖아요? 그 세무서 아래에 있었어요. 그러니까 거기는 지금처럼 도원동역(전철역)도 없었고, 다리도 없었구, 그때는…. 가만히 ~, 가만히 계셔 보세요. (거실 마루에서 일어나시면서) 거기 창영동의 옛날 사진들이 어디 있을 걸요.

(방으로 들어가신 구술자가 창영동의 옛날 사진이나, 구술자가 옛날에 살았던 창영동 집의 사진을 가지고 나올 것이라고 기대하였다. 잠시 후에 나오신 구술자는 우리의 기대와는 달리 1980년대에 인천광역시에서 간행한 『인천연감』과 신태범의 『인천 한 세기』[1]라는 책을 가지고 나오셨다. 그리고 한참 동안

> "아버지두 인천!
> 할아버지두 인천!
> 우리가 인천에 오래 살아요.
> 인천에 한 2백 년 정도
> 살 겁니다."

1 신태범(愼兌範)의 『仁川 한 世紀』(1983)는 고일(高逸)의 『仁川昔今』(1955)과 최성연(崔聖淵)의 『開港과 洋館歷程』(1959)과 함께 근대 인천학 연구의 고전적 자료로서 평가되고 있다.

책갈피를 넘기면서 자신이 태어나고 살았던 창영동의 옛날 사진을 찾으려고 노력을 하셨지만 결국 찾지를 못하셨다. 이에 면담자는 일제 강점기의 창영동 사진은 나중에 자세히 살펴보겠다는 약속과 함께 구슬증언을 다시 시작하였다.)

여기서(숭의동 자택) 가자면 영화 학교[2]는 왼쪽에 있고, 우리가 살던 데는 바른쪽 골목으로 들어가는데. 바른쪽 골목 안으로 들어가면 바로 거기가 우리 집이에요. 요기에 창영 학교[3]가 있고, 요쪽에 인천 양조장이 있고, 요 앞에 요기 세무서가 있어요.

지금 동부 세무서, 고기 골목이 있어요. 골목으로 들어가면 바로 고기가 우리가 살던 집터이지요. (종이 위에 그림을 그려 가면서 옛날 집터를 설명해 주셨다. 면담자는 창영동의 지리를 모르기 때문에 정확한 지점을 예측할 수 없었다. 그래서 며칠이 지난 뒤에 구술자가 대충 그려 준 약도를 기억하면서 그곳을 찾아가 보았지만 결국 확인하지 못하고 돌아왔다.)

내가 하도 뭐시기 해서 죽기 전에 출생지를 한 번 구경이나 해 봐야겠다고 생각했지요. 그리고 접 때 혼자 그곳에 가 보았더니 집터가 없어요. 아주 변동이 되었어요. 거기에 우물이, 큰 우물이, 쌍 우물이 있었어요. 또 뭐시여! 정미소가 하나 있었고, 영화 학교 댕기던 교장네 집이 바로 거기가 있었는데, 그 교장네 바로 뒷집이 우리 집이 있었어요. 동네 사람들 모두 그 우물 가지고 먹고 살았지요.

2 우리나라 최초의 서구식 초등교육기관. 아펜젤러의 후임으로 인천 내리교회의 책임자로 부임하였던 존스(趙元始) 목사 부부는 1892년 3월 12일부터 남녀 어린이 5명을 모아서 신학문을 가르쳤는데, 이것이 영화 학교의 전신이다.

3 통감부의 보통학교 제2차 확장계획에 따라서 1907년 4월 22일에 개교한 인천에서 가장 오래된 공립보통학교. 개교할 당시에는 학생모집이 여의치 않자, 사립 제령학교를 합병하였고, 1910년 3월 26일 첫 졸업생 18명을 배출하였다

아버지는 미니가다 가게 점원

아버지와 어머니는 중매결혼을 하셨지요. 그때는 어머니가 뭐시기 한 것이니까는 나는 잘 모르는데, 나중에 어머니께서 내게 이야기를 하시길 '중매결혼을 했다'고 말씀하시대요. 어머니는 이름이 박연남이신데, 고향이 경기도 부천군 소사예요. 외가는 지금 다 없어졌어요. 모두 다들 안 계셔서 연락할 수가 없지요. 어머니는 아주 쪼그매서 시집을 오셨다던데, 아마 20살 못 되어서 왔대요.

할아버지는 무슨 일을 하신지는 자세히 알 수 없어요. 서울에서 뭐~ 직업을 하셨다는데, 잘 모르게꾸···. 아버지는 일본인 소유의 미나가다 잡화점에서 점원 일을 하셨어요. 일본인 주인 이름을 한자로 쓰면 '남방신일'. '남녘 남'(南), '모 방'(方), '새 신'(新), '한 일'(一). 일본말로 읽으면 '미나가다신이치'(みなかたしんいち)라고 하는 일본 사람이 주인으로 있었던 잡화점에서, 거기서 점원 일을 봤어요.

미나가다의 가게에 대해서는 기억이 생생해요. 어느 지역에 있었는지 잘 알아요. 가게가 법원이 있던 곳인데···. 거기 무슨 옛날 법원이에요. 거기가 어떻게 되는지 모르겠네요. 미나가다의 집은 신외과, 신태범[4] 씨네 집으로 쪽 들어가지 말구, 이쪽으로 내려오는 길이 있어요. 한 계단 이쪽으로 내려와서 경찰서로 올라가는 길이 있었어요. 그곳이 뭐시기인데···. 미나가다의 가게가 있었던 곳인데, 지금은 집이 바뀌었어요. 다 허물어 버렸지요.

그러고 거기에 무슨 은행인가 있었던 것 같은데···. 지

> "아버지는 일본인 소유의 미나가다 잡화점에서 점원 일을 하셨어요. 일본인 주인 이름을 한자로 쓰면 '남방신일'. '남녘 남'(南), '모 방'(方), '새 신'(新), '한 일'(一). 일본말로 읽으면 '미나가다신이치'(みなかたしんいち)라고 하는 일본 사람이 주인으로 있었던 잡화점에서, 거기서 점원 일을 봤어요."

4 우리나라 최초의 근대적 군함인 양무호(揚武號)의 함장인 신순성(愼順晟, 1878~1944) 씨의 장남으로 경성제국대학 의학부를 졸업하였다. 인천 최초의 한국인 의학박사로서 창씨개명이 강요되던 시기에도 '신외과'라는 이름으로 병원을 개업하였다.

금 싸리재 마루택이 쪽으로 쭈우~욱 올라오면 은행이 하나, 조흥은행인가? 경동 고관소에서 머시여! 배다리[5] 쪽으로 쭉 넘어가자면 바른 쪽으로 은행 하나가 있었는데….
조흥은행 같아요. 바로 그 옆집이 아버지가 댕기던 미나가다의 가게 총책임자인 '아가세' 라는 일본인이 살던 집이 있었지요.

미나가다의 가게에서 팔던 물건들은 대부분 잡화였어요. 그때 보니까는 얼굴에 바르는 크리무(화장품). 그런 것두 기억이 나구. 그때에는 귤 같은 것, 바나나 같은 것 보기가 참으로 어려웠거든요. 그런 것도 장사한 것이 기억이 나요. 그럭 허구 남자들이 입는 사쓰 같은 옷, 머 이런 것. 여러 가지 팔았어요.

아버님이 일하시던 가게로 놀라 갔던 기억도 있지요. 별로 뭐시기 한 것은 없지만, 아버지를 찾으러 간다고 혼자서 배다리와 싸리재를 건너서 미나가다의 가게로 찾아갔던 기억이 나지요. 아버님께서 미나가다의 가게에서 일하실 때에는 뭐시기한 작업복을 입었지요. 요새 일할 때 입는 그런 허름한 작업복을 입고 계셨어요.

아버님은 다른 데에서는 일하지 않고, 미나가다의 가게에서 쭈우~욱 계셨더랬어요. 돌아가실 때까지 쭈우~욱 계셨지요.

(말씀하시기 난처한 입장으로 잠시 머뭇거리시다가) 그것 얘기하자면 뭐시기 한대. (입가에 쓴웃음을 지으시면서 말씀하시길 꺼려하시다가) 아버지는 남한테 사기를 당했어요. 사기를~. 그래 가지고 울화가 치밀어서, 마음이 뒤집혀 가지고, 결국 뭔가! 정신이 자기 정신이 아닌 것이 되었어요. 그렇게 되어서는 뭐시여. 38살에 돌아가셨으니깐. 난

<hr/>

5 과거에는 배가 닿았다고 해서 '배다리' 라고 불렸던 동네로서 한일합방 이후 한국인 중심의 상거래가 활성화되던 곳이다. 일제 강점기에는 싸전과 막걸리 양조장 그리고 성냥공장 등이 밀접하였고, 해방 이후부터 6 · 25동란을 지나 오면서 꿀꿀이죽, 아이스케키 공장, 도나스 공장, 헌책방이 성업을 하였다. 지금은 동인천역 주변을 초현대식 상가가 밀집함으로써 배다리의 위용은 상실되었지만, 인천 사람들에게는 예스런 먹거리, 생활 잡화 등을 취급하던 점포들이 밀집했던 상징적인 공간으로서 의미를 지니고 있다.

그때 쪼그만 했지요. 20살이 되었을까? 16살에 견습공으로 들어갔으니깐. 그리고 2년 있다가 돌아가셨으니까는 18살이었네요.

일본 선생이 가르친 역사는 전부 거짓말…

학교야! 9살에 시험을 봐서 창영 학교에 들어갔지요. 창영 학교 졸업 기수는 아마 21회인가? 그렇게 될 걸요. 지금 창영 학교가 몇 회인가? 100회가 넘는다는 이야기를 얼핏 들은 것 같은데….

학교 다닐 때에 한 번은 서울로 소풍을 갔었던 것 기억이 나요. 화신백화점으로…. 그런 기억은 나지만 그곳에 가서 뭘 했는지는 모르고…. 또 개성으로도 소풍갔는데, 선죽교하구 만월대인가를 보았던 것 같아요. 운동회는 지금 인천중학교 자리가 운동장 아니겠어요. 예전에는 '윗터골' 이라고 했는데, 그곳에서 모두 운동회를 했지요.

담임선생님 기억은, 어렸을 때 뭐시기인데. 6학년 때의 담임선생님인 일본 사람밖에 몰라요. 후가와라구. 거 뭐시여! 한자로 '고천' (古川)

▼ 1888년에 건립된 인천부 일본신사 전경

이라고 쓰지요.

당시에는 신사 참배하러 다녔지요. 창영동에서 걸어서 지금 인천여상 자리에 있던 일본 신사로 참배하러 다녔지요. 학생들이 그냥 쭈우~욱 줄을 서서 일본 신사까지 걸어갔지요.

후가와 선생은 글쎄요! 좌우간, 지금 가만히 생각해 보면, 역사로 보면 모두 거짓말. 지금 보는 역사와 그때 역사 가르친 것과 맞질 않아요. 거의 전부 거짓말이에요. 일본 최초의 천왕인 신무천왕(神武天皇)의 뭐시기, 가지고 다시던 칼이 지금 야스쿠니 신사(靖國神社)[6]에 모셔 놓은 칼인데, 용의 뱃속에서 나온 칼이라고 그렇게 가르치고 그랬어요. 거짓말도 참으로 심했지요. 그 사람들이 아는 만큼 가르쳤으니깐…. 그때 우리는 우리의 조선 역사도 몰랐지요. 일본 선생이 가르치는데, 무슨 용이 칼을 뱃속에다가 넣고 다니다가 신무천황이 될 사람에게 '이것은 천황이 될 사람에게 주는 칼이니, 장차 너는 천황이 될 것'[7]이라구 하면서 주었다구 가르쳤는데…. 세상에 어디에서도 찾아볼 수도 없는 용이 하늘에서 내려와서 칼을 줄 리도 만무하구, 또 용이 뱃속에 칼을 가지고 다니는 것도 있을 수 없는데…. 지금 와서 가만히 생각하면 그런 생각이 나요. 전부 거짓말이라고….

후지가와(藤川) 조선소의 견습공으로 들어갔어요

14살에 아버지가 뭐시기 해서 집안이 파탄이 났지요. 15살에 겨우 보통학교를 졸업을 했기 때문에 진학은 못했

6 도쿄 중심가의 황궁 옆에 있다. 국립묘지가 없는 일본에서 야스쿠니 신사는 우리나라의 국립묘지와도 같은 상징적인 곳으로 태평양 전쟁의 A급 전범 14명의 위패들도 여기에 놓여져 있어서 일본에서는 '신사 중의 신사'로 불리고 있다.

7 신무천황에 대한 이야기는 [고사기]에 "신무천황은 (중략) 곰이 강에서 나타났을 때 하늘에서 내려 주신 칼을 타카쿠라지(高倉)로부터 얻었다"고 기록하고 있다

지요. 그래서 어머니가 이웃집 사람에게 부탁해서 기술이라도 배우라고 해서 조선소의 견습공으로 들어갔지요. 내가 일찍 조실부모를 하게 되어서…. 내가 18살에 아버지가 돌아가셨지요. 저어기 조선소에 다닌 것은 보통학교 졸업한 다음해인 16살부터 다녔거든요. 후지가와, 등천(藤川) 조선소라고 하지요. 처음부터 견습공으로 들어갔어요. 그 시절 견습공의 생활이 어떻게 하는 거냐면, 보수도 없어요. 5년 동안 그냥 사는 것이에요. 먹고, 입는 것만 거기서 제공해 주었어요. 견습공을 마치는 5년 동안 집에도 보내지 않았지요.

지금 가만히 생각하면, 인제 힘이 무척 들기 때문에 도망치고 그러니까는 [정식으로] 계약은 안 한 것 같아요. 5년 동안 거기서 일을 하고 있게 만든 것 같아요. 조선소에서 용돈을 주는 것도 명일 때가 되면 시내에 나가서 활동사진이나 구경하고 돌아올 정도로 조금만 주었지요. 자기네가 맘을 곱게 먹으면, 그전에 인천에서 유명한 냉면집이었던 사정옥에 가서 냉면이나 한 그릇 먹고 들어올 정도의 용돈밖에 준 것이 없었다고요. 이것도 아주 없다고 보면 되요.

그렇게 무보수로 일하는 5년이라는 견습기간이 지나게 되면, '레이보꼬'[8]라고 또 있어요. [자신을 가르쳐 준] 스승의 고마움에 예로서 보답한다는 의미에서 자기 스스로가 자진해서 일을 해 주는 것이 있어요. 내 같은 경우에는 6개월 동안 무보수로 레이보꼬를 했지요. 그렇지만 레이보꼬를 마치면 그 동안 가르쳐 주던 스승이 뭐시기를 줘요. 나가서 벌어먹을 수 있게끔 목수 일을 할 수 있는 연장 한 벌을 주지요. 톱 5~6자루, 대패 3~4개, 끌, 망치, 먹통

> "내가 18살에 아버지가 돌아가셨지요. 저어기 조선소에 다닌 것은 보통학교 졸업한 다음해인 16살부터 다녔거든요. 후지가와, 등천(藤川) 조선소라고 하지요."

8 5년 동안의 견습공을 마치고 나면, 기술을 가르쳐 준 스승에게 예로서 은혜에 보답한다는 의미로 1년 내지 5, 6개월 동안 무보수로 일을 해 주는 것을 말함.

등등을 담은 연장통 하나를 내려 주지요.

견습공이 끝나면 스승이 쓰던 연장을 주기도 하지만, 레이보꼬가 끝나면 스승이 새 연장 1벌을 사서 주는 것이 일반적이지요. 적어도 만 5년 동안 견습공으로 일을 해야만 목수로서 일당을 받을 수 있게 되지요.

후지가와 조선소는 만석동에 있었지요. 하인천에서 만석동으로 가는 고가도로 있지 않습니까! 쭈우~욱 내려오면, 재목 공장(대성목재) 하던 자리인데⋯. 지금 동일 방직 뒤에 대성 목재가 있었고, 그 옆에 갯벌이 있었어요. 갯벌 넘어서 화수동 방향으로 오니스가(大平) 조선소가 있었고, 자동차가 다니는 신작로가 있었는데, 그 건너의 바닷가 쪽으로 후지가와 조선소가 있었어요.

후지가와 조선소에는 3개의 선대와 건물 1채가 있었지요. 건물은 주인집, 주인의 큰아들과 작은아들의 집, 견습공의 숙소, 창고 등으로 사용했어요. 그리고 그 밖에 묘도(猫島)라는 섬이 있었는데, 이곳에는 대인(大仁) 조선소가 있었어요.

이 그림이 정확한지는 잘 모르겠지만, 내 기억에는 후지가와 조선소와 그 내부가 이랬던 것 같아요(연필로 후지가와 조선소 내부를 그림). 지금은 묘도(猫島)도 사라지고 없지요. 만석동에서 화수동으로 가는 사이에 있었지요. 거기가 이전에는 전부 바다였으니까요.

견습공 시절에 대해 생각나는 일이 많았죠. [조선소에서] 레이보꼬 기간을 마치고 나오면 뭐라고 하나. 지금 왜놈들 말로 '이찌니마에' 100% 기술을 다 가르쳐 주었다는 것으로서 사회에 진출하게 되면 그때는 조선소에서 정해 놓은 공임이 있어요. 레이보꼬 기간을 마친 목수들은

"견습공 시절에 가장 어려웠던 것은 다른 것이 아니라 자유가 하나도 없었다는 것이지요. 밥은 조선소에서 주는 대로 먹었지요. 하지만 내게 주어진 자유라는 것은 하나도 없고."

얼마를 줘야만 한다. 최고의 목수는 얼마를 줘야 한다. 그런 규약 같은 것이 있거든요. 이런 규칙이 있기 때문에 목수들은 하루 일당으로 3원 정도 받죠. 레이보꼬 기간을 마치는 것은 이런 증명서나 다름이 없지요. 레이보꼬 기간을 마치기 전까지는 목수로서의 공임인 3원을 못 받아요. 레이보꼬 기간을 끝까지 마치고 견습공으로 일하던 조선소에서나 아니면 다른 조선소로 목수 일을 나갈 때에는 어디를 가든지 목수로서 정해진 하루의 일당, 자신이 일한 만큼의 일당을 받게 되지요.

견습공 시절에 가장 어려웠던 것은 다른 것이 아니라 자유가 하나도 없었다는 것이지요. 밥은 조선소에서 주는 대로 먹었지요. 하지만 내게 주어진 자유라는 것은 하나도 없고, 견습기간의 중간에 그만두고 도망가는, 뭐시기를 하는 그런 사람들은 어디를 가서도 제 공임을 받지 못하죠. 그런 예가 실제로 조선소 내에서도 있었고….

머슴살이 하는 것보다 더 심한 조선소 견습공의 생활

조선소의 견습공은 군대에서의 계급과 마찬가지인데…. 견습공으로 처음 들어가면 땔나무, 밥하는 거, 그런 일을 하지요. 이런 일을 할 때에는 아무것도 가르치지 않아요. 매일 그런 자질구레한 일만 시키지요. 1년이 지나면 조금 편한 밥을 하는 일이라도 하지 않겠어요. 아래로 자기 제자가 들어오게 되지 않겠어요. 그럼 새로 들어온 견습공에게 이런 일을 전부 시키게 되지요. 빨래 같은 것도

"조선소의 견습공은 군대에서의 계급과 마찬가지인데…. 견습공으로 처음 들어가면 땔나무, 밥하는 거, 그런 일을 하지요. 이런 일을 할 때에는 아무것도 가르치지 않아요."

처음 들어오는 애들이 해 주지요. 군대식과 똑같아요.

견습공은 1년을 지나거나 말거나, 사람이 많지 않았으니까 전부 일본말로 붙여 줬어요. 그러니까 아무개라고 하면 자기는 뭘 해야 한다 하고 인식하는 거지. 군대모양으로…. 처음 들어온 사람 또는 1년차는 '이찌로', 2년차부터는 '사부로', 5년차가 되면 '쇼이치', '쇼이치고로'는 견습기간 5년을 거의 마친 사람을 부를 때 쓰지요.

아침은 견습공들이 직접 밥을 지어서 먹지요. 저녁은 조선소 일이 많기 때문에 주인집에서 해 주거든요. 2~3년차 정도가 되면 정말 자리를 잡은 것이지요. 그때는 직공하고 똑같은 대우를 해 주죠. 일본말로 '반또'라고 해요. 주인의 권한을 전부 위임하는 뜻이지요. 만일 주인이 집에 없으면, '반또'가 주인의 권한을 전부 가지고서 일처리를 하도록 맡겨 주는 거죠. 현장의 총책임자, 군대식으로 비교해서 말하면 선임하사와 같은 권한을 가지는 것이지요.

내가 후지기와 조선소에 있을 적에는 [견습공이] 최고로 많을 때에는 10명 정도가 있었어요. 내 위로는 둘밖에 없었어요. 내가 들어가면서부터 윗사람이 둘을 모셨는데, 2사람이 나가기 전까지 나는 2사람의 지시를 받아야만 되었지요. 2사람 모두 다 조선 사람인데, 오창옥(吳昌玉)이란 사람은 '쇼이치', 김영희(金永熙)라는 사람은 '쇼이치고로'라고 불렀어요.

아침에는 6시에 일어나야만 했고, 저녁에는 6시가 되면 모든 일이 끝나요. 조선소의 일을 끝내고 들어가면 주인집에서 해 놓은 밥을 먹고, 목욕을 하지요. 주인의 지시에 의해서 매일 저녁에 목욕을 하지 않으면 안 되었지요. 목

조선소의 일을 끝내고 들어가면 주인집에서 해 놓은 밥을 먹고, 목욕을 하지요. 주인의 지시에 의해서 매일 저녁에 목욕을 하지 않으면 안 되었지요. 목욕을 하고 자야 된다고 가르쳤어요."

욕을 하고 자야 된다고 가르쳤어요.

당시 인천에 있었던 다른 조선소에서는 주로 어선을 많이 만들었어요. 대개 40~50톤급이나 되는 안강망 어선이 아니겠어요. 자로 따지면 50자 정도의 조그만 배들이지요. 내가 근무하던 후지가와 조선소에서는 어선보다 주로 객선을 새로 지었어요. 끌배(예인선)도 많이 지었죠. 우리가 지은 것은 부천 통운사무소에서 수주한 '부천호'라는 조운선(화물선)을 새로 만들었는데, 대개 그런 조운선이나 객선들이 많았어요.

휴가 같은 것은 전혀 없었지요. 그때는 노예나 한가지거든요. 거기 들어가면 집에도 안 보낼 정도이니까. 머슴살이 하는 것보다 더 심할 정도였을 것입니다. 견습공의 복장은 특별하게 정해진 것이 없고, 작업복을 입었죠. 조선소 주인이 시장에 가서 허름하고 싼 옷을 사다가 입으라고 주었지요. 조선소에서 먹는 것과 입는 것 모두 주었거든요. 후지가와 조선소에서는 수리 같은 것도 했죠. 배를 수리할 때는 배 밑창에 붙은 따개비 같은 것 태우는 화부들도 있었는데, 이들은 필요할 때마다 임시적으로 공급되었어요. 내가 견습공으로 있을 때는 대동아 전쟁이 한참이었기 때문에 수리선도 많이 들어왔지요.

"휴가 같은 것은 전혀 없었지요. 그때는 노예나 한가지거든요. 거기 들어가면 집에도 안 보낼 정도이니까. 머슴살이 하는 것보다 더 심할 정도였을 것입니다."

대동아 전쟁기에는 조선 총독부에서 설계도를 보내서 화물선을 건조하도록 지시함

대동아 전쟁기에는 조선 총독부에서 설계도를 보내서 화물선을 지으라고 했어요. 당시에 건조했던 화물선으로는 흥동(興東), 흥서(興西), 흥남(興南), 흥북(興北)호 등과 같은 수송선이 많았죠. 그때 만든 배들은 크기가 백 톤이 넘었어요. 모두가 전선용으로서 일본 군대의 군수물자를 나르는 화물선이었지요. 당시 인천에서는 후지가와 조선소 이외에도 대인(大仁) 조선소라고 있었어요. 다른 조선소들은 군수물자를 수송하는 화물선들을 수리했어도 새로 배를 만드는 조선소는 별로 없는데….

화수 부두에 있었던 조선소, 그것은 내가 해방된 이후에 만든 조선소인데…. 내가 [후지가와 조선소] 여기에서 한 5년 정도 있다가 그만두고 나가서 대림 조선소를 만들었어요. 대림 조선소가 왜 '대림 조선소'가 되었냐면, 지금 서울에 대림산업이라고 있지 않습니까. 거기서 운영하던 것이에요. 자기네 배들도 거기서 맹글었기 때문에 대림 조선소가 되었지요. 가끔 외부에서 수리할 선박이 들어오면 수리를 해 주기도 했구요. 대림 조선소는 해방되고 생긴 조선소이지요.

일제 시대에 만석동에는 후지가와 조선소 말고, 다른 조선소도 많았죠. 당시 만석동에는 오니스가와, 오히라, 오끼하라, 이쪽으로 나와서 요시다, 나리따, 하야시, 그리고 후지가와 등등이 있었겠지요. 만석동에 몰려 있는 조선소만도 대소를 합하면 7~8 곳이나 되었지요. 북성포구에는 조선소가 없었어요. 아니다! 북성동에는 신성 조선소라고 하나 있었는데, 그것도 해방 이후에 생긴 조선소에요. 일제 시대에는 북성포구에 조선소가 없었어요.

(후지가와 조선소에서 조선 총독부의 지시로 일본군의 군수물자를 수송하는 화물선을 만들려면 많은 노동력이 필요했겠어요. 저희들이 조사하다가 여기 만석동에서 배

"대동아 전쟁기에는 조선총독부에서 설계도를 보내서 화물선을 지으라고 했어요. 당시에 건조했던 화물선으로는 흥동(興東), 흥서(興西), 흥남(興南), 흥북(興北)호 등과 같은 수송선이 많았죠. 그때 만든 배들은 크기가 100톤이 넘었어요. 모두가 전선용으로서 일본 군대의 군수물자를 나르는 화물선이었지요."

"당시 만석동에는 오니스가와, 오히라, 오끼하라, 이쪽으로 나와서 요시다, 나리따, 하야시, 그리고 후지가와 등등이 있었겠지요."

못을 만드시는 한 분을 만났지요. 그분도
일제 시대부터 배 못을 만들어서 조선총독
부의 병기창인가에 오랫동안 납품했다는
증언을 들었답니다. 그 철공소에서 만든 못
을 그대로 사용했었던가요?)

네! 지금도 만석동에 가면 배 못을 만드
는 철공소가 있는데, 아마도 박갑순의 셋째
아들인 것 같아요. 그 철공소에서 만든 배
못을 납품받아서 배를 만들거나 수리했거
든요. 해방되고 나서도 계속해서 배 못을
만들었는데….

대동아 전쟁기에는 조선총독부에서 뭐
시기를 만들라고 조선소에 지시했지요. 지
시할 때에는 설계도도 함께 내려왔어요. 전쟁기간이라 배
를 만드는 선재를 구하기 힘들었기 때문에 목재까지 직접
공급해 주기도 했지요. 그 비싼 일본산 스기목 등과 같은
것도 갖다 주었지요.

▲ 구술자가 상자에 넣어 귀하
게 보관하고 계셨던 [木船構
造の基礎知識](高山襄坪, 昭
和19년=1944년)의 뒤표지

당시 [서양식으로] 배를 만드는 것은 전부 일본 사람들
의 기술에서 나왔으니까, 전부 왜놈의 것으로 한 거여. 배
를 만드는 책들이…. 잠깐만~, 잠깐만 앉아 계세요. (방으
로 들어가신 구술자는 『木船構造の基礎知識』(著者: 高山襄坪,
昭和19年=1944년)이라는 책을 가지고 나왔다. 이 책의 겉표지
는 유실된 지 이미 오랜 것으로 보였고, 현재는 구술자가 누런
마분지로 겉장을 만들어 붙여 놓은 상태였다. 구술자는 이 책을
귀중한 자료라고 생각하면서 아주 신중하게 들고 나오셨다.)

당시 목선을 만들 때에 이 책을 많이 참고했었지요. 이
게 아마 인하공대에서 조선학과[9]가 생기고, 거기서 제1회

9 인하공대의 조선학과는 1954
년에 인하공대의 개교와 함
께 개설되었다.

입학생들을 가르칠 때도 사용했던 책입니다. 북성동에 있는 대원 조선소에 근무했던 김관중 씨가 거기 제2회 졸업생이지요. 아마 김관중 씨도 이 책을 전부 번역해서 배웠다고 말을 했거든요.

나는 일찍 조실부모하고, 배운 것도 창영 보통학교가 전부이지요. 저기 후지가와 조선소에 검사원으로 출장을 나왔던 사람이 있었어요. 그 일본 사람 이름이 '이다이' 라고…. '이다이' 라는 일본인 해상 국장이 있었죠. 그 해상 국장에게는 아들이 하나밖에 없었어요. 하나밖에 없는 아들이 아주 모자랐어요. 이다이 국장의 아들이…. 그래서 '이다이' 해상 국장이 후지가와 조선소에 와서 우리들을 보면 상당히 구엽게 보시고 했거든요. 그래서 그 사람이 출장을 오게 되면, 날 어떻게 구엽게 봤는지 모르겠으나, '너 공부 좀 해라!' 고 자주 얘기를 해 주었기 때문에 거기서 이런 책을 좀 보게 된 것이죠.

이것은 '스탄쥬부' 또는 '선미재' 라고도 하지요. 이거 모두 나무로 짜 가지고 사단을 쳐서 물이 들어오지 못하게 하는 거지요. 배의 뒷부분 밑창으로서 동력선의 경우에는 스크류(회전축)와 방향타가 모두 여기에 연결되는 매우 중요한 부분이지요. 이것을 잘못 만들면 스크류가 회전할 때 선체 안으로 물이 스며들게 되지요. 목수들은 선체의 다른 부분보다 신경을 많이 써서 만들지요.

이 책에는 여러 가지 볼 만한 것들이 많아요. 선대[10]를 만들 때에 레일의 경사각을 내는 방법이라든지, 늑골을 접목하는 방법 등 여러 가지가 있거든요. 그래서 내가 이걸 지금까지 보관하고 있어요. 특히 조선소 설비, 가옥배치, 운선기관, 운선설비, 제조장 그리고 창고, 목재창고 등

10 배를 건조할 때나 수리할 때에 선박을 올리고 내리는 장치. 기차 길과 같이 레일 2개가 평행을 이루지만, 지면과 수평을 이루는 기차 길과 다른 것은 건조된 배나 수리선이 자연스럽게 바다로 내려가도록 도크에서 바다 쪽으로 약간의 경사각을 만들어 놓았다.

과 같이 조선소 전체를 모두 상세하게 설명하고 있지요.
조선소를 세우는 것부터 배를 만드는 모든 방법이 총망라
되어 있다고 해도 과언이 아니지요.

어머니의 권유로 중매결혼

나는 견습공을 마친 21살에 어머니의 권유로 중매결혼
을 했어요. 어머니가 뭣이여. 내가 견습공 시절에 '색시를
하날 빨리 얻어야 겠다'고 늘 말씀을 하셨지요. 난 '돈을
벌어야 장가를 들지, 돈도 없이 무슨 장가를 드느냐'고 했
지요. '결혼을 하자!'라는 어머니의 성화에 견습공을 마
치고 서둘러서 결혼을 했지요. 중매는 그전에 우리 집의
아랫방에 세 든 사람이 했어요. 우리 집에 같이 살았으니
까, 제 형편을 너무나 잘 알겠죠. 중매를 넣은 처삼촌은 별
로 직업이 없었고…. 대부도에서 농사를 짓다가 인천에
와서는 우리 아랫방에 세 들어 살면서 부두에서 노동 품
을 파는 막노동을 하였지요. 그러니까 자기의 조카딸을
우리 어머니에게 중매를 넣었어요.

나는 결혼식을 올리기 전까지 신부의 얼굴도 못 보고
결혼했지요. 잔치할 때 잠시 얼굴을 보았을 뿐이지요. 집
사람의 이름은 이혜득! 나보다 2살 아래인 1924년생이니
올해 80세가 되지요. 결혼식은 창영동에서 구식으로 올렸
고, 신혼살림은 송현동 61번지에서 시작했어요. 왜 그런고
하냐면…. 결혼을 허구서는 집사람의 첫 친정나들이, 결혼
하고 친정으로 나들이를 가지 않았어요? 집사람이 친정에
나들이 간 날부터 어머니가 시름시름 앓기 시작했거든요.

*"난 '돈을 벌어야 장가를
들지, 돈도 없이
무슨 장가를 드느냐'고
했지요. '결혼을 하자!'라는
어머니의 성화에
견습공을 마치고
서둘러서 결혼을 했지요."*

옛날에는 친정 첫 나들이 가면 몇 달씩 있고 그랬어요. 근데 하도 병이 위중하고, 또 병석에 계신 어머니께서 며느리를 좀 봤으면 좋겠다고 몇 번씩 애길 하셨어요. 그래서 빨리 오라고 해서 왔더니 돌아오던 그날 어머니께서 며느리를 보시고 돌아가셨어요.

처조부께서 훈장을 하시던 분이었거든요. 그래서 원채 엄해서 사회 구경을 하나도 못했던 때에요. 소학교가 있는데, 공부하러 학교에 갈 때면 대개 몸뻬를 입고 다녔거든요. 그 노인네(처조부)가 그냥 '기집년이 속옷 바람으로 뛰어다닌다'고 하시면서 혼내려고 몽둥이를 들고 학교에 못 가도록 막고 그랬대요. 내가 장가를 들어서 처가에 갔더니, 처조부께서 먼저 족보부터 물으시더군요. '어느 집의 자손이냐'고…. 내가 대답을 못 했더니, '뭘 배웠냐' 구 호통을 치시더라구요. 그쪽 집안은 전주 이씨로서 처조부께서는 덕양군 18대 손이시더군요. 한 번은 내 친구를 데리고 처갓집에 놀러 갔었는데, 처조부께서 친구들의 족보를 물으시다가 대답을 못하니 호통을 치시기에 그 다음부터 친구들에게 '처갓집에 놀러 가자!'고 하면 모두들 '안 간다'고 하더군요.

집사람은 시집올 때까지 기차 구경을 못했거든요. 창영동에서 송현동으로 이사를 갔는데, 기차 구경을 시켜 달라고 조르더군요. [조선소 일에 바쁘다 보니] 언제 기차 구경을 할 때가 있나? 동인천역 뒤에가 모두 깔탕밭¹¹이었어요. 배다리가 원래 배가 닿던 곳이고, 깔탕밭이지요. 야밤에는 야시를 모두 열었거든요. 카바이트 간들에 불들 켜놓고, 무명천으로 차일을 치고 좌판을 열었지요.

"노인네(처조부)가 그냥 '기집년이 속옷 바람으로 뛰어 다닌다'고 하시면서 혼내려고 몽둥이를 들고 학교에 못 가도록 막고 그랬대요."

11 갈대밭

새댁의 배다리 야시장과 쇠당나귀 구경

당시 배다리 야시장에서는 별거 다 팔지요. 그릇이고,
옷이고, 없는 것이 없지요. 잡화점 모양으로 여러 가지를
팔았는데, 옷이 많이 나와요. 요즘에는 야시장하면 음식을
주로 팔지만, 이전에는 주로 생활용품을 많이 팔았어요.
먹는 것이 있기도 있었겠지만, 지금 생각해 보면 그리 많
이 팔지 않았던 것 같아요. 광목을 이렇게 네모 빤듯하게
자른 다음에 받침목을 네 귀퉁이에다가 세우고, 여기에
줄을 매어 당겨서 말뚝을 박아 놓고 매었지요. (옆에 있던
종이와 연필을 보시더니만, 배다리 야시장의 모습을 다음과 같
이 그리셨다.)

▼ 구술자가 그린 일제 강점기
의 배다리 야시장 모습

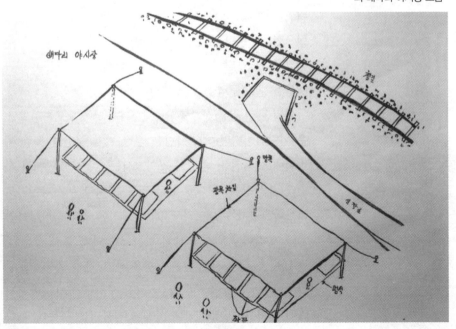

▲ 1930~1940년대에 운행되었던 경인선 급행열차

네모 빤듯한 광목의 네 귀퉁이에 받침목을 세우면 커다란 차일이 쳐지거든. 물건은 땅바닥에 멍석을 깔구, 좌판을 벌린 다음에 진열했지요. 여기에 앉아서 장사하는 것이지요. 그때는 다른 것을 할 줄 모르고, 이렇게 만든 광목을 치고 장사했지요. 야시장이 열리면 아무케두 2~30개 늘어섰겠지요. 동인천역에서 배다리 있는 데까지 전부 꽈~악 붙지는 않았겠지만, 줄줄이 쭉 이어졌으니깐, 아마 2~30여 개는 되었을 걸요. 야시장이 이렇게 있으면, 그 위가 동인천역으로 가는 기차 길이거든요. 야시장을 열면, 밤에 사람들이 야시장에 와서 물건을 파는 것들을 보고 구경들 하고 그러거든요.

이것은 집안에 (살짝 홍안을 띤 모습으로 웃으시면서) 우스운 이야기이지만…. 집사람은 생전 기차 구경을 못한 사람이에요. 시집을 처음 와 가지고서는 '야시장! 야시장 하는데, 야시장이 어떻게 생긴 것을 가지고 야시장이라고 하느냐?'고 물어보더라구요. '야시장은 물건 파는 곳인데…. 옷감이구 뭐시구 물건 파는 시장인데, 물건 좋은 것들 많이 나온다. 사고 싶은 사람은 사고, 가서 구경들도 한다'라고 했지요. 집 사람이 '야시장 구경을 가자!'고 해서 밤에 데리고 갔어요. 밤에 가게에서 물건들 파는데, 돌아다니면서 구경들 하는 것이지요.

그런데 처음에는 구경하는 데만 열중했는데, 여기서 기차가 왔단 말이에요. 기차가 떨거덕, 떨거덕, 떨거덕 되면서 동인천역으로 들어오니깐, 정신이 버쩍 나 가지고서 구경을 할 것 아니에요. 그러니깐 뭐시여. 쇳뎅이에서 연기가 나오면서 달려올 것 아니에요. 밤이니깐 연기는 잘 안 보이지만, 연기 나오는 화통과 불 때는 곳에는 불빛이 보일 것 아니에요.

그러면서 소리를 꽤~에액, 꽤~에액 지르면서, 뭐시여 기적소리를 울리는 것 아니겠어요. 집사람이 구경허다 말구, '저게 뭐시냐?' 구 물어볼 것이 아니에요. 그래서 내가 저것은 '쇠당나귀!' 라구 놀려 본 적이 있어요. 허~허~허~(다소 멋쩍은 듯) '쇠당나귀!'

그러니깐 집사람이 쇠당나귀를 유심히 보지 않겠어요. 나중에 내가 그것이 기차라고 가르쳐 주었지요. 배다리 야시장에 나갔다가 처음으로 기차 구경을 하였지요. 집사람이…. (야시장에서 사모님에게 물건 사 주시지는 않았나요?) 글쎄요. 그건, 허~허~. 물건 산 것은 없을 것이에요. 그냥 야시장 구경만 하고 돌아다녔어요.

(송현동 삼촌 집에서 신혼살림을 시작했다고 말씀하셨지요.) 그게 아니고, 삼촌이 우리 집에 와서 살았지요. 송현동 61번지! 지금 뭐시여! 지금 가난한 사람들이 사는 달동네에요. 원래 우리 집이었어요. 일본에 계신 삼촌을 아버지가 데리고 왔어요. 그리고 그곳에 살게 하셨지요. 아버지가 삼촌을 불러오실 때에는 가족도 없이 혼자였어요. 부인도 여기로 와서 얻었지요. 당시에는 총각이었지요. 그런데 그것도 삼촌이 왜 일본을 갔느냐? 그 임새는 상투 짜

"기차가 떨거덕, 떨거덕, 떨거덕되면서 동인천역으로 들어오니깐, 정신이 버쩍 나가지고서 구경을 할 것 아니에요. (중략) 소리를 꽤~에액, 꽤~에액 지르면서, 뭐시여 기적소리를 울리는 것 아니겠어요. 집사람이 구경허다말구, 저게 뭐시냐? 구 물어 볼 것이 아니에요. 그래서 내가 저것은 쇠당나귀! 라구 놀려 본적이 있어요"

지 않았어요. 상투를 짤라야 소학교두 댕길 것 아니에요. 소학교를 가라고 하면 상투를 짤라야 하는데, 삼촌은 상투를 짜르기 싫어서 일본으로 갔다고.[12] 일본으로 간 동기가 그렇다구 난 얘기만 들었지요. 삼촌께서 일본으로 간 것은 기억이 안 나구, 돌아오신 것은 내가 장가들기 전인데, 내가 아마 20살 되기 전일 것이에요.

견습공 기간이 끝나고 나면 하루 공임은 3원

조선소에서 일을 하고 일당을 받으면 나는 집사람에게 모두 갖다 주었지요. 그리고 용돈을 얻어서 쓰는 형편이다 보니 1달에 얼마를 뭐시기 했는지 모르지. 집사람하고, 작은어머니하고 집에서 살림을 했으니깐.

일본이 망할 무렵에 새 배를 도모하는 것도 있었지만, 수리를 들어오는 배들이 많았지요. 수리를 들어오는 배들은 대부분 중국 배이지요. 일본 사람들이 중국에서 배들을 징발해 온 것이지요. 그런 배들은 너무 낡아서 밑창으로 물이 많이 들어오니까는 온통 수리할 정도에요.

우리네는 서양식으로 짓는 것. 뼈다구만 있는 배, 그런 배만 지었어요. 우리가 있던 공장에는. 다른 데는 뭐시 기해서 모르고, 중국 배는 우리나라의 나룻배와 거의 뭐시기 해요. 똑같아요. 옛날에 강에서 사용하던 나룻배처럼 지었다구요. 후지가와 조선소에서는 서양식의 큰 배만 만들었어요. 한선(조선의 나룻배)은 서울, 옛날에는 무슨 섬인가? 마포 밤섬에서 계속해서 지었어요.

후지가와 조선소에서는 월급 이외에 성과급으로 별도

12 단발령은 1895년 11월에 내려졌다. 이에 근거하면 "삼촌은 상투를 짜르기 싫어서 일본으로 갔다"고 한 구술자의 구술 내용은 신뢰성이 떨어진다.

로 주는 것은 없었지요. 그때 주인네 사장들끼리 측정은
어떻게 했는지 모르지. 우리는 밑에서 일하는 사람들이니
까. 월급쟁이도 아니고 전부 일급쟁이니까. 그 당시에 내
가 나와서 처음으로 일당 3원을 받았는데. 견습공 기간이
끝나고 나면 공임이 하루 3원이었어요. 일본 사람들은 3
원 20전 주었지요. 당시 한국 사람들의 일당은 3원인데,
보통 2원 80전 미만을 주지요.

　당시 하루 일하게 되면, 쌀로 비교하면 요리목은 [1되
에] 18전. 요리목이 뭔고 하니, 뉘가 섞이고, 돌도 섞였는
데, 쌀은 좋아요. 한국 쌀이라도 좋은데. 그때만 해도 농사
짓는 방법이 뭐시기 해서 그런지 모르지만 돌이 섞였단
말이에요. 지금은 쌀에 돌이 섞이는 일은 여간해서는 없
지만요. 요리목이라고 하는 것이 결국 18전 했어요. 좋은
쌀이라고 하는 것은 21전, 23전까지 했지요. 그때 좋은 쌀
이라고 하는 것은, 뭐라고 해야 하나. 아이고 입에서 뱅뱅
돌면서 안 나오네(허허 하고 웃으셨다). 요즘 말하자면, 아
끼바리 같은 것 이런 것들이지요.

　하루 일하면 쌀 1말 사고, 나무 1짐을 사고도 50전이 남
았지요. 조선소에서 목수 일을 했기 때문에 나무는 조선
소에서 가지고 왔지요. 조선소에서는 선재를 깎고 남은
것이 처치하기 곤란했거든요. 주인네들이 다 줘요. 배를
질려면 깎아서 내버리는 나무들이 많아요. 보통 많은 것
이 아니에요. 건축물 같은 것은 각재를 가지고 가서 싸~
아삭 켜 가지고선 뭐시기 하지만 배를 만드는 일은 곧바
른 데가 없거든요. 곧바른 것을 가지고도 죄다 깎아 내어
모양을 만들어야 되지요. 모양을 만들려면 모두 깎아서
내버려야지요. 그러다 보니 짜투리 나무가 많이 나왔지요.

*"그 당시에 내가 나와서
처음으로 일당 3원을
받았는데. 견습공 기간이
끝나고 나면 공임이
하루 3원이었어요.
일본 사람들은 3원 20전
주었지요. 당시 한국
사람들의 일당은 3원인데,
보통 2원 80전 미만을
주지요."*

그러니 나무는 사서 쓴 적이 없지요.

내가 건조한 제1호 선박은 해주 경계선인 끌배 (예인선)

일제 시대에 내가 처음으로 만든 배는 해주 경계선인 끌배(예인선)이지요. 당시 내게 도면을 가르쳐 주던 선생은 일본말로 '아와리'(上理)라는 도목수였지요. 설계도면을 그리는 방법, 현도하는 방법 등을 가르쳐 주고 그랬어요. 그래서 난생 처음으로 내가 직접 설계하고, 현도해서 만든 배가 바로 해주 경계선인 끌배(예인선)였지요. 그 배가 아마도 내게는 제1호가 될 걸요. 그게 한 40자가 되는 조그만 배였어요. 톤수로는 50톤이 조금 못 되죠.

그 당시에는 배를 진수할 때 전부 인력으로 했죠. 햇트 (현대 말로 구리스) 떠서 문질러서 끌어내리지요. 진수식을 할 때에 갯벌에서 배가 잘 내려가라고 햇트를 바르는 것이지요. 햇트를 그냥 바르는 것이 아니라, 선대의 레일 위에 햇트를 바르고, 그 위에 송판을 다시 깔구, 괴목으로 배를 괴인 다음에 내리지요. 만조 때만 배를 내리는 것이 아니라, 간조 때에도 배를 내려요. 도르래는 나중에 생겼지요. 도르래가 있기 전에는 레일 위에 햇트, 즉 구리스를 바르고 내리면 잘 내려갔지요. 이렇게 레일과 나무가 있잖아요. 그 새에 구리스를 바르고, 나무가 밑으로 떨어지지 않도록 잘 괴이지요. 배의 중량이 무거우니깐, 한쪽으로 쏠리면 안 되지요. 여기에다가 나무를 해 박았어요. 옆으로 미끄러지지 않게 하기 위해서. 그러니깐 다시 말하면,

> *"난생 처음으로
> 내가 직접 설계하고,
> 현도해서 만든 배가
> 바로 해주 경계선인
> 끌배(파이롯트)였지요.
> 그 배가 아마도
> 내게는 제1호가 될 걸요."*

선대위의 레일에 구리스를 바르고, 나무를 'ㄷ'를 엎어 놓은 것처럼 올려 놓고, 그 위의 송판에 배를 잘 괴어 놓으면 배가 잘 미끄러져 내려갈 것 아니에요.

그리고 일본 아이들은 진수식을 성대하게 안 했어요. 우리는 배를 진수할 때 북치고, 장구치고 난리들인데, 일본 아이들은 모찌, 일본 떡인 모찌를 만들어서 여기에다가 돈을 박아서 뿌리거나, 던지지요. 진수식을 할 때에 배를 내리는 것 구경하려고 많이들 오잖아요. 그럼 선주가 배에서 뭍으로 모찌를 뿌려 주는 것이지요. 구경하러 온 사람들이 이걸 주워서 먹고, 떡을 까면 돈이 박혀 있는 적이 있구 그랬어요. 일본 아이들은 큰 군함 같은 것, 전함 같은 것을 진수할 때 선두에 큰 바구니를 달아 놓는데, 그것을 터트리면 색종이도 나오고, 비둘기도 나오고 그리 했어요. 그런 식으로 진수식을 했어요. 우리는 사물놀이도 놀고 그랬지만.

해방 이전에는 요거(해주 경계선인 끌배) 말고, 부천 통운사업소에서 지은 7, 80톤이 되는 '풍천호'라는 객선이 있었고, 또 조운호인 '제칠통운호'(第七通運號)도 있어요 제칠통운호는 부천 사업소에서 일곱 번째 만들었다는 의미이지요. 통운호는 1, 2, 3, 4, 5 뭐시여. 일곱 번째까지는 거기 나리따(成田) 조선소라고 있었어요. 7호는 내가 단독으로 만든 것이고, 5척인지, 6척인지는 나리타 조선소와 후지가와 조선소 2집에서 각각 2척씩 논았던가? 3척씩 논았던가? 그렇구요. 나리따라는 사람은 배를 만드는 데는 유명한 사람이에요.

"일본 아이들은 진수식을 성대하게 안 했어요. 우리는 배를 진수할 때 북치고, 장구치고 난리들인데, 일본 아이들은 모찌, 일본 떡인 모찌를 만들어서 여기에다가 돈을 박아서 뿌리거나, 던지지요."

해방되고 조선소 사장이 배에다 전부 싣더니만 없어졌어

우리나라가 해방된 것은 봉황환이라고 내가 거기에 갔다가 들은 건데, 하여튼 회사 안에서 알았어요. 회사 안에서 일왕이 항복 선언하는 방송을 들었어요.

그때 일본 사람은 그냥 아주 손 놔 버렸지요. 일왕(日王)이 맥아더 장군에게 항복했던 방송을 듣고서는 착오가 있겠지! 이런 뭐시기로 첨에 나가고 있었고, 한국 사람은 인제 우리나라가 뭣이니까는 그때부터 일손들이 잡히질 않았죠. 만세를 부르고 뭣도 하는데, 모두 큰길로 나가고 하니까는 당분간 일손이 잡히질 않았어요. 인천 시내에서 만세를 부른 날이 여러 날 갔어요.

그 후에, 일주일 뒤에는 일본 사람들도 완전히 알았죠. 우리 있던 데는 후지가와 조선소 사장은 봉황환이라는 공장 배가 있었어요. 공장 배가 있었는데, 조선소 사장이 살림살이니 뭐니 전부 배에다 싣더니만 없어졌어. 없으니 일본으로 간 거죠. 그때 해방되고 쫓아와서 뭐시기 하는 판에 배를 갖고 있던 일본 사람들은 얼추 자기네 배를 가지고 다들 갔을 거예요. 아마.

반대로 해방되고 귀국하는 사람들도 있었지요. 그런 사람은 뭐시 하고, 신성 조선소 있죠. 거기 주인의 매부가 되는 사람이 만주서 왔는데, 만주에서 뭐했는지 일본 사람 슬하에서 일하다가 일본 사람들이 전부 들어가고 뭐시기 하니까는 그냥 따라 내려온 모양이야. 일가족이 모두가 그렇게 함께 귀국했지.

"후지가와 조선소 사장은 봉황환이라는 공장 배가 있었어요. 공장 배가 있었는데, 조선소 사장이 살림살이니 뭐니 전부 배에다 싣더니만 없어졌어요. 없으니 간 거죠. 그때 해방 되고 쫓아와서 뭐시기 하는 판에 배를 갖고 있던 일본 사람들은 얼추 자기네 배를 가지고 다들 갔을 거예요."

해방 이후 기술자를 일본서 데려온다는 말이 무슨 얘기냐?

해방 이후에 제일 처음 만든 배는 대림산업의 부림호이지요. 2백 톤 규모의 화물선으로 요건 순전히 내손으로 한 거여. 해방된 이듬해인 1946년도에 화수 부두에다가 대림조선소를 내 손으로 만들고, 처음으로 부림호를 건조했지요. 설계 도면도 내가 직접 그렸고, 현도도 내가 내고, 현장 감독도 내가 했지요.

부림호를 만드실 때의 인부들은 아마 50여 명은 될 걸요. 배를 만드는 목재는 대림에서 가져왔죠. 대림산업이 원래 목재상이니깐요. 외판으로 쓰는 스기목과 같은 선재는 일본에서 가져다 쓴 것도 있지만, 그 외에는 얼추 국산이라고 생각하면 돼요. 스기목은 비싸니까 외판용과 갑판으로밖에 쓰질 않지요. 나머지 용골, 늑골 같은 것은 국산

▼ 배를 건조하기 위해서 목재의 재적을 구하는 방법

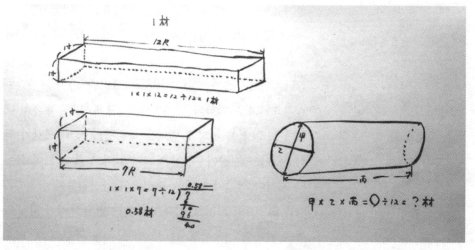

목재를 쓰고요.

스기목하고, 국산 소나무하고 배를 만들면 차이가 있죠!. 스기목은 비싸지만, 물을 잘 안 먹지요. 그래서 배의 외판이나 갑판을 만들 때에 주로 쓰고, 국산 소나무는 물을 잘먹기 때문에 내판이나 용골, 늑골 등에 많이 쓰지요.

해방 이후 배를 만들 때에 선재의 구입은 선주의 자작이었지요. 대림 조선소에 근무하면서 부림호를 건조할 때에 대림산업에서 직접 목재를 구매하였고, 우리는 배를 만드는 일만 했어요. 대림산업에서 선재를 다 사다가 주었으니까요.

배를 만드는 선재를 계산하는 방식은 목재 1치에, 기장이 12자인 것을 '1재'(材)라고 해요. 1치 하면 3cm가 되나? 재를 구하는 방법은 폭과 두께 그리고 기장을 곱한 값을 12로 나는 것을 말해요. 왜 셋을 곱해서 12로 나누냐고 하면은 [기장이] 9자 되는 나무도 있고, 8자 되는 나무도 있고, 한 20자 되는 나무도 있거든요. 그러니까 두께, 폭, 기장을 곱한 다음에 12로 나누면 뭐시기가 나올 것 아니겠어요? 결국 그것이 재의 값이 되지요.(구술자는 면담자가 이해하지 못한다고 생각하여 그림 3을 그리면서 다시 설명해 주었다.)

'1재' 라고 하는 것을 그림으로 그리면, 가로와 세로가 각각 1치이고, 기장이 12자인 것을 '1재' 라고 하지요. 예를 들어 재적을 어떻게 내냐고 하냐면, 가로와 세로가 각각 1치이고, 기장이 7자인 목재가 있다고 합시다. 이 목재의 재적이 얼마가 되냐고 하면, 1치 곱하기 1치 곱하기 7자를 하면 7이 되지요. 이를 12로 나누면 0.58재가 되지요. 둥근 원목의 경우에도 갑, 을, 병 모두를 곱한 값을 12로

"해방 이후에 대림산업에서 부림호를 질 쩍에 그 배의 설계도를 가지고 우리 한국에서 만들 수 있느냐? 없느냐? 이런 문제까지 나왔어요. 대림산업의 실적적인 주인으로 '이재준' 씨, 국회 의장으로 계시던 분이 있었어요. 아니? 무슨 얘기냐? 기술자를 일본서 데려온다는 말이 무슨 얘기냐? 좌우간 배를 만들어서 망쳐도 내 배를 망치는 것이고"

나누면 재적이 나오지요.

　부림호를 건조할 때 1재의 가격이 15원이었거든요. 해방 직후에 15원이면 큰 돈이었지요. 2백 톤짜리 부림호를 지은 것은 만만한 돈이 아니었어요. 혼가다(통목)로 배를 만들려면 많이 들어가지만, 일본 사람들은 배를 만드는 선재를 적게 사용하려고 설계도를 상세하게 그리지요. 그러면 배를 만드는 데 들어가는 총 목재의 양이 정확히 나와요.

　해방 되고서 목선을 건조한 것을 말한다면, 아마도 대한민국에서 내가 제일 첨으로 지었을 것이에요. 해방 이후에 대림산업에서 부림호를 질 쩍에 그 배의 설계도를 가지고 우리 한국에서 만들 수 있느냐? 없느냐? 이런 문제까지 나왔어요. 대림산업의 실적적인 주인으로 '이재준' 씨, 국회의장으로 계시던 분이 있었어요. 그 양반이 관리하시던 분인데 '배를 한국에서 질 수 있느냐? 없느냐?'는 이런 문제가 나오게 되자, 이재준 씨는 '아니? 무슨 얘기냐? 기술자를 일본서 데려온다는 말이 무슨 얘기냐? 좌우간 배를 만들어서 망쳐도 내 배를 망치는 것이고, 잘 만들었으면 우리 대림 조선소의 참 영예와 관계가 있는 것인데, 왜 일본 기술자를 데리고 오느냐! 일본 사람의 기술을 난 원치 않는다!' 그래 가지고서 그 양반이 '우리 대림 조선소에서 아무개(구술자 최상윤 씨)가 설계를 해 가지고 지어 봐라!'고, 이렇게 해 가지고서 내가 해방 이후 제일 스타트로 부림호를 짓게 되었지요.

　목수일은 대개 비슷비슷해요. 한 사람이 뭐, 뭐를 해라고 하면 각각 맡은 일을 한 다음에 나중에 조립하지요. 조립할 때는 기술이 있는 조립공이 하는 거고. 원칙적으론

"잘 만들었으면 우리 대림 조선소의 참 영예와 관계가 있는 것인데,… 일본 사람의 기술을 난 원치 않는다!"

▶ 대림 조선소에서 건조한 목
포 함선

13 세부 설계도면이 작성되면
조선소의 현도장(現圖場)에
서는 마루 면에 실물크기로
확대해서 그린 선체선도(船
體船圖)를 바탕으로 선체의
각 부위를 도목수의 지시 하
에 만든다. 대형 철선의 경
우에는 먼저 만든 목형에 맞
춰서 강재를 자르거나 구부
리지만, 중소형 철선은 직접
철판을 가공한다. 요즈음에
는 실물크기의 현도도면이
없이 철판에 설계도면을 그
리면 자동으로 강판을 절단
하는 장치가 사용되기 때문
에 가공공정이 크게 단축되
고, 정밀도도 향상되었다.

분담이 다 있죠. 처음에는 설계를 해야 하구, 설계가 끝나
면 현도사가 있어서 현도[13]를 하고, 실물로 아주 마킹을 해
가지고서 원본을 떠내는 사람이 따로 있지요. 이제 본을
떠낸 거 갖고서 그 지시를 받아 가지고서 배를 만드는 걸
죄다 그려 줘야 하거든요.

배를 건조할 때에 목수들은 대개 인원 수로 얘기를 하
지요. 톤당 25명 정도로 보면 되지요. 부림호가 2백 톤이
니깐 총 5천 명 정도가 필요하지요. 그러면은 1년은 안 되
고, 한 6개월 정도면 배를 만들지요.

대림 조선소에서 부림호를 건조한 다음에는 목포 항만
청에서 주문한 '목포 함선' 을 만들었지요. '함선' 이 뭐냐
면 배가 항구에 접안하거나, 사람들이 내릴 수 있게 하는
잔교이지요. 이것은 내가 대림 조선소에서 만든 '목포 함
선' 의 사진입니다. 이걸 여기 대림 조선소에서 맨들어 가
지고 예인선으로 끌고 목포에다가 갖다가 설치해 주고 그
랬죠. 그 덕분에 목포에 가서 유달산도 구경했어요.

해방되고 나서 인천에는 조선소가 별로 없었죠. 그때는 지금의 삼광 조선소니, 서해 조선소니 뭣이 이런 조선소가 없었어요. 해방되기 전에는 인천에 일본 사람들이 만든 조선소가 10개 정도가 있었는데, 해방되고 나서는 다 없어졌어요. 후지가와 조선소가 인제 신성 조선조가 되고, 내가 나와서 대림 조선소를 만들었지요. 영종도에 있는 영종 조선소나, 지금 만석동에 있는 인천에서 가장 큰 삼광 조선소 그리고 서해 조선소 등은 1950년대 이후에 생긴 것이지요.

해방되고 나서 내가 [후지가와 조선소에서] 거기서 뭐시기 하고 있었더랬는데, 일본 사람이 들어가면서 날보고 관리를 하고 있어 달라고 얘기를 해요. 근데 그 임새만 해도 우리는 먹고 사는 건 걱정이 없고, 또 나이가 어려서 그랬는지 모르지만, 난 그런 것 필요 없다고 그랬지요. 그래 가지고서는 신성 조선소에 인제 '김한석'이라고 내가 데리고 있던 제자인데, 개가 그걸 맡아 가지고서는 후지가와 조선소를 신성 조선소로 해 가지고서 뭣이 했죠.

해방되고 나서는 우리는 참 바빴으니까는, 다른 조선소보다는 놀진 않았어요. 놀게 될 정도는 아니었고, 그렇다고 아주 바쁘지도 않았어요. 여유롭게 노는 시간이 별루 없어요. 회사에서 인제 뭐시 해 가지고선 요 근방, 대개. 강화도 전등사로 놀러가거나 문학산으로 놀러 갔지요. 인제 회사에서 떡도 좀 해서 가지고 가서 보물찾기, 수건돌리기, 노래자랑 등을 하면서 놀았지요. 잘하는 사람에게는 상품도 주고 그랬어요. 1년에 한두 번 정도 놀러갔지만, 며칠씩 여관에서 자고 그렇게 놀 시간은 없었지요.

강화도 전등사로 놀러 갈 때만 해도 갑성환, 갑제호가

"대림 조선소에서 부림호를 건조한 다음에는 목포 항만청에서 주문한 '목포 함선'을 만들었지요. '함선'이 뭐냐면 배가 항구에 접안하거나, 사람들이 내릴 수 있게 하는 잔교이지요."

"강화도 전등사로 놀러 가거나 문학산으로 놀러 갔지요. 인제 회사에서 떡도 좀 해서 가지고 가서 보물찾기, 수건돌리기, 노래자랑 등을 하면서 놀았지요. 잘하는 사람에게는 상품도 주고 그랬어요."

있었더랬지요. 둘 다 철선인데 일제 시대 일본에서 사왔더랬지요. 그 회사가 삼신기선(森信汽船) 일본말로 모리신이라고 했지요. 겨울철에는 한강에서 강화도 쪽으로 얼음이 많이 내려오게 되면 배들이 못 댕기죠.

제2국민병으로 잡혀서 부산까지 28일간 걸어갔어요

난 6 · 25가 뭐시기 한 다음에 부산으로 끌려갔기 때문에 인천에 인민군이 들어온 것은 잘 모른다구. 그게 어떻게 된 것이냐면 인제 내가 군대에 나갈 나이는 이미 지나갔지. 그러고 그냥 뭐시 하는 사람들은 제2국민병이라는 게 있었어요. 내는 6 · 25가 터진 다음에 제2국민병으로 끌려갔지. 걸어서 부산까지 가니까는 28일 걸렸어요. 걸어가는데….

인천으로 돌아올 때는 내가 부산 내려가서…. 부산서 하도 배가 고프고 못살겠어서 제2국민병이니까는 군에라도 어떻게 의지해 보려구 했는데 그냥 아무것도 아냐. 해산시킨 것이나 마찬가지여. 거기서 오갈 데는 없고, 그래서 인제 집으로 올려고 되돌아왔어요. 김해까지…. 김해까지 되올라왔는데, 김해에서는 아니 [인천이] 아직 수복이 안 됐다. 그래서 못 가도록 붙잡는 거 아니겠어요?

거기서 인제 101사단인가? 101사단이 될 거예요 내가 101사단에 자원을 했거든요. 군에 들어갈 것 같으면 그래두 밥은 먹겠지. 밥은 먹여 주겠지 하는 이런 뭐시기로. 그랬더니, 거기두 마찬가지에요. 101사단이라는 데루 들어

"내가 군대에 나갈 나이는 이미 지나갔지. 그러고 그냥 뭐시기 하는 사람들은 제2국민병이라는 게 있었어요. 내는 6 · 25가 터진 다음에 제 2 국민병으로 끌려갔지. 걸어서 부산까지 가니까는 28일 걸렸어요. 걸어가는데…."

가니까는 첨엔 난 군대인 줄 알았더니, 양조장 창곤데 덮을 것도 없고 그저. 뭣이여. 짐승이나 한가지지. 하루에 짚단을 3단씩 주면서 인제 깔고 이러고 자는 거라고. 식사는 인제 주먹밥이 나와요. 아침에 하나, 저녁때 하나, 점심때는 없고….

나 어디가 끼질 못했다고, 연령 초과자라고…. 거기서도 그냥 내쫓겨나고, 내쫓겨나서 마산으로 갔지. 김해에서 마산으로 갔죠. 아니 101사단에 지원을 하니까는. 마산에 본 뭣이가 있다고 해서 마산으로 가 보니까는 양조장 창고에서 인제 연령 초과로 해 가지고서 제대시키더만…. 그렇게 하다 보니깐, 인제 [인천] 여기가 수복이 된 모양이에요.

그러니깐 자연히 그냥 해산시켜 버리고 말아요. 마산에서 제대한다고 하니까는 쌀 1말을 줘요. 군에서…. 1말이라는데, 1말을 주는 데서 분대장 몫이 얼마, 뭣이 얼마, 전부 거기서 동냥질해서 띠어 버리니까는 소도 한 말쯤 쌀이 남아요. 남은 쌀로 어떻게 할 도리가 없어서 구마산 조선소엘 갔죠. 그러니 쌀 소도 1말 가지고서는 도저히 집에 올 형편이 못 되고, 집에 올 때까지 할 양식도 제대로 안 되고….

> "마산에서 제대한다고 하니까는 쌀 1말을 줘요. 군에서…. 1말이라는데, 1말을 주는 데서 분대장 몫이 얼마, 뭣이 얼마, 전부 거기서 동냥질해서 띠어 버리니까는 소도 1말쯤 쌀이 남아요."

죽어도 솜 가마니를 물로 끌래면 끌 테니까는 써 주십쇼!

그래서 구마산 조선소엘 갔더니 옥명화 씨가 거기 사장이에요. 그런데 '절대 사람을 안 쓴다' 고 그거거든. 왜 그러냐고 나중에 알고 보니까는 거기서(제2국민병) 원체 먹지 못하고 뭐시기 해서, 아마 자기네가 보기에는 금세 쓰러져 죽을 사람으로 본 거야. 사람을 쓰고 싶어도 쓸 수가 없는 것이지. 써 봤자 저놈은 금새 죽을 테니까. 자기들이 송장을 치를 테니까는 쓰질 않은 거지.

근데 내가 살려니 그런지? 우리 친구 하나가 마침 이곳에 피난 나왔다가 그 집에서 돈은 생각하지도 않고, 그냥 '밥이래두 먹여 주면, 아무 조건도 없이 일을 하겠다'고 해서 온 사람이 있는데, 그 사람이 별안간에 급성맹장에 걸렸거든요. 그래서 마산에 김외과라고 있어요. 거기다 입원을 시켰는데, 입원시키고 보니깐 간병할 사람이 없었단 말예요. 그때 내가 마침 구마산 병원에 갔기 때문에 옥명화 사장이 그러면 '너 여기서 뭐시기 하고, 친구라고 하니 간병하면서 병원에 있어라. 내가 인제 사람을 쓰고, 안 쓰고는 나중에 생각해 보겠다'고 이래 가지고서 인제 병원에서 친구 간병하면서 있었어요.

그리고 병원에서 퇴원을 하게 되니까는 도로 나와야 하는데, 옥갑이라고 구마산 조선소의 공장장으로 있던 사람이 군대를 나가게 되었거든. 그 자리가 비니까는 '너 그냥 우리 집에 있어라! 우리 집에 있되 내 얘기를 들으려면 내가 시키는 대로 하고, 그렇지 않으면 단념하겠다'고 그러더군. 그러니깐 내 입장이 어떻게 되겠어요. 아니 '죽어도 솜 가마니를 물로 끌래면 끌 테니까는 써 주십쇼! 일을 시켜보면 아실 겁니다.' 그래 가지고 인제 거기 있게 되었는데, 내가 살 때가 되어서 그런지 모르지만, 첨에 가니까는 입쌀을 주질 않고 멀건 미음을 줘요. 죽을 아주 멀겋게 해서 주더라구. 그리고 1주일쯤 되니까는 죽이 조금씩 껄쭉하게 주더니만, 한 20일 되니까는 그때부터 밥을 주더라구요.

그때 생각을 했죠. 어떻게든지 살려야겠다는 이런 뭐시기가 들었던 모냥이에요. 그러니 '넌 내 얘기를 듣지 않으면 죽을 사람이고, 살려면 내 얘기를 듣고 있으려면 있어라. 그리고 군대 나간 조카네 집이 비었으니 거기서 맹장수술을 한 아이하고 자취를 해라'고 하더만…. 그러면서 자취에 필요한 식사도구까지 전부 다 사 줘요. 사 주면서 '밥을 먹되 첨에는 많이 먹으면 안 된다. 조금씩, 조금씩 먹어라! 밥통을 줄 테니 정 배가 고프면 아무 때라도 좋으니 들어가서 조금씩 허기만 모면하게 먹으라!' 이렇게 얘기를 해요. 나중에 1달쯤 되니까는 이번에는 '먹고 싶으면 마음껏 먹으라!'고 하는 게 아니에요. 이렇게 거기서 밥을 먹는 것까지 뭐시기를 하는데, 1달쯤 되니까는 그냥 주인의 눈에 들어서 그런지 공장장으로 내가 있게 되었지요. 첨에는 거기서 뭐시기를 한거죠. 허드렛일, 소제하는 것, 목수들 심부름하는 것. 이런 것을 했지요.

거기서 공장장으로 있었는데, 유영백이라고 옥명화 사장의 조카사위가 있었지요. 그 사람이 새로 배를 하나 짓겠다고 하면서 꼭 나를 데리고 가야만 한다고 졸랐거든요. 옥명화 사장은 '나는 내 줄 수가 없다. 인천서 같이 온 아이를 데리고 가라!' 그랬더니 유영백이라는 사람이 '인천에서 온 그 아이는 필요가 없고, 꼭 내가 필요하다'고 안 달했지요.

자고 나면 인민군들이 '붉은 깃발을 높이 들어라!'

그러니깐 옥명화 씨가 결국에는 허락해서, 내가 거제도로 가서 유영백이의 집에서 몇 달 동안 배를 만들었지요. 거제도의 어딘지는 정확히 모르겠지만, 포로수용소 옆인 것 같아요. 자고 나면 인민군들이 '붉은 깃발을 높이 들어라! 머~ 머~'라고 부르는 군가를 들었어요. '수령님의 교시를 어떻게 하라!'고 했는데, 그런 노래를 들으면서 배를 만들었어요. 이승만 대통령이 반공 포로를 석방하기 이전이에요. 그놈들이 서로 죽이고 그랬다는 이야기도 들었어요. 내가 거제도로 갔을 때는 쓸쓸할 때고, 마산으로 돌아왔을 때도 쓸쓸했어요. 거기가 여기처럼 춥지도 않고, 그랬기 때문에 봄인지, 겨울인지 잘 모르겠네.

거제도에서 몇 달 동안 배를 만들다가 공장으로 돌아와서 일을 보는데 몸의 원기가 회복되고, 그러니까는 집 생각이 난단 말이에요. 집에다가 편질 하게 되면 아주 무서워요. 편지를 쓰면, 옥명화 씨가 보는 앞에서 우표를 붙여서 갖다 넣구 그랬어요. 돈 구경이라곤 일절 시키지 않았거든요. 옷 같은 것도 자기네가 사다 줘서 입게 했고, 공일날이면 반드시 놀려 줘요. 놀려 주되 나가서 구경하고 밥을 한 그릇 사 먹고 들어올 정도밖에는 안 주거든요. 내가 들어가면서 약속하기를 사장이 그 뭐시기를, '물 속에서 솜 가마니를 끌라면 끌겠다'는 약속을 하고선 들어갔으니까, 뭐 얘기 한 마디 못하고 있었더랬죠.

집에서 답장 오니 '빨리 집에 가서 처자식들 다 데리고 와라!'

집에는 20통 정도 편지를 했지요. 집에다가 편지 20통을 했는데도 답장이 없는 것이에요. 그랬더니 옥명화 사장이 '집안이 다 죽었다. 소식이 없는 것을 보면, 집안 사람들 다 죽었으니까' 는 저 보고 일본말로 '아키라미를 해라. 색시를 하나 얻어 줄 것이니, 새장가를 들겠느냐' 고 하더라구요. '난 싫다. 집에는 처자식이 있는데, 처자식이 한꺼번에 죽을 리가 만무다. 소식이 올 때까지는 새장가를 들 수가 없다' 고 하면서 기다리고 있던 참에 마침내 편지가 하나 왔거든요.

집에서 답장이 오니깐, 옥명화 사장이 '답장 편지를 가져고 오라!' 는 것이에요. 가져와서 자기가 있는 앞에서 읽으라는 것이에요. 당시 옥명화 씨의 조카가 마산 시청의 병사계에 있었더랬어요. 그 당시에는 여행권 같은 것이 있어야 배라도 타고 마음 놓고 댕겼지, 그것이 없으면 소용이 없을 때였어요. 답장을 본 옥명화 씨는 자기 조카한테 애길 해서 통행증 하나를 맹글어 놓고선 그날 저녁에 나를 보고 오라고 그런단 말예요. 오라고 해서 만나러 가 보았더니, 옥명화 씨가 돈 보따리 하나를 내놓는 것이에요. 내가 이게 무슨 돈이냐고 물었더니, 그간의 노임이라고 말하더라구요. 그걸 보니 참으로 눈물이 나요. 돈 보따리와 함께 통행증을 내주면서 '빨리 집으로 가거라! 빨리 집에 가서 처자식들 다 데리고 와라! 공장에서 집도 마련해 줄 테니깐 인천에 가서 빨리 가족들을 데리고 오라!' 고

"집에서 답장이 오니깐, 옥명화 사장이 '답장편지를 가져고 오래' 는 것이에요. 가져 와서 자기가 있는 앞에서 읽으라는 것이에요. …옥명화 씨가 돈 보따리 하나를 내놓는 것이에요. 내가 이게 무슨 돈이냐고 물었더니, 그간의 노임이라고 말하더라구요. 그걸 보니 참으로 눈물이 나요. 돈 보따리와 함께 통행증을 내 주면서 '빨리 집으로 가거라! 빨리 집에 가서 처자식들 다 데리고 와라! 공장에서 집도 마련해 줄 테니깐."

당부하더군요.

자취방에 돌아와서 돈을 펴 보니까는 아마 그때 돈으로 3백 50원인가 얼만가 돼요. 3백 50원이면 그때 돈으로는 큰돈이거든요. 그 다음날에 '처자식을 데리고 비로 내려오겠다'고 인시하구선 마산에서 배를 타구서 목포엘 왔지요. 목포엘 왔는데, 그때서야 내가 살아 있다는 것을 인천에서 알았던 모냥이에요. 내가 편지한 것이 딱 한 번 들어가고. 그 이전의 편지는 어떻게 되었는지 연락이 없었어요. 근데 내 사촌 동생이 하나 있는데, 나를 찾으려고 온 모냥이에요. 서로 목포에서 하룻밤을 묵었는데, 동생과 나는 앞뒷집에서 잤는데도 만나질 못했던 것이에요.

그 다음날 나는 인천 집으로 오고, 동생은 나를 찾으려고 마산으로 떠났지요. 참! 지금도 잊지 않는 것이 뭔고 하니, 사촌동생이 인제 형한테 가면 여비라도 주겠지 생각했던 거에요. 그래서 구마산 조선소를 찾아갔더니, 옥명화 씨가 '빨리 가라! 너의 형님은 지금 인천 집으로 갔어. 오늘 내는 집에 도달했을 테니깐 빨리 가라!'고 하면서 동생의 여비까지 챙겨 주어서 동생과 인천에서 만난 뭐시기가 있죠.

인천에 돌아와 보니까는 폐허나 마찬가지였어요

인천에 오니깐 대림 조선소는 문을 닫고 말았더만요. 조선소가 문을 닫았으니 그걸 그냥 내빌고 마산으로 갈 수도 없고 그냥 하긴 뭐시 하는데, 대림산업에서 날 보구선 운영을 해 보라고 하더군요. 뭐시기는 안 줄 테니, 자영을 해 보라고 했어요. 조선소 입대료는 필요가 없으니까 는 운영해 보라고 해서 거기서 가져온 돈을 밑천 삼아서 대림 조선소를 내가 움직였지요. 6·25사변으로 폐허가 된 대림 조선소를 내가 직접 운영하면서 자연히 저 뭐시 는 사라지게 되었지요. 얼마 뒤에 옥명화 씨가 인천에 두 어 번 다녀갔지요. 형편이 이렇게 되니까는 그냥 보내고, 보내고 그랬는데 나중에 연락이 없는 것이 아마 그 양반 도 돌아가신 모양이에요.

인천이 수복되어서 돌아와 보니까는 폐허나 마찬가지 였어요. 해방되고는 왜놈들 다 들어가서 배들이라고는 다 썩은 배들만 남았고…. 그나마 남은 배들은 6·25동란으 로 깨지거나 부서지고 그랬으니깐, 인천 수복 이후에는 헌 배들을 수리하는 것이 고작이었어요. 새로 건조할 배 들은 아예 없었지요. 그러다 보니 식구들과 밥은 먹고 사 는 데 지장이 없었지만, 조선소를 움직이는 자금이 원체 부족하게 되니까는 감당을 못하게 되었지요. 그래서 나도 대림 조선소를 포기하고, 인천 조선소로 다시 들어갔지. 그리고 대림 조선소는 대림산업의 상무이사로 있던 '한 상천'의 동생 '한동완'이가 잠시 운영하다가 1958년에 도선업을 하던 '배순태'에게 팔고 야반도주를 한 거지요. 그래서 내가 만든 대림 조선소가 지금 배순태가 운영하는 홍해 조선소로 이름이 바뀌게 된 것이지요. 대림 조선소 의 내력이 그래요.

내가 인천 조선소의 공장장으로 있을 때에 1964년 인하 대학 조선과를 졸업한 김관준 씨가 설계사로 왔었지요. 이때부터 목선은 차츰 없어졌지요. 김관준 씨가 취직할 무렵에는 목선이라곤 끌배(바지선) 쪼끄만 것 하나 지었고,

"인천이 수복되어서 돌아와 보니까는 폐허나 마찬가지였어요 해방 되고는 왜놈들 다 들어가서 배들이라고는 다 썩은 배들만 남았고…. 그나마 남은 배들은 6·25동란으로 깨지거나 부서지고 그랬으니깐, 인천 수복 이후에는 헌 배들을 수리하는 것이 고작이었어요. 새로 건조할 배들은 아예 없었지요."

그때부터 미군 군용선을 수리하거나, 철 바지선을 건조하기 시작했어요. 5·16 이후에 처음으로 철 바지선을 건조했을 걸요. 아마도 3백 톤 내지 5백 톤이나 되는 철 바지선이 처음인 같은 데…. 그 배를 진수할 때 무척 힘들었어요. 월미도에 있는 인천 조선소는 매립지였거든요. 그 철 바지선을 내리는 데 매립된 갯벌이 그만 내려앉아서 혼났어요. 철 바지선의 무게 때문에 매립한 갯벌이 지독하게 빠졌기 때문에 빠지지 않는 매립지에 의지해서 겨우 배를 내렸지요.

나도 철선을 만드는 것으로 바꾸었어요

당시 다른 조선소에서는 철 바지선을 별로 만들지 않았지요. 미국의 원조물자 특히 밀과 옥수수 등과 같은 곡식들이 많이 들어왔어요. 옛날 배들로 이런 곡물을 옮기려니 힘들었지요. 그래서 철 바지선을 만들었지요. 원조물자를 실은 화물선들이 월미도 외항에 정박하면 철 바지선이 접안한 다음에 원조물자를 하역해서 월미도 앞바다에서 내항으로 싣고 들어왔지요.

철선을 만들기 시작하면서 나도 철선을 만드는 것으로 바꾸었어요. 목선은 인천 조선소에서 여전히 만들고, 수리도 했어요. 이 사진들은 내가 1960년대에 인천 조선소에서 근무할 때 목선을 만들던 사진들이에요. 실내에서 용골 위에 늑골을 세우는 모습이지요.

난 목선을 만들던 목수였지만, 이제 뭐시여 내가 과장으로 있었으니까는 주로 사무실에서 설계나, 현도를 하면

"철선을 만들기 시작하면서 나도 철선을 만드는 것으로 바꾸었어요. 목선은 인천 조선소에서 여전히 만들고, 수리도 했어요."

◀ 1960년대 실내에서 용골 위
에 늑골을 세우는 작업(인천
조선소)

서 작업에 대한 지시를 내렸지요. 이 사진은 내가 인천 조
선소 사무실에서 설계하는 사진이에요.

　후지가와 조선소에서 견습공으로 일하면서 설계, 현도
하는 방법을 배웠기 때문에 현장에 나가서 연장을 들고
직접 목수 일을 하지 않아도 되었지요. 목수들 중에는 설
계나 현도를 못하는 사람들이 많이 있어요. 이건 내 자랑
이 아니지만 설계할 줄 모르는 목수들은 대부분 늙어 죽
을 때까지 그저 대패질만 하게 되지요.

　내가 조선소에 근무하다 보니 자녀 교육은 대부분 집사
람에게 맡겼지요. 큰딸이 올해 58살인데, 지금 서울에 있는
초등학교에서 교편을 잡고 있어요. 인천여상을 졸업한 다
음에 서울에 있는 숙명여자대학교 교육과를 졸업했어요.

　큰딸이 숙명여대에 합격했을 때는 기분이 뭐시기 했어
요. 인천에서 그쪽으로는 2집밖에 없었어요. 인천에서 합
격자가 별루 없었거든…. 그때가 제일 어려울 적이라서
인제 학교를 보내느냐? 못 보내느냐? 난 절대루 뒷감당을
할 수가 없다. 그러니까 가지 마라! 걔는 그냥 간 거지. 시

"큰딸이 숙명여대에
합격했을 때는 기분이
뭐시기 했어요. 인천에서
그쪽으로는 2집밖에
없었어요. 인천에서
합격자가 별루 없었거든….
그때가 제일 어려울
적이라서 인제 학교를
보내느냐? 못 보내느냐?"

험 본다고 섭섭했지만, 그래도 쫓아갔지. 그땐 추운 겨울이에요. 학부형들이 운동장에서 떨고 있으니까는 장작을 가져다가 불을 피워 줘서 불을 쬐고 있었지요. 그 밑에는 실패를 했어요. 큰아들이 올해 52살인데, 대학을 실패하니깐 군대를 제대하고서는 인하전문대학을 졸업했지요.

집사람이 세상을 뜬 지는 1년 반이 넘었어요(눈가에 눈물을 글썽이며). 작년 7월에 갔으니까는 꼭 2년이 되네. 사는 게 이래요. 집엔 여자가 있어야만 되요. 여자가 있어야 뭐시기도 하고, 집안도 다 꾸려 나가고 그러지. 내야 기껏해야 허기 싫은 밥을 억지로 끓여 가지고 한 술 먹고 이렇게 밤낮으로 들어앉아 있으니 나가기도 싫고, 또 댕길 수도 없어요. 관절 때문에 그냥 힘이 들고, 그냥 아파서 이렇게 들어앉아 있는 거죠.

연애를 걸어 놓고서는 나중에

아이들은 다들 연애결혼을 했지요. 지들끼리 연애를 걸어 놓고서는 나중에 집으로 데리고 와서 알려 주더군요. 제일 큰 사돈은 고향이 대전이고, 둘째 사돈은 뭐시여. 인천 공작창에 군인으로 와서 근무했는데 그 양반도 작년에 돌아가셨지요. 셋째 사돈은 고향이 여수라는 얘기가 있는데, 지금은 다들 돌아가시고 며느리 오빠가 지금 서울 종로경찰서장이야. 자기네들끼리 좋다고 마음이 맞은 다음에 집에 와서 '아버지 결혼할 거예요!' 라고 뭐시기 할 때부터 집사람이 댕기면서 뭐시기 했지요. 넷째는 어디든가? 대구인지 어딘지 알 수가 없어. 그때 시제를 지내러

"아이들은 다들 연애결혼을 했지요. 지들끼리 연애를 걸어 놓고서는 나중에 집으로 데리고 와서 알려 주더군요."

▲ 칠순 기념사진(1993). 셋째 준희가 1989년 10월에 스리랑카 건설현장에서 스리랑카 인민해방군에게 피살되었기 때문에 이 사진에는 없음.

가는데 옛날에 과거보는 사람이 넘어오는 고개인데, 경상도 문경새재인 것 같기도 하구.

아이들 분가는! (다소 서운한 억양으로) 지금 이거나 마찬가지예요. 어떻게 된 건지. 아이들 분가하게 되면 그냥 조금씩 돈이야 주지. 돈이야 주는데, 아이들마다 다 그래요. 지금 내 혼자 살게 된 뭐시도. 아이들이 부모하고 살길 싫어한다고…. 전부! 누구나 그런 것 같아요. 그런데 인제 큰아이도 그런단 말예요. 아버지한테 뭐시기는 안 할 것이니, 좀 보태 달라고 안 할 테니까는 우리 따로 나가서 살게만 해 주시오. 그러고 난 니들 줄 것도 없고, 줄 그런 입장도 못 된단 말이야! 알아서 해라! 그냥 저희들이 알아서 나가고…. 첫째 아이도 그렇고….

그러고 제일 큰아이는 대학에 갈 때 밥은 먹었더랬어! 뭐시기 해 가지고 시집갈 때에 그때 얼마인가? 한 5백만

원 정도는 될 거예요. 내가 시집갈 밑천으로 보태 준 것
이…. 큰딸아이는 그때 서울에서 결혼식을 했을 거여.

장남이래는 것도 그렇게 하고, 둘째도 똑같고…. 아버지
한테 얘기 안 할 테니까는 따로 나가서 살게만 해 주세요!
그런단 말이야. 셋째는 인하대학교 토목과를 뭐시기 했
는데, 지들 형처럼 따로 나가서 살겠다고 해서 지금 따로
나가서 살지요. 인제 막내도! 막내도 마찬가지예요. 저희
들이 따로 나간다는 걸 붙잡아야 소용없지 않겠어요. 그
래서 내가 아이들마다 다 얘기했죠. 내가 오래 붙들고 있
지는 않겠다. 3달만 같이 살고 모두 나가라! 3달씩만…. 근
데도 얼른 나간다고 나갔는데….

지금 와서 큰아이가 자꾸만 자기 집으로 들어오라는 거
지. 함께 같이 살아야 한다는 거지. 가만히 그때를 생각하
니깐 말예요. 살아 있는 사람이 건강할 적에 자기네들이
싫어서 혼자 살겠다고 나간 아이들인데, 지금에 와서 다
늙은 놈이 들어가면 좋아할 리가 있겠어요? 그리고 내가
뭐 눈칫밥 먹고 싶지도 않고…. 너희들이 정 그렇게 날 보
고 들어와서 살라고 그러는데, 내 생각에는 용돈이나 한
달에 얼마씩 다오. 용돈이나 1달에 적게 버는 놈은 한 5만
원, 많이 버는 놈은 한 10만 원 주면 내가 혼자서 편하게
살겠다고 말했지요.

저번에는 몸이 무척 아팠거든요. 사위가 휴대폰을 사주
면서 1번을 누르면 누구이고, 2번을 누르면 누구이니, 아
버님 몸이 불편하시면 이걸 누르시고 전화하시라고 그러
더만요. 그런데 막상 몸이 아프니까는 그것마저 누를 힘
이 없더군요. 휴대폰을 멀끔이 쳐다보구 있어도 누를 힘
이 없으니까는 아무런 소용이 없더라구요. 그래서 이 방

*"저번에는 몸이 무척
아팠거든요. 사위가
휴대폰을 사주면서
1번을 누르면 누구이고,
2번을 누르면 누구이니,
아버님 몸이 불편하시면
이걸 누르시고 전화하시라고
그러더만요.
그런데 막상 몸이
아프니까는 그것마저
누를 힘이 없더군요."*

에 이틀 동안 움직이지 못하고 가만히 누워 있었더니 살려고 그랬는지 저절로 몸이 풀리면서 움직일 수 있게 되었지요.

셋째가 스리랑카에 갔다가 인제 운 때가 나빠서

셋째는 대학교를 졸업하고 제일 첫 참에 서울 홍대 앞에 청기와주유소 있잖아요? 그 터널 작업을 우리 아이가 했거든요. 그렇게 돼 가지고서 여러 군데 댕겼어요. 여수로도 가고, 충청도로도 갔다가 장차 자기가 중역이 되려면 외국엘 댕겨 와야 한다고 했어요. 거기 회사 뭐시기가 그런 모양이야. 그래서 스리랑카! (눈가에 눈물 방울이 글썽이었고, 슬픔을 억지로 참으시면서 목멘 소리로) 스리랑카에 갔다가 인제 운 때가 나빠서 그랬는지, 1달만 있으면 나올 달이었는데…. 거기서 만 2년을 살고 1달만 있으면 돌아오는 달인데, 그 무슨 인민 해방군인가의 습격바람에 뭐시기 해 가지고서 신문에도 크게 났을 거예요. 그때 거기서 죽었죠. 셋째 아이 죽고서는 며느린 지금 혼자 살고 있지요. 서울 노원구 상계동인가에 있는 아파트에서….

셋째 아드님이 스리랑카에서 사고를 당한 소식은 회사에서 알려 주었지요. 요즘 TV에서 떠들썩하게 방송했던 뭐시기가 외국에서 죽은 것과 똑같아요. (눈가에 맺힌 눈물을 살며시 닦아 내시면서) 스리랑카 한국 건설회사의 사무실이 인민 해방군에 의해서 방화되는 뉴스를 보았지요. 뉴스 시간에 불타는 장면을 보았을 때 우리는 전혀 몰랐지요. 그리고 2, 3일이 지난 다음에 회사에서 책임자가 찾

"자기가 중역이 되려면 외국엘 댕겨 와야 한다고 했어요. … 그래서 스리랑카! (눈가에 눈물방울이 글썽이었고, 슬픔을 억지로 참으시면서 목멘 소리로) 스리랑카에 갔다가 인제 운 때가 나빠서 그랬는지, 1달만 있으면 나올 달이었는데…. (중략) 그 무슨 인민 해방군인가의 습격바람에 뭐시기 해 가지고서 신문에도 크게 났을 거예요. 그때 거기서 죽었죠."

아와서 우리 집 셋째 아이가 스리랑카 건설현장에서 사고를 당했다고 알려 주더군요. 우리 아이가 건설현장의 책임자였거든요. 1달만 있으면 귀국하는데, 그만 사고를 당했지요. 그 해가 1989년 10월이었지요. 당시 우리 손주가 4살, 손녀 딸이 6살이었는데…. 그 철부지 아이들을 두고 간 거지 뭐….

내가 정년퇴직한 것은 뭣이여. 75세까지 서해 조선소에서 근무하다가 고만뒀죠. 난 그렇게까지 돈에 욕심을 뭐시 하진 않았는데…. 정말 지금 생각하면 그런 바보천치가 따로 없었다구. 서해 조선소에서 퇴직하면서 퇴직금으로 2천만 원을 받고 나왔어요. 서해 조선소는 나중에…. 그거 먼저 가서 근무한 곳은 10년이나 있었고, 나중에 서해 조선소에 와서 한 13년을 근무하다가 퇴직했지요.

최 소장에게 모두 다 맡겨라!

인천 조선소에서 근무하다가 그만두었을 때는 뭐시여 퇴직금 같은 것은 없었다구…. 대림산업의 상무이사로 있던 한상천의 동생 한상원이가 대림 조선소에 와서 운영할 적에 그 사람은 밤에 몰래 공장을 팔아 가지고 야반도주했지. 그래서 내가 만든 대림 조선소가 배순태 씨의 홍해 조선소로 넘어가면서 그곳을 그만두고, 인천 조선소로 옮겨서 한 10년간 있었지요.

그리고 인천 조선소 다음에는 영종 조선소에도 있었더랬지요. 영종 조선소에서 13년 정도 근무했어요. 그때 사장이 누구인고 허니, 지금 동대문 시장하는 이종필이라고

있었어요. 인천 로얄 극
장 사장이었는데, 그 양
반이 1970년대 초에 영
종 조선소를 인수해 가
지고서는 조선소 사장이
되었더랬지요. 그 양반
이 영종 조선소를 사 가
지고 남들이 다들 하는
목선이나, 철선을 하질
않고 자기 독단으로 뭐

▲ 1970년대 중반 영종조선소
에서 시멘트로 건조한 선박
의 모습

시여 그 당시에 시멘트 배를 맨들었지요. 뭐시라고 하더
라, 동해안에 가서 고깃배를 한다고…. 영종 조선소 사장
이 시멘트 배를 독단으로 맹글었지만 별로 재미를 보지
못했지요. 그만 실패하고 만 것이지요.

내가 술을 먹기를 언제부터 먹은고니 하면, 30살부터
먹기 시작을 해서 47살에 술을 딱 끊었거든. 술을 먹은 기
간도 적었지요. 그리고 담배도 21살, 그때부터 피다가 인
제 술을 먹게 되니까는 딱 끊어 버렸지요. 담배도 한 10여
년 피구, 술도 한 10여 년 먹어 보고 그랬는데…. 근데 술
을 늦게 먹기 시작해서 그랬는지, 몸이 건강해서 그랬는
지 모르겠지만 술은 먹어두 우린 취하는 걸 몰랐지요. 취
해 보질 않았어요. 그래서 인제 친구들도 그래요. 술 일부
러 끊었냐? 아니면 친구들 뭐시기 할려구 끊었냐? 또 어떤
사람은 술 끊는 방식을 가르쳐 달래느니…. 뭐시여 별 사
람이 다 많았는데 사실은 체질에 맞질 않아서 끊었거든.

내가 기분이 제일 좋았던 것은 부림호를 건조할 때에
요. 첫 참에 얘기했던 것처럼 국회의장으로 계시던 이재

*"내가 기분이 제일 좋았던
것은 부림호를 건조할
때에요. 첫 참에 얘기했던
것처럼 국회 의장으로
계시던 이재준 씨,
그 양반이 '왜 한국 사람
기술을 내버리고, 일본서
기술자를 초빙하려고
그러냐! 배를 맹글어두
내가 맹글고, 배를 망쳐두
내 배를 망치는 것이니깐,
너희들은 간섭하지 말고
저 최 소장에게 모두
다 맡겨라!' 라고
말씀할 때에요."*

준 씨, 그 양반이 '왜 한국 사람 기술을 내버리고. 일본서 기술자를 초빙하려고 그러냐! 배를 맹글어두 내가 맹글고, 배를 망쳐두 내 배를 망치는 것이니깐, 너희들은 간섭하지 말고 저 최 소장에게 모두 다 맡겨라!라고 말씀할 때에요. 그래서 배를 맹글어서 내떠워 갖고 동해안에서 여수 오동도인가, 거기까지 오는데, 그때에 기분이래는 것은 조선소 댕기면서 제일 뭐시지요. 내 손으로 설계하고, 현도하고 또 맹글어서 회장이나, 사장님한테 환영받으면서 이렇게 내가 만든 배를 타고 댕겨 본 그때의 기분이 젤 좋은 거지.

후지가와 조선소에 근무했을 때도 괜찮았어요. 첨에야 고생했죠. 정말 5년 6개월이라는 기간은 지금으로 뭣이 할 것 같으면 노예 생활이지. 돈 한 푼을 받았습니까? 뭐 합니까? 일을 배우러 들어갔는데…. 그래두 그 안에서 하대를 받질 않았고, 해상국장, 즉 지금의 항만청장 그 양반하고 친분 관계가 좋아서 나를 자식 모냥으로 얘기해서

"배를 맹글어서 내떠워 갖고 동해안에서 여수 오동도인가, 거기까지 오는데, 그때에 기분이래는 것은 조선소 댕기면서 제일 뭐시지요 … 배를 타고 댕겨 본 그때의 기분이 젤 좋은 거지."

▶ 아리랑호 진수식 기념 열쇠 고리(서해 조선소, 1987. 1. 3)

도면 같은 것도 가르쳐 주고 뭐시기 했어요. 한편으로 고마운 점이 많았죠.

서해 조선소에 근무할 때는 지금 현재 월미도의 선착장에서 돌아다니는 용주 1, 2, 3, 4, 5호 등의 유람선을 내 손으로 다 뭣이 한건데. 그리고 세모[14]에서 한강에 취항시킨 유람선 아리랑호도 내가 뭐시기 했지요. 그때 만들었던 아리랑호의 진수식 기념 열쇠고리를 지금도 가지고 다니지요. 그리고 한강 유람선을 건조하기 위해서 1986년에 일본에 가서 잘 만들었다는 유람선을 시찰하고 왔지요. 그 장소는 잘 기억이 나지 않아요. 그리고 돌아와서 서해 조선소에서 퇴직하기까지 유람선들을 여러 척 만들었지요. 요즘도 월미도에 가서 유람선을 보면, 내가 맹글었다는 마음 때문에 기분이 좋아요. 회사에서는 놀러 오라고 하는데, 내 몸이 아파서 댕기기도 뭐하고 해서 그냥 이렇게 들어앉아 있는 거지요.

내가 운이 없어서 그런지? 조선소 자체에서도 큰 돈을 번 사람이 없어요. 지금 돈을 벌었다는 서해 조선소의 사장. 지금 원광 해운의 회장으로 계시는 분. 그 양반의 뭣인데. 그 양반도 영종에서 아주 어렵게 살던 분이에요. 살면서 뭣이 해 가지고서 만수동에 산을 사 놓은 것이 인제 잘 풀려 가지고서 땅값이 올라서 그냥 부자가 된 사람이지. 조선소 이렇게 해 가지고서 부자 된 사람은 아니거든. 그러니 야박하게 산 사람들을 내 주위에는 별로 없는데. 아마도 6 · 25동란 이후 피난민이 많이 내려오면서 그런 말이 생긴 것이라고 생각해요.

조선소 내에서는 충청도 사람, 황해도 사람, 평안도 사람 등으로 편 가르는 것은 있을 수가 없죠. 대개 조선소에

"서해 조선소에서 퇴직하기까지 유람선을 여러 척 만들었지요. 요즘도 월미도에 가서 유람선을 보면 내가 맹글었다는 마음 때문에 기분이 좋아요. 회사에서는 놀러 오라고 하는데 내 몸이 아파서 댕기기도 뭐하고 해서 그냥 이렇게 들어앉아 있는 거지요."

14 세모유람선(주)은 1986년 10월 26일 건립된 회사이다. 아시안게임과 88올림픽을 유치할 당시 정부가 서울 도심의 한강이라는 자연공간을 선전할 목적으로 유람선을 취항하기로 결정하면서 설립되었다. 이런 목적에서 설립된 세모유람선은 아리랑호, 무궁화호, 올림픽호 등을 건조하여 여의도를 중심으로 잠실에서 양화까지 취항시켰다.

서는 기술로 싸우는 거니까 말예요. 기술이 나보다 난 사람한테는 대들질 않아요. 대들 수가 없지요. 학교로 빗대어서 말하면 선배님으로 존경하듯이 조선소에서도 마찬가지이지요. 오래 있었고, 기술면이 자기보다 난 사람한테는 아무 얘기 못하죠.

지금까지 목수 일을 후회해 본 적은 결코 없어요

내가 목수 일을 한 것은 60년에서 1년을 못 채운 59년인 셈이죠. 직업을 얼른 바꿀 수가 없지요. 조선소 일을 첨에 들어가게 된 것은 아버지가 아프시면서 우리 집이 원체 어려우니까는 그랬게 되었지요. 인제 우리 집 이웃에 조선소 댕기는 사람이 하나 있었어요. 어머니가 그 사람에게 가정 형편상 학교 공부를 계속하기 어려우니 "아들에게 어떻게든 기술이래도 가르쳐 달라!"고 부탁했어요. 인제 어머니가 그 양반한테 부탁을 해서 내가 후지가와 조선소의 견습공으로 들어가게 된 거죠. 지금까지 후회해 본 적은 결코 없어요. 후회는? 지금에 와서 후회해 보았자 무슨 소용이 있겠어요. 남들은 다들 돈 잘 벌었죠. 남들 돈 벌었는데 난 어떻게 된 것이냐 하면 아이들 다섯 벌어 가지고서 얘들 하고 싸우다가 늙고 만 걸요. 이것, 저것 생각할 새도 없이 어느새 집사람도 죽고, 내 나이도 이제 80이 넘게 되었는걸요.

내가 조선소에서 북박이로 5년 동안 견습공 생활을 해잖아요. 그 5년 동안 두세 번 집에 갔었어요. 집에 가게 된 것도 별안간 밤눈이 보이는 않았기 때문이지요. 낮에 휜

"목수 일을 한 것은 60년에서 1년을 못 채운 59년인 셈이죠. 직업을 얼른 바꿀 수가 없지요. …어머니가 그 사람에게 가정 형편상 학교 공부를 계속하기 어려우니 '아들에게 어떻게든 기술이래도 가르쳐 달라'고 부탁했어요. 인제 어머니가 그 양반한테 부탁을 해서 내가 후지가와 조선소의 견습공으로 들어가게 된 거죠. 지금까지 후회해 본 적은 결코 없어요"

한 때는 보이는데, 밤만 되면 보이지가 않아요. 그러니 일본 말로 '도리메!', '도리메여!' 새가 밤눈을 보지 못하는 것이지요. 그래서 주인네도 "도리메! 도리메!" 라고 하면서도 걱정을 뭐시기 한단 말이에요. 아이가 갑자기 보지 못하고 뭐시기 하니까는 걱정이 되는 것이지요. 나도 걱정이 되어서 잠깐 집에 가서 약이라도 먹고 오겠다구 말을 하니 주인이 가라고 하더군요. 조선소 주인네가 보내 주어서 두세 번 집에 갔더랬지요. 집은 송현동이구, 공장은 만석동이지만 나는 집에 가지 않았지요. 어머니를 보고 싶어도, 견습공을 마칠 때까지 집에 가지 않는다고 작심을 했기 때문에…. 허~허~허!

어머니께서 며느리에게 따뜻한 밥상 한 번 받아 보지 못하시고

내가 견습공으로 들어가고, 또 아버지가 돌아가신 다음에 어머니는 3년 동안 혼자 살았어요. 그러니깐 아버지가 벌어 놓으신 것도 있었으니깐! 난 뭐시기 했지만…. 그러구 뭐시여! 화도에 송현학교 있는 곳. 그곳이 원래 바다였거든요. '게다구미' 라고 흙 구루마를 끄는 차 있거든. 일본 아이들이 그걸로 화도산을 죄다 파서 바다를 매립했거든요. 아버지가 돌아가신 다음에 어머니는 그 노동판에서 일을 하셨어요. 그러다가 그만 팔도 부러져서 기부스를 했지요. 약을 제대로 못 써 가지고선 부러진 곳이 크게 덧났어요. 아마 어머니께서 돌아가신 원인이 게다구미를 밀다가 부러진 팔이 덧나서 생긴 병이 아니가 싶어요. 내가

"어머니께서 돌아가신 원인이 게다구미를 밀다가 부러진 팔이 덧나서 생긴 병이 아니가 싶어요. 내가 견습공을 마치고 결혼했는데 며느리에게 따뜻한 밥상 한 번 받아 보지 못하시고 돌아가신 것이 미안하지요."

▲ 50대 때의 최상윤 씨(1970
년대)

견습공을 마치고 결혼했는데 며느리에게 따뜻한 밥상 한 번 받아보지 못하시고 돌아가신 것이 미안하지요.

주안을 도시 개발할 때에 어머니 산소를 이장하라고 해서 가서 발굴해 보았더니, 팔이 부러진 곳에 소나무의 송진이 내린 것처럼 쭈~욱, 쭈~욱 내려와서 붙어 있더군요. 그래서 어머니 시신임을 확인했지요. 어머니 산소와 아버지 산소는 합장한 것이 아니라 따로 썼더랬지요. 거리가 백 미터 떨어진 곳에…. 그래서 어머니와 아버지 산소를 발굴한 다음 뼈를 모아서 화장하여 바다에 뿌렸지요. 지금의 주안동과 인천대학교 있는 도화동 일대가 원래 공동 묘지였거든요. 할아버지 산소도 그 근처였지요. 그때가 1970년도인가? 그 이듬해인가? 1970년대 될 것이에요. 기억이~ 영. 백선엽, 백인협 두 형제가 도화동 일대의 산을 깎아서 인천전문대학을 세울 그 임새가 되겠지요

그리고 접 때 오셨을 때에 내 사진이 있냐고 부탁했지요. 그 동안 농장 위에 올려 놓고 보지 않았는데 살펴보았더니 내 증명사진이 몇 장 있더만요. 이것들이에요. 이걸 찾아서 요 며칠 사이에 가만히 들여다보니, 내가 이렇게 늙어온 모습이 보이더라구요. 허~허~(세월이 너무나 빨리 흘러간 모양으로 웃으셨음) 이 사진은 아마 우리 큰딸이 시집갈 그 무렵에 찍은 것 같아요. 1970년대인가?

텅 빈집에 혼자 사는 노인네

텅 빈집에 혼자 사는 노인네 찾아 주신 것이 얼마나 고마운데…. 이리 말동무라도 있으면 심심하지가 않아서 좋죠! 종일 사람이 그리운 것이 한두 번이 아니거든요. 요즘은 애들이 다녀갈 것 같아서 어딜 못 나가지요. 지들이 왔는데 내가 없으면 헛걸음을 할 것 아니에요.

손주들에게 뭘 얘길 허나. 난 그거에요. 내가 아이들을 초급대학밖에 가르치지 못 했으니깐, 너희들은 자식들한테나 좀 어떻게 가르켜 보라는 그것 하나 뭐시지요. 요새는 다들 대학까지 가르치는데 내가 아이들 그리 가르치지 못한 것이 미안할 뿐이지요.

생전에 뭐시기 하던 것. 지금 외국서 배를 사오는 것 모두가 Z식이거든요. 스쿠류가 없고, 바다에서 빨아 올린 물을 다시 내쏘아서 가는 것 말이에요. 그 배가 나오기 전부터 내가 생각을 하고 있던 것이에요. 이런 배를 내가 한 번 맹글었으면 하는 생각이야. 지금도 배우려고 한다면 한도 끝도 없을 것이에요.

난 어머니 말씀을 들었으니까 그래두 요 정도로 뭐시기 해서 살지요. 어머님께서 이웃집 아저씨에게 '우리 아들 조선소 일을 가르쳐 달라!' 고 부탁하신 것이 얼마나 고마운지 모르겠어요. 만일 어머님 말씀을 듣지 않았다고 한다면, 내가 배우지 못한 놈이 어디 저런 노가다 판을 찾아다니면서 어렵게 등짐이라도 얻어 지면서 생활하고 있을 것 아니겠어요?

"텅 빈집에 혼자 사는 노인네 찾아 주신 것이 얼마나 고마운데…. 이리 말동무라도 있으면 심심하지가 않아서 좋죠! 종일 사람이 그리운 것이 한두 번이 아니거든요."

"어머니 말씀을 들었으니까 그래두 요 정도로 뭐시기 해서 살지요. 어머님께서 이웃집 아저씨에게 '우리 아들 조선소 일을 가르쳐 달래'고 부탁하신 것이 얼마나 고마운지 모르겠어요."

일생을 '뱃놈'으로 살았제!

— 목포시 온금동의 선원, 이동남의 일과 삶

최경호(목포대학교 호남문화콘텐츠연구소)

이동남은 1925년 9월 9일에 진도 해창리에서 두 형제 중 맏이로 태어났다. 경주 이씨로 어린 시절 그의 부모님은 고향에서 술도가를 운영하였다. 국민학교 2학년 될 무렵 부모님이 운영하던 술도가가 망하게 되었고, 생계를 위해 14살 되던 해 홀로 목포로 나와서 뱃일을 배운다. 이때부터 줄곧 목포에서 뱃사람으로서 평생을 살게 된다. 처음에는 목포, 제주도, 부산, 여수, 일본 등을 다니는 화물선을 탔다. 처음으로 탄 배는 평안과 고베를 다니는 평안호였고, 다음으로 강진환(호) 11호를 탔다. 다음으로 목포에 있는 마루보시에서 근무를 하였다. 마루보시에서 약 5

년간 근무를 하고 해방을 맞이하였다. 그리고 목포소방서에서 주로 해상사고를 처리하는 해상소방관으로 활동하기도 하였다. 그 뒤로도 다양한 배를 타면서 목포에서 평생을 살아왔다. 그에게는 무역선을 타다가 소위 '밀수사건'으로 감방생활을 한 쓰라린 경험도 있다. 이는 '돈 없고 빽 없는' 민중의 삶의 전형을 보여 주는 사건이었다. 평생을 '뱃놈'으로 불리며 열심히 살아온 그의 삶을 통해서 근·현대 목포를 배경으로 살아온 선원들의 삶의 보편성을 찾아볼 수 있다.

이동남의 가계도

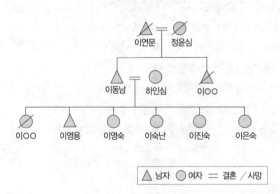

이동남의 연보

1925년(1세)   진도읍 해창리에서 술도가를 하는 집에서 출생.

1938년(14세)   홀로 목포로 나와서 뱃일 시작, 강진환 11호를 처음 탄 배로 기억하고 있음. 그 뒤로 마르보시에서 근무함.

1945년(21살)   해방되고 난 뒤 목포소방서에서 해상화재소방용 배를 탐(조기관장).

1948년(24세)   기관장 면허증 취득, 부인(1928년생)과 결혼, 강진식당의 배에서 기관장으로 활동.

1952년(28세)   선장 면허증 취득, 일본 무역선을 약 5년 정도 탐. 그 뒤로는 중선배를 약 30년 이상 탐.

1953년(29세)   결혼 5년 만에 낳은 첫째 딸 병으로 사망.

1955년(31세)   아들 이영용 씨 출생.

1957년(33세)   일본 무역선을 탐(약 5년간).

1958년(34세)   둘째 딸 이영숙 출생.

1961년(37세)   밀수사건으로 감방생활.

1962년(38세)   셋째 딸 이숙난 출생.

1964년(40세)   안강망을 타기 시작. 넷째 딸 이진숙 출생.

1967년(43세)   다섯째 딸 이은숙 출생.

1988년(64살)   투망배 구입하여 투망배를 탐.

현재 목포시 온금동 노인회 재무 담당.

진도에서 태어나다

내 성이 오얏 이, 이름은 동녘 동 자와 남녘 남 자, 이동
남이라고 혀. 본은 전주고, 전주 이씨제. 고향은 진도⋯ 진
도읍에 가면 해창리라고 있어. 원래는 군내면인데 진도읍
으로 편입을 시켜서. 지금은 진도읍 해창리라고 혀. 언제
부터 조상님이 이곳으로 들어왔는지는 잘 몰라. [진도에
서] 할아버지 대에는 농사를 지었고, 아버지 대에 들어서
는 술도가를 했었어.

우리 집이가(에서) 술도가를 했었제. 일제 때. 우리 아버
지가 술도가를 하다 어째게 했던가 망해 버려 갖고는, 내
가 국민학교 2학년 다니다 망해 버려 버려 갖고는⋯ 그라
고 학교도 못 댕겼어⋯ [당시] 사립은 4학년까지 다니고
국립은 6학년까지 다녀. 그때는 17살이나 18살 먹은 사람
들도 보통학교를 다니고 그랬어. 일본인하고 같이 공부하

*우리 집이가(에서)
술도가를 했었제. 일제 때.
우리 아버지가 술도가를
하다 어째게 했던가
망해 버려 갖고는,
내가 국민학교 2학년
다니다 망해 버려
갖고는⋯ 그라고 학교도
못 댕겼어⋯*

◀ 이동남의 최근 모습

는 학교도 있었고 그래. 심상소학교라고 일본인들만 따로 다니는 학교도 있었어. 5학년 때부터 6학년 때까지 2년 동안은 이과가 있어서 심하게 가리켰지.

그때 마 술도가도 넘어가 버렸지. 당시 우리 집 살림이 [군내면] 서부 13개 부락에서 일류 호세를 누렸었는데. 그 것도 저것도 다 없어져 버렸어. 없어져 불고 이제 배가 고픈께 할 수 없이 [내가] 14살 먹어서 목포로 나왔어. 14살 먹어서 왔응께 목포 나온 지가 [벌써] 66년차가 되야.

(어르신 형제분은 몇 분이냐?) 나랑 동생이랑 있었는데 동생은 죽고…, 아버지 대에 재산이 없어지기 시작했어. 우리 아버지 [대까지만 해도] 일류 호강을 누렸는데, 할아버지에게서 물려받은 것을 다 날렸어. 그때는 밀주라고 했지. 내가 5살 때 주전자 들고 술 받으러 다닌 것도 기억이 나고…, 술도가 한 것이 기억이 나….

고향에 가면… 죽어서 가면 뭐하냐 그것이여!

얼마 전에 고향에 댕겨 왔어. 고향에 형제간들도 있고, 친척들 있고. 작은어머니 되시는 분이 95살인디 오래 살았어도. 암만해도 형제간도 있지마는 작은어머니가 돌아가실까 봐 갔다 왔재. 아버지, 어머니, 할아버지, 할머니[의] 선산이 거기 있으니까 갔다 왔제. 작은어머니가 95살이라고 해도 귀도 안 먹고 그래. 백 살이 넘도록 사실 것 같아. (어르신도 나중에 돌아가시면 선산에 묻히시겠네요?) 그라제. 그런데 나 죽거든 제사도 지내지 말고 화장시켜 달라고 그랬는디, 자식들은 돌아가시면 묘도 있어야죠. 그러

면서 서운하니까 안 된다고 그래. 내가 임종시에도 [자식
들에게] 말할 것인디, 나나 엄마나 죽거든 화장해라. 죽어
서 땅 속에 오그리고 있느니 가뿐히 화장시켜서 재로 뿌
려버리면 넓은 천지에 마음대로 돌아다니고 얼마나 좋겠
냐 했지. (그런데 선산이 없는 것도 아니고…) 있어도… (고향
땅에 묻히고 싶은 것이 일반적으로 어르신들의 바람이 아
닌가요?) 고향에 가면…, 죽어서 가면 뭐하냐 그것이여. 이
제 이곳, 목포가 내 고향이야. 내가 목포 여기 온금동 토박
이나 마찬가지여. 이곳에 온 지가 벌써….

> "고향에 가면…;
> 죽어서 가면 뭐 하냐
> 그것이여. 이제 이곳,
> 목포가 내 고향이야.
> 내가 목포 여기 온금동
> 토박이나 마찬가지여."

혼자서 조도에서 목포로 나와 뱃일을 하기 시작
했제!

그때(14살 때) 혼자서 [목포로] 나왔어. [배를 타는 사람을]
뱃놈이라고 하는디, 내가 70살 먹을 때까지 뱃일을 했어.

(뱃일은 어떻게 하게 되었습니까?) 도둑질을 하고는 못
살잖아. 그래서 먹고 살기 위해서 뱃일을 하기 시작했어.
그때 소매치기 하면서 살아가던 사람들도 있[었]어. 박○
수라는 도둑놈이 있는데… 그놈이… 도둑놈 박가라고 있
는데, 선창에 있었어(살았어). 그 사람은 지금까지도 목포
에서 몰래 살고 있어. 이 사람이 나보다 1살 덜 먹었어. [그
사람을] 내가 잘 알지. 진도 고향친구여.

(목포에 와서 살아온 얘기를 해 달라는 요청에) 목포는…(잠
시 할 말을 잊은 듯 멈추며) 내가 그랗께 말을 차근차근 할
라믄… 하루 이틀에는 안 되니까 최소한도 사흘은 잡아야
하는디… (웃음)

> "혼자서 [목포로] 나왔어.
> [배를 타는 사람을]
> 뱃놈이라고 하는디,
> 내가 70살 먹을 때까지
> 뱃일을 했어."

그래서 목포[에] 와 갖고 배에 당기면서…, 배란건…, 다른 데는 다 배워 갖고 가고 뭣하고 하지만[배 타는 것은 배워서 하기보다는 직접 와서 부딪친단 말이여]. 그래서 뱃사람들을 하시하고 천하게 생각했었는데, 배에 간다 치면 인제 1달 월급이면 1달 월급 가불해 주면서 배에 가는 것이 배거든. 그래서 뭣한(어떤) 사람들은 배에 많이 빠져 버렸지. [당시에] 목포에만 있던 것이 아니라 제주도 가서도 1, 2년, 부산 가서도 1, 2년, 한 3년 여수 가서도 한 3년. 일본 가서도 한 1년씩 있다 오고 [그런 것까지] 일일이 다 말 하려면 한정 없응께…

(처음 타셨던 배 생각나세요?) 그라제. 화물선. 짐 싣고 다니는 화물선. 그 화물선을 한 1년, 2년 3년차 당기다가 일본 배를 탔제. 강진회사라고 처음에 여기서는 평안으로 고베로도 다니는 그 배(평안호)에 댕기다가 일본으로 댕기는 배에 다녔지. 강진환 11호라고 댕기다가, 지금은 호라고 하지만 그때는 환이라고 했거든 일제 때는. 강진환 11

"다른 데는 다 배워 갖고 가고 뭣하고 하지만[배 타는 것은 배워서 하기보다는 직접 와서 부딪친단 말이여]. 그래서 뱃사람들을 하시하고 천하게 생각했었는데…".

▶ 해기사 면허증

호에 댕기다가… 그만두
었지.

(다음에는 어떤 배를
타셨어요?) 그 다음에는
목포서 마루보시라고 있
었어. 지금 대한통운이
일제 때 마루보시 자리
인디 마루보시에서 한 5
년 있다가 해방되었지.

(면허증은 언제 따셨
나요?) 기관장 면허증은

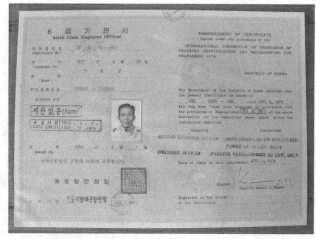

▲ 기관사 면허증

21살 때부터 기관장으로 기계를 돌렸었응께… 24살 때부
터 기관장면허증은 있었제. 일찍 땄제. 선장면허도 갖고
있어. 선장은 하도 그때 선장면허 없다고 성가시게 한께
그때 가서 28살이나에 면허증을 땄제.

그랑께 의사들도 자격증 없이 [영업을 하면] 걸리듯이
이것도 [자격증이 없으면 걸려]. 5톤 미만은 자격증이 없
어도 되야. 멀리서 항해를 안 하고 편수구역[을] 항해하기
때문에. 헌디 5톤 이상은 배가 좀 크거든 그것은 자격증이
없으면 운영해선 안 된다고 국가에서 규정이 되어 있거든.

(목포로 나오실 때 무작정 나오셨나요? 아님 아는 사람
을 통해 나오셨나요?) 제일 처음에는 목포서 진도로 다니
는 객선이 있었어. 화물선 짐배가 있었는데 선장과 기관
장들이 나를 착실하게 봐서 데려와서 썼는데 그때 월급을
10원 정도 받았어. (그때 나이가?) 14살이었제. 거기서 몇
달 다녔지. 그때…, 마르보시에서 잘했거든. (마르보시라
고요?) 응 대한통운에서 관리를 하는 마르보시라고… 그

"기관장 면허증은 21살
때부터 기관장으로 기계를
돌렸었응께… 24살
때부터 기관장면허증은
있었제. 일찍 땄제.
선장면허도 갖고 있어.
선장은 하도 그때 선장면허
없다고 성가시게 한께
그때 가서 28살이나에
면허증을 땄제."

때 일본을 갔는데, 한국으로 돌아오는데 보급선을 끊은 거야. 밤에 비행기가 날고 포를 쏘고 그러는 거야 그래서 이렇게 하면 안 되겠구나 생각했지. 마르보시 들어가서 50 원씩을 받았어. (거기서 무슨 일을 주로 하셨나요?) 화장[1] 일을 했어. 본선에서 짐을 싣고 오면 짐 나르는 일도 했어. 그 배가 배를 끌고 다니는 배가 5척인가 되야. 화장이라 나는 밥을 혼자 해 먹는데 갑판장 겸이었지. 그러다 배를 가지고 원산을 갔어. (배를 가지고 원산이요?) 원산에 심 포라고 있어. 명태가 많이 나는데…, 여기에서 너이[2]갔어. 거기는 바람이 세게 불면은 항해를 못해. 파도나 물이라 는 것은 얼어붙어 버려, 그러면 배가 못 다녀. 원산항이 얼 어 버려서….

바다가 얼어 버려. 아침에 일어나면 항구가 그렇게 얼 어버려. [그래서] 얼음을 깨는 배가 있어. 딱 붙어 버리면 항해를 못해. 당시 화룡호라고 있었어. 그 배가 얼음을 깨 는데, 그 배가 여기까지 와서 제주도 객선도 했어. 배는 배 니까. 그래서 얼음을 계속 깨니까 다른 배들이 항해를 하 지. 안 그러면 배들이 항해를 못해.

[원산에 있던 당시] 내가 21살 때, 신체검사라고 나왔는 데… 목포 마르보시 지점에서 왔는데…, 지금같이 [당시 에는] 연락망이 빠르지가 않았어. 통지서[에 따르면] 2월 까지 신체검사를 받으러 오라고 왔는데. [그때 우리가 타 고 갔던 배가] 야끼다마 배라고…, 기계가 언 것도 언 것이 고 바다도 얼어 버렸어. 그래서 배를 타고 와야 하는디 [못 했어]. 그래서 배로는 못 가고, 기차를 타려고 원산역으로 갔지. 원산역에서 가려고 하는디, 일본 사람이 물어봐. 그 래서 신체검사 통보가 와서 가려고 한다니까 보내 줘. 서

---

1 배 안에서 밥하는 일을 맡아
　하는 사람을 일컫는 말.
2 네 명이.

울까지 가는데, 5시간 반이나 연착이 되었어.

(원산에서 서울로 가서 진도로 오신 건가요?) 응, 그런데 내가 서울역에 와서 팔고 있는 우동을 먹고 2시 55에 목포로 가는 차가 있는데 끊어지고, 11시엔가 그 차를 타고 목포로 왔어. 그래서 목포 마르보시에 왔어. (마르보시가 전문적인 통운회사였나요?) 응. 배로 싣고 오는 것은 다시 차로 실어서 가고 그랬어. (배로 오는 물품은 주로 뭔가요?) 알량미[3]라고 있는데, 젊은 사람은 잘 몰라. 통일벼 같은 것이 있어. 그리고 [그렇게 실려] 온 쌀은 군량미로 싣고 가. 일본으로 싣고 가.

어쨌든 목포지점에서 원산지점으로 신체검사 통지서가 와서 [목포로] 오게 되었지. 그때 대동아 말기라서 [사람들이] 기름 한 방울이 피 한 방울이라고 했어. 당시에 3일에 1번씩 객선이 다녔어. 목포에서 진도로 가는 배가 그렇게밖에 없었어. 쌀 1되를 짊어지고 갔어. 만약에 풍선(風船)배[4]가 있으면 그거라도 타고 갈려고 말이여. 바다에서는 눈방울이 날리고 그러는 거여. 음력 2월이라고 해도 눈이 많이 날리지. 예전엔 여기 화원면을 땅끝[5]이라고 했는데, 진도를 가다가 못가고 땅끝에서 정박을 했어. 그래서 최영술이라고 [하는 사람과] 나랑 같이 신체검사 하던 사람이 나랑 [동]갑이여. 고향이 진도이기 때문에 나를 포함해서 3명이 신체검사를 하려고 같이 갔어. 그들도 나랑 같은 사정이라서 객선으로 못가고 걸어서 갔지. 진도까지…, 다리가 없는데 거기로 가는 배가 있어. 거기서 나룻가까지 갈려면 70리가 돼. 내일이 신체검사하는 날이여. 이렇게 가면은 못 가게 생겼어. 건너가야 하는데 해가 지니까 못 건네준다는 것이여. 그래서 내일[이나] 건네준다는 것이

3 안남미의 다른 이름으로 파악된다. 안남은 월남의 중국식 표기 이름이며, 우리나라에서는 1950년대에 배급을 받아 먹었던 쌀이다. 일제 때 안남미를 안량미로 부르기 시작한 것으로 알려져 있다 (www.naver.com).
4 구술 내용 중에는 이처럼 같은 뜻의 한자어와 한글이 중복되는 경우가 많다.
5 토말·갈두마을이라고도 한다.

여. 돈으로 10원을 줘야지 건네준다는 것이여. 그때 내 월급이 2백 원이었어. 월급이 처음에 50원이었는데, 5년 뒤에는 35원이 더 나와. 가족수당이 내가 장남이면 동생들꺼 까지 뭐해서 수당이 20원씩 더 나와. 당시에 면장이 월급이 40원 할 때여. 낮에 온 손님은 밥을 해 주는데 배급을 받아야 하니까 저녁에 온 사람은 밥을 못해 줘. 그래서 내가 가져간 쌀로 밥을 해 주라고 했어. 그래서 밥을 해서 먹고 잠을 잤어. 그래서 면소재지로 갔어.

해창에 아무개라고 하는 사람이 부모님이 경찰서에 잡혀 갔다는 것이여. 그래서 내가 [경찰서에 가서] 원산서 왔다고 하니까. [그리고] 사정이 있었다고 하니까… 그랬더니 우리 어머니는 여자라고 해서 들어간 지 5일 만에 나오고, 아버지는 내가 찾아왔다는 소식을 듣고 7일 만에 나왔어. 그래 가지고 그날 저녁에 면단위로 신체검사를 하는 사람은 면소재지로 모이는데, 그날 신체검사를 하는데 피검사도 하고. (잠시 뜸을 들이다가) 피도 상당히 많이 뽑데…, 배가 고프니까 집에 가서 밥을 먹고 다시 그 장소로 왔어. 그런데 신체검사가 끝나고 박가들은 아라이라고 했는데 아라이라는 사람이 있는데 우리에게 심하게 하드만. 집에 갔다 왔냐고 묻더니 그랬다고 하더니 입을 다물라고 하더니 얼굴을 때려.

(그 사람도 진도사람이었나요?) 진도군 군내면 세정 사람인데 낼 아침에 9시까지 모이라는 것이여. 그런데 마침 객선이 9시에 있어서 목포로 도망쳐 왔어. (도망쳐 왔어요?) 가니까 훈련을 어디서 받겠냐고 하는거야. 그래서 회사가 목포니까 훈련을 목포에서 받겠다고 해서 목포에서 훈련을 1주일에 1번씩 받았어. 나중에 들으니까 같이 갔

"그래서 회사가 목포니까 훈련을 목포에서 받겠다고 해서 목포에서 훈련을 1주일에 1번씩 받았어. 나중에 들으니까 같이 갔던 사람들이 많이 맞았다고 하드만. 면사(綿絲)실 가지고 대를 쪼갠 것에 감은 것으로 때릴라 치면 살이 묻어 나와. 그때 당시에 '하시모라' 라고 있는데 그 사람이 고문을 하며는(하면) 1시부터 3시까지 계속 때렸어."

던 사람들이 많이 맞았다고 하드만. 면사(綿絲)실 가지고 대를 쪼갠 것에 감은 것으로 때릴라 치면 살이 묻어 나와. 그때 당시에 '하시모라' 라고 있는데 그 사람이 고문을 하며는(하면) 1시부터 3시까지 계속 때렸어.

그런데 나는 마루보시에 있기 때문에 [그곳이] 정보계통이고, 거가(그 곳이) 사단법인이제 거가 일제 때, 그러기 때문에 훈련을 안 받고 인자 1주에 1번씩 훈련을 받게 되야. 1주에 1번씩 훈련을 받게 되는디, 인자 그때 [훈련소를] 훈련소라 하는 것이 아니라 연성소라고 그랬어. 일본말로 렌세이쇼, 한국말로 연성소라고 그랬거든. 그렇게 해 갖고 그때 선박과에 있는 우리 연령 되는(또래 되는) 사람이 상당히 여럿 있었제. 그래 갖고 그 사람들하고 1주에 1번씩 거기서 회사에서도, 군부 일이라 나서 [훈련받으러 가는 것을] 인정을 하제. 1주에 1번씩 [훈련을] 받다가는 그리 그리(그렇게 그렇게) 날짜가 흘러서 8월 15일이지 양력, 8월 15일이 되얏어. 8월 15일인디 그때 인자 그때 당시에 소화천황이제, 소화천황이라 그러제. 소화천황이 그란께 그때는 동일본, 서일본 그랬었지. 인자 일본은 본국이고 서일본이라고 한국도 일본으로, 서일본이라고 그랬었제.

그래서 그때 인자 1주일에 1번씩 받다가 그때 광복이 8월 15일 날 했었는디. (45년 8월 15일?) 45년 8월 15일. 그래 갖고, 지금은 텔레비(텔레비전)가 있지만, 그땐 텔레비가 없고 인자 뭣이냐 라디오가 있는디, 라디오도 좀 뭣한(형편이 되는) 사람은 있고 안 그란 사람은 없고 그러거든. 대략 기업체 같은 데는 라디오가 있고 그러는디, 라디오에 낮 12시가 됐는디, 소화천황이 항복을 한다. 그 말이여.

그래서 그때부터는 그때 연성소 교육을 받고 나면 뭣이 있냐 며는(하면은), 일제 때는 2주 전에 어디를 출타 못하게, 출타한다 치면 안 되제. 그랑께 출타 못하게 인자 통지가 와. 인자 일본말로 아시토메라고 어디 못 가게 하고, 2주 전에 그렇게 하고, 2주 후에는 인자 붉은 종이가 와. 붉은 종이라는게 아까가메라고. 인자 바로 영장이야. 어디 못하게 출타금지 시킬 때는 푸른 종이로 오고, 인자 영장이 올 때는 붉은 종이로 와. 빨간 종이에다가 인자 며칠 날 동원이라고. 그랑께 아까가메를 받았다고 그런데, 일본말 이제, 아까가메를 받았다고 그랬는데 그것이 영장 받았다는 것이제. 그래 갖고 인제 1주일, 2주 내에 인자 몇 월 며칠 날 어디로 소집하라고 그리고 그때 거기 가서 군인[군대]에 가는 것이제. 그래었는디. 지금 1주일 지나고 인자 푸른 종이가, 그랑께 푸른 종이가 있고 붉은 종이가 있제. 푸른종이로 1주일 되아서, 1주일 되아서 인자 저 뭣이 왔어. 1주일 되야 갖고 인자 저 8 · 15 광복을 맞았제. 그랑께 그때는 아무리 출타해도 그것은 인자 상관없제. 그라고 붉은 종이는 아직 안 왔었는데 1주일 전에 와 가지고 인자 군대를 그대로 안 가게 되고, 그때 인자 일본 사람들은, 그래도 그때는 각 경찰관들이나 저 뭣을 안 했어, 군인들도 목포에 많았었어. 있었지마는 무장 해제를 안 해. 왜 그러냐 하며는 그때 무장을 해제를 해 불면, 막 그냥 구박받고 못살게 굴었던 그 사람들이 [들고 일어나서 위험하니까.] 경찰이면 경찰, 군대면 군대 별 차이는 없었지마는 경찰들은 못 박은 사람들이 많지. 그랑께 무장 해제를 않고…, 미군이 상륙을 해 가지고 그때만 [무장 해제를] 했었지. 미군이 상륙 안 했으면 [무장 해제를 계속 안 했겠지.]

미군이 상륙해 가지고 그때 인자 여그 목여중(목포여중), 지금 목여중이, 지금은 목여중, 목고 6년제 지마는, 그때는 그때 당시에는, 일제 때는 5년이여. 중학교라 함은. 목여중 이라 한다 치면 목여중은 5년젠께 그때 미군들이 와 갔고 환영식을 한 것이 인자 목여중 학생들이 인자 미군들이 목포 상륙해 갖고 환영식을 하고, 그때 미군들이 목포로 상륙해 갖고 또 목여중을 왔더만…[6]

미군들이 목포에 상륙해서 벌어진 일들도 눈에 선하제. 그란께 내가 지금 목포 산 지가 67년차 되는디, 그란께 인 자 [내가] 본 고향이 목포가 아니라 해도, [실제로는 목포의] 토박이라 해도 과언이 아니제. 거의 70년을 살았응께. 그때 당시에 그것을 또 확실히 알제. 목여중에서 환영식 을 했었제.

어쨌거나… 훈련받다가 출타 못하게 통지가 오제. 그래 갖고 인자 영장이 나올 것인디, 1주일 넘으면 영장이 나올 것인데, 영장을 못 받고 그걸로 끝났제.

그란께 일제[강점기]가 끝나 뿐께…, 그때 한국 사람이 광복을 만났응께 [그렇게 유야무야되어 버렸지.]

(해방되고 나서 일본 회사, 일본 사람들은 다 철수해 버 렸을 테고, 어르신 직장은 어떻게 되었습니까?) 직장은 그 대로 거가가(거기에) 있던 대로 한 몇 달, 한 4개월 있었을 까 그때 인자 10월 달엔가 뭣 했응께 한 4개월 더 있었제 그 회사에. 거기에서 마루보시를 한국 사람들이 운영을 했어.

(그러니까 그 마루보시를 한국 사람이 경영을 했습니 까?) 응. 그란께 한국 사람들이 그때 당시에 박락구라고, 성은 박이고 이름은 락구 씨여. 그란데 그 양반이 그때 뭔

6 구술자가 연세가 많은 탓도 있지만, 구술중에 하시고 싶은 말씀이 많으셔서 구술이 장황하게 되는 경우가 많다. 따라서 어떤 얘기를 하다가도 다른 내용에 대한 부연 설명이 많다 보니 진술이 흐트러지는 경우도 있다. 하지만 전체적인 줄거리는 계속 이어지는 편이다.

계약이란가 있었어. 그대로 회사를, 그대로 일본 사람이
가 버렸응께 [그냥] 놔둘 수는 없고 그 사람이 책임을 하
고…, 말하자면 지점장이제, [그래서] 지점장이 되어 갖고
[회사] 운영을 했었제. 그란께 그래 갖고 나는 [그 뒤로] 한
4개월 정도 더 있다가 [회사를] 그만뒀었어.

그때가 락구 씨가 지점장이었고…(잠시 생각에 잠기시다
가), 그 양반 다 돌아가셨어. 오래 되었네. 한 4개월 댕기다
가 그만두고. [그 뒤에] 뭣을 했냐 하면. 그때 당시 인자 소
방서, 목포 소방서가 있었거든. 소방서에 인자 배가 있어
서 소방하니라고 일본말로 하면 게이보마루라고 소방서
라고 있었는디. 소방에는 육상에는 차가 있고, 해상에는
해상사고라고. 불이 나면 거기로 [가서 불을] 끄고 그라제.
그래서 거기(소방서)로 옮겨 가면서 [그 동안] 다니던 마루
보시는 그만뒀제.

마루보시에서 소방서로, 이를테면 소방관이 된 것이제

그만두고 한 2년 있었을까? 소방서에. (소방서의 월급은
마루보시보다는 많았나요? 어쨌나요?) 거의 같제. 비슷비
슷하제. 그런께 이를테면 소방관이 된 것이제. 그때 당시
에 소방서에 내가 댕길 때 소방하니라고. [배에 불이 난 것
을 끄러 다니는 배의] 기관장은 김동수라고… 기관장이었
는데, 나는 인자 [그 배의] 조기관장이었제. 기관장 보조역
할 하는 것을 했어. 그때의 내 나이는 21살이었지.

말하자면 21살 때, 영장이 나왔을 것인데, 뭣했응께, 난

군대 가거든, 21살 때 그렇게 해 갖고 21살 때 8·15 광복을 만났응께, 그래 인자 거기를 한 4개월 있다가 그만두고, 인자 소방서에 한 2년 넘게 있었응께. 그라고는 소방서에 있으면서 결혼도 했었제.

중매결혼 했었제. 집안 누님(고종사촌 누님)이 중매를 해서 결혼을 하게 되었지. 중매로 선을 보고 나서 한참 있다가 결혼을 했었제.

(부인의 고향은 어디신데요?) 같이 고향이 진도지. 진도고 거기는 임회면 봉산리라고 지금도 거기서 살고 있어, 아직도. 인자 나는 80살이고 집사람은 77세고. 결혼은 진도에서 했어. 당시 내 나이는 22살이었제. (그럼 살림은 어떻게?) 한동안 나는 목포서 살았고, 처는 진도에 있었제. 그러다가 내가 목포로 데리고 왔제. 결혼하고도 그라고 한 4년이나 5년 다 되어서 목포로 데리고 왔었제 처음에. 그때는 셋방살이를 했제. (그때 집에서 분가를 하는데, 집을 세내는 데 돈을 좀 보태 주셨어요?) 아니 부모가 보태 준 것도 없었어. 그래가지고 제일 먼저 어디로 왔냐 하며는. 여~ 서산동 있지 여그, 서산동 24번지로[이사를 왔어]. 내가 인자 제일 먼저 목포로 온 것이 그래 갖고 그 사람이 그래 박봉렵이라고 이름도 안 잊어불고만. 맨 첨 일이라, 박봉렵이라고 [하는 사람의] 그 집 작은방에서 셋방살이를 했었제.

(그때 방값이 얼마였는지 기억나세요?) 방값이라 그때. 에~ 한 4천 원 되었을까? 그때는 인자. 돈이 그래도 그때는 돈 값어치가 상당히 있을 때제.

"말하자면 21살 때, 영장이 나왔을 것인데, 뭣 했응께, 난 군대 가거든, 21살 때 그렇게 해 갖고 21살 때 8·15 광복을 만났응께, 그래 인자 거기를 한 4개월 있다가 그만두고, 인자 소방서에 한 2년 넘게 있었응께. 그라고는 소방서에 있으면서 결혼도 했었제."

'뱃놈'으로 한 평생: 고려장할 나이까지 배를 탔어!

[소방서 그만두고] 저 뭣이 거기까지 가면 강진식당이라고 있었어 선창에서. 지금 젊은 사람들은 모르지만 나이가 한 60대, 70대 되는 사람들은 강진식당이라고 모르는 사람이 없었지. 용전이 선창 앞에. 강진식당이라고 있었어. 강진식당에 배가 있었어. 운반선. 운반선 거가 배가 있었는데, 거가 기관장으로 내가 거 소방서에 죄[助]기관장으로 다니고 막 뭣하고 했었지마는, 강진식당 배가 있었는디 거기 그때는 기관장으로 댕기제. 기관장으로 할 때, 그래도 그때 뭣한다 치면 그때.

소방서를 그만두고 나서 인자 강진식당으로. 거가 강진식당이 있는데. 배가 있었어. 배가 있었는디 그 배에 기관장으로, 인자 내가 다녔어. 그때는. 그랑께 내가 아주 나이가 지금하고 비교한다 치면 나이가 어린데, 저 뭣을 했었제. 기관장으로 댕겼었제.

(당시 어르신 나이가 그렇게 많지 않았는데 기관장으로 바로 들어가셨어요?) 그러제.(기관장 면허증은 있었습니까?) 있제. 지금. (면허증은 언제 따신 거에요?) 25살 때 땄었응께. 기관장, 선장면허 까지도 다 했어. 선장면허까지도 있는데, 선장면허도 쩌~ 뭣해 불고 (말소되고), 기관장 면허도 인자 5년마다 한 번쓱(씩) 갱신신청을 [해야] 하거든. 교육도 받[아야 되]고. 그것도 [이제 내] 나이가 벌써 팔십이 되었는데. 한 10여 년 전에 그것(면허증)도 그냥 인자 자연[스럽게] 폐기, 말소 되제. 교육을 받고, 신청을 하

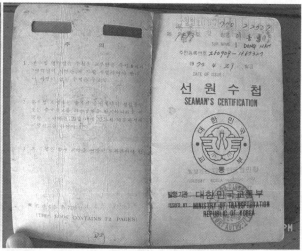

▲ 이동남 씨가 소중히 보관하
고 있는 선원수첩

고…해서 갱신을 받고 해야 할 것인데, 그러 안 하고 [해
서 말소가 되었어.] 지금 그것도 10여 년 되제. 선장과 기
관장 면허증은 다 폐기(말소)되어 버린 거야.

　(주로 기관장으로써 식당에서 배를) 그 식당에 배가 있는
디, 운반을 하며는… (운반선이었습니까?) 운반선, 생선을
사 가지고 댕기고, 바다에 가서 지금은 중선배들이 잡아
가지고 오지마는, 그때는 중선배가, 기계배가 없어. 전부
풍선(風船)배였었지. 그래서 바다에 어장을 하며는 소금
싣고 가서 염장하는 배도 있고, 글(그렇게) 안 하면 거기서
생선으로 바로 파는 배도 있고 그라제. 생선으로 바로 판
다 치면 파는 놈을 사 가지고 와. 사 가지고 와서 인자 집
앞에다가 [생선을 놓아 두고] 팔제 인자. 그런데 그것도 참
말로 이익이 많데. 그랑께 그래서 거기서 인자 그 배 댕기
면서 소방서를 그만뒀제. 그랑께 그때 보통 월급이 만 원
된다 하면 나는 만 원 수입이 더 되제. 고생은 좀더 되지.
그렇게 하다가는 거기를 그만두고 또 거기 그만두고 일본

"생선으로 바로 판다 치면 파는 놈을 사 가지고 와. 사 가지고 와서 인자 집 앞에다가 [생선을 놓아두고] 팔제 인자. 그런데 그것도 참말로 이익이 많데. 그란께 그래서 거기서 인자 그 배 댕기면서 소방서를 그만뒀제."

무역인가 뭐 한다고…. 인자 쩌~ 그전 유림호텔 앞에 유달호텔이제. 유달호텔 앞에 가서 금호해조부라고 있었는디… 금호해조부 배, 통운호라고 있었어. 일본 무역하는. 통운호라고 있는데 통운회[를 타고] 일본 무역하면서 거 댕긴 것이 한 5년 정도 되었제. 그라고 그 뒤로부터 인자 중선배 댕긴 것이, 중선배, 내는(나는) 기관장으로 댕긴께, 중선배 댕긴 것이 근 30년. 중선배 기관장만한 것이 한 30년 내지 35년 댕겼어.

그래서 인자…, 어째서 간단히 말해야지.(스스로 판단하기에도 말이 너무 장황해진다고 느낀 듯, 한숨을 돌리시면서) 투망배 선장을 7년 했었지마는 그래도 면허가 없어서 안 되게 생겼응께는 그래서 선장면허는… 그때 선장면허를 잡았었는디. 그놈 인자 그냥 넘어가지. 투망배 그만두고 중선배 선장을, 기관장 한 것이 35년간 했어. 35년간을 하고 그 뒤로 인자 또 내가 자영사업을, 쪼깐한(조그만) 배를 가지고 한 5년 했었지. 그래 인자 또 그만, 또 그것도 나이가 먹응께 여의치 않아서 그만두고, 인자 지금까지, 아 그 뒤로 인자 나하고 그 사람하고 둘도 없는 친구였어. 친구였었는데 그 집 아들이 소형 저인망. 인자 고데고리, 고데고리 하지만은, 소형 저인망이거든? 그래 인자 나하고 둘도 없는 친한 친군데, 그 사람 아들이 소형 저인망을 하는데, 그 친구가 믿지를 못하고 아무 일을 해도 안 된께. 니가 나를 보호해 준다, 나를 생각한다 [그렇게 생각]하고 우리 아들 배가 이렇게 있응께 좀 [도와서] 고생해 달라…. 그래[아주] 사정사정해서 그래서 또 거기서 한 7년간 세월을 보냈어. 그런데 그때는 또 [돈을] 잘 벌었어. 어딘가 모르게. [그런데] 그 친구 죽은 지가 한 3년 되었구만. 그래서

▲ 이동남의 환갑잔치

그 아들은 있다가 내가 나이를 너무 많이 먹었응께, 어찌 게(어떻게) 할 수가 없제. 그래서 72살 먹을 때까지 내가 배를 댕겼어. 배 그만둔 지가 8년 되는디…. 그래서 인자 친구는 죽고 그 집 아들은 지금 살아 갔고 있제. 그리 살아 갔고 있는디…. 그래서 지금 72살 먹도록 내가 배를 댕기다 내가 너무 늙어서 배로 댕길 수가 없제. 말이 72살이제, 그전 같으면 고려장 할 땐디. 그라고 육상생활하고 틀려서 배란건 사면이 물이여. 넓은 바다에 돔부껍닥[7]만한 배 하나 있어 갖고 발만 잘못 디뎌도 물로 떨어지거든. 그래서 인자 72살 먹도록 댕기다가 그만둔 것이, 그래서 그만두고 그때부터 노인당에만 있는 것이 한 8년간이 되는구만….[8]

[7] 돔부란 콩과의 열매를 일컫는 말이다. 광저기라고도 하며 표준어로는 동부라고 한다. 껍닥은 껍데기의 사투리다.
[8] 이동남 씨는 2004년 현재 온금동 노인당에서 재무담당을 맡고 있다.

배를 타다 보면 자식들도 그립지마는 마누라가 말할 것도 없이 그립단 말이여!

(배를 타시면서, 배를 타시고 보통 바다에 나가신 시간이 집에 계신 시간보다 어떻게 많죠?) 많제. 1달이면 집에 있는 것(시간)이 한 7, 8일 있제. 그라고는 한 22일 동안은 바다에서 살어. 그란께 지금 마도로스, 마도로스 하지만은 큰 배, 크고 몇 만 톤급 원양어선 있고, 근해선이 있고, 뱃사람들이 젤 불쌍한 것이…, (함께 조사주인 연구원과 필자를 번갈아 쳐다보면서) 인자 물론 다 학생들인게 그런 것까지도 다 배우고 알 것이여. 그런디 선생님은 물론 말할 것도 없지마는 어쩐 수가 있냐 하며는, 1달이면 1달 항해를 해요 바다에서. 물론 인자 30대, 40대 치면은 가정도 어렵고 자식들도 크고, 이렇게 한다 치지마는, 자식들 그립지마는 마누라가 말할 것도 없이 그립단 말이여. 내가 말 안 해도 짐작이 가제. 젊은 사람 45이나 50일 2달이나 3달, 이렇게 바다에서 항해하다가 외국에 가서…, 외국에 있다가 바로 한국으로 온 것이 아니라, 미국 가면 영국으로 가는 짐이 있어, 화물이. 그러면 미국서 영국으로 가는 화물을 싣고 영국으로 가고, 독일로 가면 독일, 중국으로 가면 중국으로 가고 다 이렇게 하다 보면, [어떨 때는] 1년 만에 집에 돌아오는 수도 있고, 8개월 만에 돌아온 경우도 있고 그렇거든… 그라면 그것을… 일본 사람들은 [배를 타고 집에 못 돌아간 시간이] 2년이 되면 6개월을 휴가를 내줘. 그래야제. 2년 동안 가족을, 마누라도 그립지마는 자식들도 그립고. 생활을 바다에서만 하다가 온께. 6개월을, 6개

"[어떨 때는] 1년 만에 집에 돌아오는 수도 있고, 8개월 만에 돌아온 경우도 있고 그렇거든… 그라면 그것을… 일본 사람들은 [배를 타고 집에 못 돌아간 시간이] 2년이 되면 6개월을 휴가를 내 줘. 그래야제. 2년 동안 가족을, 마누라도 그립지마는 자식들도 그립고."

월이 딱 되며는 미국[에] 가 있어도 가족이 있는 집으로 보
내 줘. 인자 대리 선장이면 선장, 기관장이면 기관장, 선원
이면 선원도, 선원도 마찬가지여. 많이…[배를 타고 집으
로 못 돌아간 채] 2년이 되면 6개월 동안 휴가를 줘. [일본
사람들은] 그렇게 했어. 지금[까지]도 한국 사람들은 그렇
게까지는 안 해(하지 않아). 그란께 일본 같은 데는 섬나라
이기 때문에 선원들을 그렇게 귀중하게 하는데, 한국은
그렇게까지 안 해. 그런 차이가 있어. 한국하고 일본하고.
그란께 일본 사람들한테 나쁘다고 하지마는 꼭 나쁜 것만
아니라 일본 사람들한테 좋은 점들도 많아요. 그란께 지
적해서 일본 사람들보다 나쁘다고 하며는 거(반발)할 것이
아니라… [일본 사람들의] 나쁜 점은 [우리] 나라를 총칼
[을] 들어다 [협박해서] 뺏어 갔고 식민지정책을 쓴다 한
께 나쁜 점도 많지.⁹

밀수사건으로 징역을 살다

(30대 후반, 무역선을 타고 일본을 다니던 시절) 목포에
서 그래 걸려 갖고, 그란께 말하자며는 관세법 위반이제.
관세법 위반으로 걸려 갖고 8개월 동안 내가 징역살이도
당했어. (어디서요? 목포교도서에서요?) 마산에서. 일본서
오다가 그때 당시에는 세관하고 헌병대하고, 그때 당시는
헌초라고 그랬어. 말하자면. 합동단속에 걸려 가지고, 마
산서 뭣해 갖고 목포로 이송해 갔고 목포서 8개월, 아니,
10개월 받았구나. 10개월을 받아 갖고 징역을… 뭣해 갖
고 내가 항소를 했었제. 항소를 해 갖고. 항소심에서 2개

9 이동남은 선원에 대한 근무
환경에서 일본은 한국에 비
해 훨씬 양호하다고 느낀다.
따라서 선원으로 평생을 살
아온 이씨는 일본 사회에서
의 선원에 대한 바람직한 처
우에 대해 한국이 마땅히 본
받아야 한다고 강조한다.

월이 감해지고 추징금 2만 원. 그때 당시에 2만 원이면 크제. 그란데 추징금 2만 원도 삭감되고 2개월이 감형되고 해서 8개월을 징역을 살고…

(무슨 일 때문에 그런 일을 당했을까요?) 관세법 위반인 께 밀수로 해 갖고 [걸렸제]. (밀수한 물건은 어떤 종류였어요?) 연필과 같은 학용품이제. 학용품 사 가지고 온 것이 [걸렸지]. 인자 정식 수입이 아니기 때문에 밀수로 걸린 거제. (그때 어르신이 팔려고…?) 그라제 그럴라고 일본에서 사 가지고 오제. (얼마치나 사 가지고 오셨어요?) 얼마 되지도 안 해(않아). 그때 합동수사에서 걸려 논께… [당시에도] 밀수는 심하게 단속할 때여.

보통 휴대품으로 [물건들을] 사 가지고도 오고 그러는데. 휴대품이 어느 정도 한정되어 있거든. 제한되어 갖고 있는데 그 이상 되면 밀수품으로 간주하고… 그란게 헌병 하고 세관하고[의] 합동 단속에 걸렸기 때문에, 요만치 [조금 가져온 것도] 나온 것도 도와주거나 외상이 없어.[사정을 봐주거나 넘어가는 법이 없었다]

(시범 케이스에 걸리신 셈이네요?) 응. 그래서 한 것이 그때 당시에 마산에 가 있을 때, 마산 거기서 김검사라고, [그 사람] 원래 고향이 청산인디. 그 사람에게 전라도 사람이 왜 마산 형무소 있소?라고 하면서 목포로 넘겨 달라고 했지. 그런게 목포로 넘겨서 그래서 목포서 목포 검찰청으로 와 갖고(가지고) 넘겨서…, 그때 내가, [내] 담당 검사가 김태웅이라고, 그 검사[가] 담당이었는데, 그 사람이 밀수범은 내가 아주 교육적으로 합니다(교화적으로 처리합니다)라고 말합디다. 그렇게까지 하면서 한 것이 목포서 인자 담당판사는 정판사 담당이었는데…, 거기서 [형을] 십

개월 받았었는데…, 내가 항소한 것이 광주 고법으로 넘
어가서 항소한 것이… (목포법원에서 추징금 2만 원하고 10
개월 징역을 언도 받았었는디.) 광주 가서 2개월 감형하고 추
징금 2만 원 …, 그때 당시는 2만 원이면 컸어요. 추징금 2
만 원 감하고 8개월 내가 징역 살았는디, 그리저리 그런
것이 10이면 10, 20일이면 20일 요로케 난게 한(약) 2달이
다 되었어. 2달이 다 되어서 미결통상이라고, 1달이면 1달,
2달이면 2달 다 준디, 광주로 와서 미결통상으로 2달을 주
더란 말이요. 2달에 57일인가 그랬었어. 그랬는데 광주서
미결통상으로 2달 준게 8개월 징역 받았는데 6개월 살면
형기가 끝나제. 그렇게 해가지고 살아 나왔었제. [징역에
서] 나와 갖고 중선배 댕긴 것이 그렇게….

  (8개월을 다 형무소에서 보내신 거네요?) 그러제 미결
로 있어도 징역은 징역이제. (당시 집에서는 난리가 났을
텐데요?) 집에서는 난리났겠지마는…. (그때 애는 몇 명이
있었습니까?) 응? 애들 둘이. 그런디 셋일 것인디 한나(하
나)는 결혼을 해 갔고 5년 만에 낳았던가, 그것을 한나 낳
아 갖고, 또 인자… 죽고,[10] 딸이었는데. 그 다음에… (왜
요?) 병 걸린께 죽제. (결혼 5년 만에 난 자식이 딸이었습
니까?) 딸이었는데 그놈 죽고, 병들어 죽고…(잠시 회한에
잠긴 표정을 지으면서) 지금 같으면 살 수도 있었어. 그때,
지금으로부터 오십 몇 년 전이면 어수룩했을 때지. 그란
께 그래 가지고 우리 지금 아들이, [그] 딸 죽고 아들 낳은
것이 지금 50살이거든. 그놈 위로 52일 것인디 죽고, 우리
아들이 지금 50살이고, 고 밑으로 딸 너이(4명) 낳아 갖고,
오늘 날까지 살아온 것이여…. 그래서 중선배 댕기면서
[돈을] 못 벌었다 할 수도 없어. 거기서 인자 다 너이(4명)

10 첫째 딸은 태어나서 2달 만
에 병으로 죽게 된다.

되는 거 고등학교까지 다 보내고, 막둥이는 대학까지 보냈었응께. 돈을 못 벌었으면 밥을 못 먹었을 것이고 그랬을 것인데…, 다른 것은 몰라도 고등교육까지는 다 시키고 살았응께….

결혼하고 셋방살이도 상당히 오래 했어!

(결혼생활 초기 때, 결혼생활에 관해서 말씀 좀 해 주실래요?) 결혼생활? 그란께 [마누라가] 진도[에] 가 있고, 처가 목포로 오거나, 내가 진도로 가거나 한께. 말하자면 [견우와 직녀]처럼 그렇게 할 수밖에 없었제. 그러다가 나중에 목포로 데불고(데리고) 왔제.

셋방살이도 상당히 오래 했어. 한 4년 했을까? 한 3년 했구나. 그란께 젊은 사람들보고 말하고 싶은 것은 집 없는 설움, 나라 없는 국민, 그것이 사람이 집을 셋방살이 하

▶ 자택 마당 풍경

면은 내가 [내] 돈
내고 산다 하지마
는 천만에(의) 말씀,
주인하고 항상 대
립되고 만기도 되
기 전에 쫓아내고
나오고 이렇게 하
는디, 내 돈 주고 살
면서도 할 말도 못
하고 외로운 점이
많아요. 셋방살이하
는 분들. 젊은 사람

▲ 벽에 걸린 액자 사진틀 속의
가족 사진

들이 그것을 알고 들어가야 하거든. 허리끈 졸라매고 집
은 사야 한다 그 말이여.

　(그럼 어르신께선 집을 언제 사셨습니까? 어르신 명의
로 된 집이 있습니까?) 집? 그라제 그전에 서산동에서 살
때. 내가 31, 32살 먹어서, 그란께 48년 되지? 지금 80살인
께. 48년째제. 그라고 그때 48년에 집을 샀었제. 서산동에
서 살다가. 그래서 어째 진도 고향으로 갔냐면, 내가 인자
일본무역이라는 것이 그래. [돈을] 벌 때 같으면 흥청망청
인데, 법망에 걸려 놓으면 남은 것은 빚밖에 안 남아요. 나
징역살고. 그렇게 해 갖고. 그래서 진도로 가서….

　(징역살면서 돈을 많이 썼겠습니다? 영치금도 그렇고,
여러 가지 벌금문제도 그렇고?) 그라제. 그 놈을 (징역에서)
어떻게 해서 빠져 나올까 해서 돈도 들어가고, 또 말이 쉽
제. 하루 천 원 벌고 백 원 쓰는 것은 티가 없는디, 하루 천
원도 안 벌고 천 원 쓴다 치면 1년도 안 가서 자리가 나거

든. 아주 백만장자 부자 아니고는. 그란께 천 원, 만 원 버는 것이 아니고 징역사는 사람이 단돈 한 푼이라도 가족들이 교도소에 있으면 면회 온다고 와. 그런 식으로 집에서 살림 한다 치면 있는 것이 한정인데, 지금 돈 1억이나 2억 같은 것은 2년이나 2년 징역살고 나온다 싶으면 돈이 없어진 줄 모르게 없어져 부러(없어져 버려). 징역살이라는 것이 꼭 징역살아서 징역이 아니라 보고 싶은 사람 못 보고, 하고 싶은 말 못하고, 먹고 싶은 거 못 먹고, 징역이라는 것이 징역 2글자가 그렇게 어려운 것이 사람이 법망을 피해서 법에 저촉되는 일은 안 해야 되는디, 사람이 어떻게 하다 본께 그렇게 그것이 실수제, 그렇게 되야요.

(징역살이가 어르신한테 살아가는 데 많이 영향을 미쳤습니까?) 그라제. 8개월이라 해도 1년이 다 되는디. (그때 감옥살이 하시면서 구타를 당하셨거나 하는 안 좋은 그런 기억은 없으세요?) 두들겨 맞거나 그런 것은 없제. 관세법 위반이라 나서…, 이것은 뚜렷이 나타난께 법조항에 나타난께 이렇게 징역만 살제. 두들겨 맞거나 그렇지는 않제.

[감방에서] 안 좋은 기억은 없고, 내가 인자 그래서 목포서는 [징역을] 얼마 안 살았어. 광주서 인자 항소해서 광주로 와 갖고 광주서 사는데…, 그러제. 목포에 가족, 처나 어린애들은 있제. 집에 가 있으면서 있는데, 감옥살이를 그렇게 하고 난께. 힘들제 그란께, 우리 집사람[이 고생을 많이 했지]. 그란께 그렇게 어린애들 둘 중에 하나는 죽어 부렀응께(버렸으니까) 말할 거 없고, [애를] 둘이 데리고 여기 사느라고 [힘들었을 것이여].

그란께 [처가] 인자 남의 세탁도 해 주고, 공사장에 막노동 하는 데 거기도 댕기고 하면서 벌어먹고 살았제. 말

이 쉽제 8개월이고 10개월이고 하루 이틀 아니고, 길다고
하면 길고, 짧다고 하면 짧았제. 그란게 지금도 사람이 가
정구실을 다 못한다 치면 자기 마누라한테도 항상 미안한
맘을, 그란께 나도 내가 나 혼자 살라고 그런 것은 아니
나….

(감옥살이 마치시고 다시 목포로 오셨을 거 아니에요?
그때 오셔 가지고 바로 일을, 배를 타셨습니까? 아니며
는?) 그란게 내내[마찬가지로] 인강호라고 배 이름도 안
잊어 뿔었어. 인강호라고 그 배를 댕겼제. 댕기다가 나
중에….

'선원', '뱃사람', '뱃놈'이라며 멸시를 많이 당
했지!

(어떤 이유로? 아는 사람이 있었습니까?) 그라제. 원체
배를 오래 댕기고. (예를 들어서 어르신 배를 선장이나 기
관장으로 타실 때, 어떤 통로를 통해서 배를 타게 됩니까?
어떻게 아셔서? 직접 찾아갑니까? 아니면 타 달라고 찾아
옵니까?) 그란게 선창가에서 배들 많이 댕기고 배 부리는
사람이나 각 회사에서도 많이 알제. 저 뭣 한다 치며는 어
디 댕기고 있어도 그만두고 우리 배로 온나 그런 말도 흔
히 많이 하고 우리 회사로 온나 그러고 많이 하제. 그래서
뭣 한다 치면 요 배 댕기다 요 배로 그만두고 놀다가 가는
것이 아니라 댕기다가 요 배로 가고 그래요.

(다른 곳에서 더 좋은 조건을 제시하면 일을 하다가 바
로 그쪽으로?) 그라제 그런 조건을 제시해서 거기 가면서

는 그렇게 믿어서 약조가 다 되어 갖고 여기는 나 이런 조건이 있응께, 이런 데로 가는 것이 어짜건냐고, 현재 내가 댕기는 데서는 곰곰이 생각해 보고 하지마는 우선 내가 살란께 돈 조건이 되는 데로 갈라하지 [그것은] 어쩔 수 없제. 그란께 (그때 그 배를 타는 사람들이 조건을 좀더 좋게 하기 위한 조합이라던가 그런 거 없었습니까?) 나 댕길 때까지만 해도 없었는데 그 후로 선원노동조합이 있었제. 선원노동조합이 아니라 해상노동조합. (그때 감옥소 나오시고 배 타고 그럴 때는 없었구요?) 그때는 없었제. 그 후로 발달되고 이런께 조합도 생기고 해상노조도 생기고 육상에서도 운반노조도 생기고 했지만 그때는 없었어.

그때 감옥살이를 하고 집에 다시 돌아오시니까, 집은 형편이 없었제. 당시 애들은 5살, 2살 먹었응게. 그래서 먹고 살려고 배를 탔제. 그전에는 제일 빠른 것이 배란 말이여. 지금 선장, 기관장 이렇게 한께 그러지마는, 옛날에는 그렇게 칭호를 하는 게 아니라 배 선장이면 사공이라고 말했었제. 근께 지금 같으면 선장, 기관장 각종 면허 가지고 있는가 싶으며는 국가고시라고 서기관급에 해당되고 이런 것이 아니라, 그전에는 그저 뱃놈, 저 사람 배 댕기는데 뭣을 알아, 젤 못 배우고 못 먹는 사람이 배 댕겼었어. 그러제 지금까지 선장, 기관장 일라치면 선장이면 오급이라 해도 인자 뭣이 행정 뭔 급에 해당되것지? 이 오급일라치면 사무관급에 그란다 치며는 각종면허 가진다 치면 서기관급에 해당되거든. 서기관급이여 급수라 한다면. 그전에는 젤 못 배우고 못 먹는 것이 뱃놈, 뱃사람인디. 뱃사람이라고도 안 했어 뱃놈, 뱃놈 그랬지. 뱃사람이라고 그랬어?

"젤 못 배우고 못 먹는 것이 뱃놈, 뱃사람인디. 뱃사람이라고도 안했어 뱃놈, 뱃놈 그랬지."

[어디 모임에라도 참석해 있으면] 아 저 사람 배에 댕기는 사람이여]라며 손가락질을 했어]. 뭐 뱃놈이 어떤 모임에 가서 입바른 소리를 한다 손 치면, 저기 배에 댕기는 놈이. 여기 와서 지랄이야 저 뱃놈이라며 구박받고 그 시절을 살아왔어. 지금은 뱃사람이라 해도 저 사람 직업이 선원이여 저 사람은 선장이여, 기관장이여. 그러지마는 그 전에는 그것이 아니고 저 사람은 뱃놈이여]라며…, 멸시를 당했어.

…말이지 [누가 뱃놈이라고 하면] 뱃놈이라고 하지 마라. 자기 직업이 귀천이 어디 있냐 그렇게 말하고 마는데…, 지금은 그래도 뱃사람들을 보고 그렇게 못하는데 그때는 참 [많이] 멸시당했제.

> *"아 저 사람 배에 댕기는 사람이여]라며 손가락질을 했어]. 뭐 뱃놈이 어떤 모임에 가서 입바른 소리를 한다 손 치면, 저기 배에 댕기는 놈이. 여기 와서 지랄이야 저 뱃놈이라며 구박받고 그 시절을 살아왔어."*

부두노동조합과 해상노동조합, 배에 댕기는 사람이 편한 것 같기도 하고…

그 사람들(부두노동자)하고는 관계가 뭐하는 것이, 어째 그라냐 하면은 그 사람들은 말을 함부로 못하는 것이, 야 새끼들아, 야 자식들아 느그(너희들) 뱃일 못하면 곧 굶어 죽어. 배 없으면 느그 굶어 죽어. 그라고(그리고) 아야 노조에서는 우리가 직업에 귀천이 어디가 있냐 서로 화합하고 이렇게 해야지 그런께. 부두노동조합이 있고, 해상노동조합이 있고, 이렇게 화합을 해야지 대립되면 안 되지라고 그런께. 부두노동자들이 있고…, 해상노동조합을 조직하자 그래 갖고 해상노동조합을 법에서 인증하는 해상노동조합이 되고….

(부두노동자들하고 선원들하고 무슨 충돌 같은 것이 발생한 적은 없나요?) 없었어요. 없게 된 것이, 너무 양륙비가 적다 이 말이여. 짐을 부두노조에서는 짐을 풀고 싣고 하는 것을 하륙비가 너무 적단 말이여. 임기봉 씨가 정해 줬어. 너무 싼께. 임기봉 씨가 당시 국회의원이었거든… (국회의원이 그런 것을 정해 줬나요?) 그러제. 노동조합을 구성하면서 이것이 가진 자만 살고 노동자는 항상 노동만 해 먹고 그래도 노동한 대가는 줘야 할 거 아니냐. 그란께 말하자며는 쌀 1가마니 배에서 가(육지)에로 퍼내는 디 10원이다 치며는 10원은 너무 적다 이 말이여. 그란께 15원씩은 줘야 할거 아니냐…. (임기봉 씨의 그런 말들이 실행되었나요?) 그대로 실행 했었제. (당시 목포에만 해당되는 건가요?) 목포만 했었제. 그란께 다른 데보다도 하륙비가 높은 데가 목포였어. 인천이네 군산이네 부산이네 여수네 뭐 이런 데보다 더 높은 데가 [목포였어.] 다른 데 쌀 1가마니 푸는 데 10원이라면, 목포는 12원을 받았어. 그란께 그때 그러면서 노동조합이 육성되고 밥 먹기가 더 편했었지 말하자면.

(당시에 부두노동자 생활하는 게 나았습니까? 선원생활이 윤택했습니까?) 비슷비슷했제. 그란께 해상노동조합도 구성되면서 인자 그래서 아무리 배를 댕겨도 가족들 서이나, 너이나 가족들 뭣 먹여 갖고 다니냐, 너무 밥을 못 먹겠다 치며는 부정부패 비리가 생긴께 밥은 먹게 월급은 줘야 할 거 아니냐. 그래서 강요하고 합법적으로 말한 것이 아니라 국흰께 말할 수가 있제. 이렇게 해서 되겠냐, 그란께 1달에 봉급이 10만 원 될 놈, 12만 원 줘야 빚을 안 지고 가서 맘 놓고 일을 하제. 그란께 월급도 올려 주고,

"그란께 다른 데보다도 하륙비가 높은 데가 목포였어. 인천이네 군산이네 부산이네 여수네 뭐 이런 데보다 더 높은 데가 [목포였어.] 다른데 쌀 1가마니 푸는 데 10원이라면, 목포는 12원을 받았어."

해상노동조합에서 선장, 기관장들도 노동조합에 가입되고 노동조합이제. 이렇게 해서 밥을 먹게 해 줘야 그렇게 해갖고 선원들 월급도 고정적으로 어느 정도 밥을 먹게 되어서, 해상노조나 육상 부두노조나 화합이 안 될 수가 없었제.

(부두노동자 하시던 분들이 배 타고 배 타던 선원들이 부두노동자 생활하는 경우도 있나요?) 하제.(있지) 그렇게 많이는 없어도, 어쩌다가 1사람씩…(부두노동자는 매일 집으로 갈 수 있잖아요? 배를 타면 1번 탔다 하면 며칠 동안 집에도 못 들어가고 그러니까. 같은 돈을 벌더라도 부두노동자 생활이 차라리 선원보다 낫지 않는가라는 생각은?) 그란께 벌이가 말하자면 돈버는 것은. 수입은 똑같더라도. [이런] 말이 있어. 10년 간수에 5년 징역이다 [라는 말이 있어]. 간수들은 24시간을 꼬박 감방에서 죄수들이랑 같이 생활해야 돼. [배 타는 사람을 간수에 비유를 해.] 그란디 뱃사람들은 뱃사람 [나름대로] 이점이 있어.

(말을 좀 끊었다가) 젤 그리운 것이 김치. 우리 밥 먹을 때 먹는 김치하고, 여자가 젤 그립단 말이여. 그런디 가서 부부생활이 60년이면 30년도 못한다 그 말이여. 30년도 못하지. 그란께 사람이란 것은 눈에서 멀어지면 마음도 멀어져. 그란디 다른 사람들은, 육상에 사는 사람들은 60년 살면 결혼해 가지고 20살에 살아 가지고 40년을 생활해 사는디, 거기서 반절을 30년도 못 돼. 아까도 내가 말했는데 결혼해 갖고 60년을 살더라도 30년도 다 못 살아.

(그런 조건이 안 좋은데, 예를 들어 똑같은 조건이라면 부두노동자 같은 일자리가 사람이 더 선호하는 게 말이죠

뭘 더 선호를 했냐 말이죠?) 처음에 결혼도 안 하고 어물
어물하니 할 때는 배에 댕기는 사람이 편한 것도 같고, 돈
도 잘 버는 것 같고…, 또 여기저기 떠돌아댕기고 한께 그
래서 배를 댕긴 것이 좋았제.

설령 부두노동자 하는 사람이 배를 타려고 한다고 하는
데 못하게 하지는 안 해. 안 하는디 부두노동자가 배를 타
려면 [해야 할 일이] 주로 화장인디. [만약] 멀미를 한다 치
면 배에서 밥도 못 먹어. 그래서 배를 안 타는 것이여, [반
대로] 뱃사람이 부두노조로 오게 되면 또 마찬가지여. 또
뭣한 일은 다 시키지마는 안 해 봐서…[잘 못해.] (주로 부
두노동자들은 고향이 어딥니까? 제가 알기로는 배 타는
사람들은 조도 사람들이 많던데요?) 중선배 타는 그런 사
람들은 조도 사람들이 많고. (부두노동자들은 어디 사람
들이?) 노동자들은 무안이나, 신안 섬에서도 많이 오고….
(조도 사람들은 있습니까? 부두노동자들 중에? 부두노동
자들 하는 사람들 중에 조도 출신들이 있었습니까?) 그러
제. 드물지. 드물어, 배만 댕겼어. 뱃사람이 노조에 오면 힘
만 가지고도 안 되고, 그란께 하류 못하고 또 부두노동자
들이 배를 가면 화장 일밖에 없어. 그란께 그래서 가라 해
도 안 가고, 분리되는 것이 내나 그것이여. 무안, 신안, 여
기 영암, 해남 모두 이런 사람들이 많이 와서 부두노조도
배우고 나만이로 못 배우고 못 먹응께 그것밖에 더 있어?
그런께 노조 이런다 치며는 아는 사람이 있으면 아야 나
좀 어찌어찌 해서 들어가게 해주라 해 갖고 거가 나가는
사람도 있고 그러며는 그때는 노조가 조직되면서부터는 1
사람이 나가면 그 사람 대로(대신에) 들어온다 치며는 돈
을 주고 사서 들어왔어. 사서 들어오고 나간다 치며는 팔

고 나가고.

(부두노동자 말씀이십니까?) 그러제. 그런께 분리되어
갖고 충돌되거나 그러지는 않제. 그러지 않고 뱃사람이
노조 올라가면 그런 경향이 있고, 보기엔 뱃사람들 배 타
고 다니고 놀 때는 놀고 이란께 갔으면 쓰겄다 하는데, 가
며는 화장으로밖에 갈 데가 없어. 화장으로 간다 치면 젤
하(밑에)가 화장인디, 돈도 젤 적게 받고, 시킨 일 다 해야
하고.

[부두노동자들은] 가정생활에 있어서는 항상 1년 12달
을 집에서 자고, 뭣한다 치면(집 안에 무슨 일이 있다 치면)
가서 일하고 또 집에 자식들이라도 아프면 갈 수도 있잖
아. 하지만 배는 그것이 아니여. [배를 타면] 즈그(자기) 처
가 죽었어도 죽은지도 모르고, 자식이 죽었어도 죽은지도
모르고. 그러기 때문에 뱃사람이라 하고. (뱃양반이라고 해
야 쓰겄는디, 뱃양반이라고도 않고) 젤 하수로서 뱃놈, 뱃놈.
보통 아무개, 아무개[라고] 할[부를] 사람을, 아따 어떤 놈,
어떤 새끼. 그런 식으로 뱃놈 뱃놈 하는 것이제.

(배를 타다 보면 어르신이 방금 말씀하셨다시피, 가정
생활 자체가 불안정하지 않습니까?) 그라제. 춤바람은 뱃
사람들 부인이 제일 많애. 1년이고 반년이고 [오랜 시간
을] 이렇게 남편을 그리면서 살다 보면 외로워서 춤바람
이 난다 그 말이여. 주로 춤바람이 많이 나제. 춤바람이 나
면 남자가 아껴서 보내 준 돈을 갖다가. 힘들게 벌어 보내
준 돈에 대해 생각을 안 혀. 돈이 보이는 것이 아니라 사람
밖에 안 보이거든. 남자가 돈 벌어 보내도, 그것이고 저것
이고 다른 생각 잊어불고 아따 남자하고 춤추다가 호텔에
다 가서 잔다 치면…, 집 안에 남아 있는 돈이 있겄어? 거

*"[부두노동자들은]
가정생활에 있어서는
항상 1년 12달을
집에서 자고, 뭣 한다
치면(집 안에 무슨 일이
있다 치면) 가서 일하고
또 집에 자식들이라도
아프면 갈 수도 있잖아.
하지만 배는 그것이
아니여. [배를 타면]
즈그(자기) 처가 죽었어도
죽은지도 모르고, 자식이
죽었어도 죽은지도 모르고.
그러기 때문에 뱃사람이라
하고."*

기서도(그 속에서도) 착하게 사는 사람들은 그 돈 다 모아 가지고 5년이고 10년이고…, 그렇게 해서 토대를 세워 갖고는. 배 안 댕기고 살 수 있고.

　뱃사람들은 (남자들은) 그것이 아니여. 1년이고 반년이고 가서 뭣을 한다 치면. 바다에서는 미국으로 가거나 일본으로 가거나 독일로 가거나 각 나라 여기저기로 댕기는데, [그곳에 도착하면] 상륙비가 나오거든. 미국엘 간다 치며는 미국 가서도 목욕하고 이발하라고 상륙비가 나온다 말이야, 달라로. 일본 가면 일화로, 영국 가면, 영국도 달러지? 그놈 가지고 쓰제. 선장한테는 예비금이, 미국을 가면 그 선원들 1달씩 월급을 주는 돈은 항상 보장되어 갖고 있거든. 더는 몰라도 1달까지 보장되어 갖고 있응께, 선장한테서 가불해서도 쓰고, 상륙비까진(까지) 다 쓰면, 외국 나가서 한쪽에서 놀다 들어오는 돈이 돼. 또 그 외에 반년이고 1년이고 사람 마음이라는 것이 거기 가서 술 한 잔 먹고 뭣한다 할라 치면, 여자들이 보인다 치면 생각이 달라지제. 그래서 집에서 고생한다, 그 여자를 떠나서 술 한 잔 먹고 나면 상륙비 선장한테 가불해서 쓰고, 미국이고, 영국이고, 일본이고, 중국이고 간다 치며는…, 거기 에이전트가 있거든. 선장이 거기서 가불해서 가지고 가서 쓰고, 거 뭣한 사람은 여자 한나 사귈라 치며는, 하루, 이틀, 돈이 모자란다 싶으면 다 쓰고 와 부러.

　(외국 여자들과 언어가 통하지도 않을 텐데…?) 이것이 짐승들도 뭣하는디, 사람인지라 그라고 외항으로 간다 치며는 대략 말은 못해도, 대략 한두 마디씩은 영어도 대략 알고 그러제. 거진 모르는 사람 어디 있어? 그란께 짐승들도 통한데 하물며 사람들이 못하겠어[안 통하겠어]? 그란

"거기 에이전트가 있거든. 선장이 거기서 가불해서 가지고 가서 쓰고, 거 뭣한 사람은 여자 한나 사귈라 치며는, 하루, 이틀, 돈이 모자란다 싶으면 다 쓰고 와 부러."

께 거기를 자주, 어찌 그라냐 하며는 한국으로 오고 가고
하면 되는데, 미국서, 영국에서 왔다 갔다 하는 화물을 실
을 수가 있거든. 미국서 왔다가, 영국서 왔다가 또 미국을
간다 치며는 에이 항해수당도 있고, 상륙비도 있고 한께
거기 가서 술 한 잔 먹고 가자….

[돈을 쓰더라도] 빚은 안 져. 왜 그라냐 하며는 딱 제한
되어 갖고 여기서 이 본국에서 즈그 집으로 보내는 돈이
있어. 그란께 거기서는 항해수당, 목포서 미국을 가게 되
면 거기서 항해수당이 백만 원이면 백만 원, 50만 원이면
50만 원, 본봉보다도 항해수당이, 그놈 쓰고, 상륙비 있으
면 그놈 쓰고, 그래도 부족하다 싶으면 인자 선장한테 가
불해서 쓰제. 가불해서 쓴다 치며는 본국에서 주는 것에
서 백만 원 월급인디, 본인이 쓰는데 어쩔 것이여. 50만 원
가불해서 썼으면, 없으면 가불해서 썼응께, 50만 원밖에
안 넣어 주제, 통장에다가.

외항선원의 비애, 홍안은 어디 가고 백발만 남았는디…

(어르신은 외항선을 주로 타셨습니까?) 그라제. 내나 말
한께. 내가 그래서 한 8개월 징역살고 그랬당께. 그 뒤로
는 안 댕겼어. 그란께 내나. 나이 먹고 늙으면 써 주덜 안
해. 가도 못해.

(형무소에서 나오셨을 때는 연세가 어떻게 되셨어요?)
형무소에서 나왔을 때는 40, 38살이던가? (요때까지는 외
항선을 위주로 타셨습니다…) 5년을 (5년 동안, 그러면 안

가 보신 데는 없으셨겠네요?) 그란께 요것이 무역하는 사람은. (주로 화물선이었죠?) 화물선이지. 그란께 남자들이 집이[에 대한] 생각을 잊어불고, 거기서 돈을 쓰는 사람이 있는가 하며는, 그러지 않고 내가 벌었응께 내가 쓴다고 하는 사람도 있는가 하며는, 집에 일 생각하고 겨우 쓰는 것이 상륙비나 쓰고, 기념품이나 살 거 있으면 사고, 옷 같은 거 사람인지라 눈에 띄는 거 있으면 그런 것도 사고, 해서 하는디, 1달 봉급을 보유하고 있어 선장이. 어느 외항선은.

(외항선 규모는 몇 톤급 정도?) 천 톤, 2천 톤, 5천 톤, 만 톤 [등] 제한이 없제 그것은. 그렇게 한게 이 뭣을 한다 치면 그렇게 쓰는 사람도 있는가 치며는, 그런 사람들은 가정에서도 부인들이 아닌 게 아니라 열심히 살림을 하는데, 거기 가서 겨우 상륙비나 쓰고 돈 또박또박(꼬박꼬박) 보내 준다 싶으면 여자들은 여자들대로 춤바람이 나 가지고는, 그 돈 1년이면 1년 고생하다 오며는 돈이라고는 한 푼도 없어 다 써 불고는.

(그러면 방법이 있습니까, 이혼하는 수밖에?) 그란께 그래서 거기서 이혼소리도 많고, 내나 그러 안 하겠어? 그런께 이혼하는 사람이 많제. 그란께 그것이 선원생활이라는 것이 그래서 안 좋은 점이, 사람 마음은 다 똑같어. 학생들도 결혼해 갖고 살림한다 하며는 그런 사람들이 못한다 하며는, 외항선 배로 간다 하며는 가지 말고 천 원 벌 때 5백 원 벌어 갖고 오손 도손 집에서 살아야제, 내가 죽으면 죽는 줄 알겠소, 자식들이 죽으면 죽는 줄 알것소, 못 가게 잡는 사람이 많애. 그러 안 하겠어? 그라고 청춘이람은(이란 것은) 한때뿐이제 흘러가 분다 치면 우수 때가 봄날이

라고 흘러가 분다 치면 홍안은 어디 가고 백발만 남았는
디, 그러다 보면, 얼굴 쳐다보며는 얼굴 쭈글쭈글하고, 자
식들은 말이라도 안 들은다 말이여. 즈그는 즈그대로 부
모가 뭣한다 치면 반박하고 달라들고(덤벼들고), 얼굴 쳐다
보면서….

　(외항선에는 선원 몇 명 정도가 있습니까?) 그전에는 석
탄 땔 때는, 화부들이 7, 8이 된께 35, 6명 되는데, 지금은
24, 5명 그것밖에 안 돼.

　(배에 선주들이나 그런 사람들은 주로 어디 사람들이었
나요?) 그것은 회사지. 외항선 제일 많기는 부산이 젤 많
지. (어르신이 타는 외항선은 주로?) 목포, 목포는 지금 한
나(하나)도 없어. 그 당시에 한 3, 4 척 정도 있었제.

　그라고 감옥살이 하다 나와 가지고는 인강호라고 운반
선, 고기 사 가지고 댕기는 운반선을 탔었제. 그때는 내가
기관장으로 다녔제. 그라고 인강호로 댕기다가 [그 다음
에] 댕긴 것이 안강망 댕겼었지. (안강망은 직접 고기를 잡
는 배죠?) 응 고기 잡는 배여. 말하자면 중선배에서 기관
장을 했어. 그러제. 그란께 내가 배를 뭣했다가도 인자 주
로 기관장으로 많이 댕겼제. 하급선원으로는 안 댕겼어.
중선배는 가면서부터 30~35년 되었어도, 기관장으로 댕
겼응께. 화장이네 선원이네 그렇게 안 댕기고, 기관장부터
댕겼어.

*"청춘이람은(이란 것은)
한때뿐이제 흘러가 분다
치면 우수 때가 봄날이라고
흘러가 분다 치면 홍안은
어디 가고 백발만 남았는디,
그러다 보면 얼굴 쳐다보며는
얼굴 쭈글쭈글하고,
자식들은 말이라도
안 들은다 말이여.
즈그는 즈그대로 부모가
뭣한다 치면 반박하고
달라들고(덤벼들고),
얼굴 쳐다보면서…"*

상선(商船) 그리고 안강망, 근 30년을 중선배를 탔어!

그럴 때는 조도바다, 조도바다나 여 신안 앞바다 이쪽 흑산 바깥에 우에(위에), 저 어디까지 안마도네, 저 연평도까지 팔고 그랬제. (주로 어종은 어떤 걸 팔고?) 조기, 갈치, 민어, 부서 내나 이런 것이지. 그런 고기가 없응께 그라제, 그것이 주로 잡는 고기가 한국에서 잡는 고기가 조기, 갈치, 병치, 부서, 민어, 요것이 돔, 요런 것이 고기제.

때에 따라서, 그란께 실어서 인천도 가고 저 갈 수가 없지마는 강경도 가고, 또 부산도 가고, 여수도 가고, 군산도 가고, 인천도 가고. 서울도 갔어, 신수동이네, 마포네 그곳에 가서도 팔았거든. 그런께 강화도가 이렇게 있으면, 강화도 이렇게 있고, 여기서 인천 있고, 인천 있으면 또 인자 연평이 여가 있단 말이여. 연평이 여가 있으면 강화도 뒤로 해서 요렇게 해서 서울 한강으로 들어가고, 거기서 지금 망배대가 거가 있지. 망배대에서 오른쪽으로 들어가면 한강으로 들어가고, 왼쪽으로 들어가면 문산으로 들어가는, 거가 인자 임진각이거든. 임진각이고, 임진각으로 가기 전에 강화도서 북쪽만이 보고 이렇게 가게 되면 모래 둑이여. 이렇게 가다 본다 치면 거기서 왼쪽으로 가는 강이 성천강, 성천강이 개성 앞으로 흐르는 강이 성천강. 개성 그쪽을, 개성까지 들어가서 우리가 고기를 팔았어.

(상선은 몇 년 정도 타셨습니까?) 상선? 상선도 한 5년 댕겼었지. 인강호를 탄 게 5년이고, 또 해운으로 댕긴 데가 한 3년 되요.

"때에 따라서, 그란께 실어서 인천도 가고 저 갈 수가 없지마는 강경도 가고, 또 부산도 가고, 여수도 가고, 군산도 가고, 인천도 가고. 서울도 갔어, 신수동이네, 마포네 그곳에 가서도 팔았거든."

"임진각이고, 임진각으로 가기 전에 강화도서 북쪽만이 보고 이렇게 가게 되면 모래 둑이여. 이렇게 가다 본다 치면 거기서 왼쪽으로 가는 강이 성천강, 성천강이 개성 앞으로 흐르는 강이 성천강. 개성 그쪽을, 개성까지 들어가서 우리가 고기를 팔았어."

응 내나 일본 무역하다가 38살에 밀수사건으로 인자 감옥살이 해 나와 갖고는 39살부터 인자 중선배를 댕겨었제. (그 감옥살이하고 나와서 상선을 타셨다고 아까 말씀하셨는데, 상선도 타시고 중선배도 타시고 이렇게 같이 하신 거예요?) 그러제. (때에 따라 어상선도 타시고, 때에 따라 안강망도 타시고?) 그랬제. 감옥살이 하고 나와서, 하기 전에가 인강호라고 댕기고, 인자 감옥살이 하고 나와서는 중선배 댕겼었제. (감옥살이 하고 나와서는 중선배를 타셨습니까?) 응. (중선배 타실 때는, 주로 어떤 어종을 잡았나요?) 주로 잡는 것이 갈치, 조기, 병치, 민어, 부서. [고기를 잡으러 가는 지역은] 동지나, 동지나 간다 치면 주로 동지나까지 댕기는디, 동지나 가면 어디서 주로 많이 하냐면, 거 소코트라라고 여가 있어. 저기 동지나 가서. 그 부근에 가서 동이고 서로 북으로….

(그러면 1번 나가시면 얼마나 걸려요?) 한 1주일, 빨리 오면 한 1주일 걸리고, 들어오고 나가는 시간이 한 24시간씩(씩) 된께. 인자 속력이 빠르면 24시간, 28시간도 걸리고, 30시간도 걸리고, 그려. 24시간인디 속력이 빠른 배면 빨리 가고, 그리 안 하면 28시간, 30시간, 32시간 그렇게 걸려. 그곳에서 한 5일 어장하고(고기를 잡고), 빨리 하면 그렇게 되고, 한 10일 걸리고 그래. (1달에 그러면 몇 번 나갑니까?) 1달에 2번. 조금 있고 사리가 있응께, 조금에는 여기 들어와서 고기 팔고. 그러고 또 물이 인자 이렇게 그 물을 펴고 있다가 물이 가야 고기가 들어가거든. 그런께 조금 때는 물이 안 들어온께 사리 때 가서 어장을 하고 조금 때는 들어와서 고기 팔고, 또 싣고 나가고 그러제.

1달에 2번. 긍께 1달에 2번, 조금이 2번 있고, 초여드레

있고 20살 조금이고. (육지에, 목포에 주로 머무시는 시간
은 1달에 열흘 정도 되네요?) 열흘도 다 못 되제. 그러 안
하겄어? 들어오고 나가는 데 뭐. (배안에 계실 때, 일하실
때 말고, 밥 먹는 시간 외에 시간이 남았을 때는 주로 어떤
활동을 하셨어요?) 잠자제. 잠자야 일을 하제 잠 안 자면
못한께. 그란께 잠이 항상 부족해. 일하다보면 글 안 하겄
어(그렇지 않겠어)? 일을 하다 보면 24시간 동안 1시간도
잠을 못 자는 경우가 있고, 1, 2시간 자는 경우도 있고 그
래. 그란께 시간 있으면 잠자는 것이 일 이제. 다른 것은
할 수가 없어.

(안강망은 38살 때 타시기 시작하셨단 얘기죠?) 그러
제. 그때부터 근 30년을 중선배를 탔어. [중선배는] 주로
일본 것이 많았었제. 나 댕길 때. 그런께 그것이 뭣이냐며
는 인자 저 일본서 도입해 오는 것이 구보다 하고 얀마
하고 2가지를 젤 많이, 인자 저속은 얀마, 니가다라고 한
신, 얀마 회사 공장장으로 있다가 한신이라고 하는 사람
이 공장장으로 있다가 나와서 다시 자기가 공장을 한 것
이, 공장 차려서 한 것이, 니가다라고 일본 가면 니가다라
고 항이 있거든. 니가다에서 제작한 것이 인자 한신이라
는 사람이 그란께, 주로 동양에서 제일 잡아준(알아주는)
것이 한신을 젤 잡아주제(알아주제). 한국서도. 그것이 객
선이나, 객선은 주로 한신을 도입해다가 썼제. 그라고 중
선배는 구보다, 구보다 150을 젤 많이 썼제.

그리고 1980년도 후반에 투망배를 직접 구입했제. 7톤
짜리여. 당시에 7백 50만 원에 샀어. 그 동안에 모은 돈에
다가 아들이 보태 줬어. 그때 시세로 하면 이 배 값이 작은
집 1채 값이 되었지. (투망배는 어떻게 고기를 잡나요?) 그

*"그리고 1980년도
후반에 투망배를 직접
구입했제. 7톤짜리여.
시에 7백 50만 원에
샀어. 그 동안에 모은
돈에다가 아들이 보태 줬어.
그때 시세로 하면 이 배
값이 작은 집 1채 값이
되었지."*

물을 뺄에다 깔아 놓제. 길게 천 발이면 천 발, 천 2백 발이
면 천 2백 발 이렇게 쳐서 깔아 놔. 깔아 놨다가 물때가 되
면 거 내면 인자 조기도 걸리고, 갈치도 걸리고, 민어, 안
걸린 거 없이 다 걸리제. 주로 잡기는 조기 잡는다고 잡는
디, 거 인자 있다 보면 갈치도 걸리고, 민어도 걸리고, 부서
도 걸리고 걸리제.

배를 타면 바람에 대해서도 잘 알아야 혀!

지금은 이름도 바꿔지고 했지마는, 옛날에 단군시대에
는 북풍을 하늬바람이라고 했어 하늬, 하늬바람. 북동풍을
높바람이라고 그랬어. 북하고 동(새)"에서 오는 것은 북동
풍이라고 그러는데 인자 그 새에서 오는 것을 북쪽을 약
간 나가서 북쪽도 아니고 동쪽도 아니고 거기서 오는 바
람을 높바람이라고 그러거든 높바람. 그라고 동하고 남하
고 세(사이)로 오는 것을 샛마라고 그러거든. 샛마. 북을 하
늬라고 그러는데. 아까 단군시대 한 것이. 북을 하늬라고
그러는데, 동은 새라고 그랬단 말이여. 동에서 오는 바람
을 샛바람이라고 그랬어. 그라고 남을 마라고 그랬다 말
이여 마파람이라고. 그란께 동하고 남하고 세에서 오는
것은 샛마바람이라고 그랬어. 그전에 아주 그전에 단군시
대 해 놓은 것이 지금까지 내려오는디, 늦이라고…, 그러
고는 마바람인데 서보고 늦이라고 그랬거든. 서풍보고. 서
에서 오는 것을 늦바람이라고 그랬다고. 남에서 오는 것
은 마바람이라고 그러는데, 남하고 서하고 사이로 오는
것은 늦마바람이라고 그랬어. 그란께 [이런 명칭이] 그전

11 뱃사람들은 동에서 오는 바
람을 샛바람이라고 일컫는
다.

단군시대부터 우리 역사에서 (예부터) 내려온 것이고.

(지금도 쓰고 있죠?) 쓰고 있어. 쓰고 있고, 지금은 방송국에서나 할 때에는, 늦마네 샛마네 그러고(그렇게) 안 하고, 북동풍이네, 남동풍이네, 북풍이네, 서풍이네 그러 안 해? 방송국에서 기상대에서 말하기를? 지금 바꿔져서 하는 말이고 그 이전 말은 북보고 하늬, 동보고 새, 남보고 마, 서보고 늦. 그 사이에서 나오는 것은, 늦하고 마하고 세에서 오는 것은 늦마바람이라 그러고, 동하고 남하고 세에서 오는 것은 샛마바람이라고 그러고, 그라고 북하고 동하고 세에서 오는 것은 높바람이라고 그러거든. 그란께 우리가 높바람. 말 그대로 바람이 젤 강하고. 세기는 높바람 그것이 젤 춥고, 설 쇤 [설을 지낸] 높바람에 댓잎 마른다고 아무리 춥고 눈이 지금까지 셌어도 댓잎이 안 말라요. 대나무, 소나무 남아서 그것이 설 쇠고 나서 정월달, 2월 달에 보면 높바람에 댓잎이 말라. 그라며는 어느 정도 강한지 알 수가 있제. 높바람이 그렇게 돌아오는 것이…, 그란디 주로 지금 뭣이냐 자침이나 북침이나 북은 그대로 지금 배에서는 물론 육지서도 그러지마는 북을 기준이 되어 가지고 콤바스로 할라 치더라도 360°를 다 영어로 싹 쓰거든. 360°로 다 연락한다 치며는… 360° 말이 쉽제, 북보고 노오쓰라고 그러거든. 동보고 이쓰, 남보고 사우쓰, 서보고는, 그런께는 에 남이 사우쓰제, 서보고는 웨쓰 영어제. 그란께 그놈 중간에 말하자면 북하고 동하고 세에서는 노이쓰라고 그러제. 노이쓰 바람이 불었네 그란께 지금 뭐하는 사람들은 바다에서 북동풍 불었다 그러며는 노이쓰 바람 불었다 그러는 사람이 많애.

동남풍에서 오는 것은 사이쓰 바람이 불어왔다고. 동하

"북을 하늬라고 그러는데, 동은 새라고 그랬단 말이여. 동에서 오는 바람을 샛바람이라고 그랬어. 그라고 남을 마라고 그랬다 말이여 마파람이라고. 그란께 동하고 남하고 세에서 오는 것은 샛마바람이라고 그랬어"

"360°로 다 연락한다 치며는… 360° 말이 쉽제, 북보고 노오쓰라고 그러거든. 동보고 이쓰, 남보고 사우쓰, 서보고는, 그런께는 에 남이 사우쓰제, 서보고는 웨쓰 영어제."

고 남하고 해서, 그라고 남에서 오는 것은 사우쓰 바람 불었다고 그러고, 그라고 남하고 서하고 해서 사웨이쓰 바람 불었다고 그래. 그라고 북하고 서하고 세에서 오는 바람은 노웨쓰 바람 불었다고 그러고.

지금은 영어식으로 말하는 사람이 많었제. 지금은 젊은 사람들이 뭣하고 해서 영어도 배우고 해 논께 그란께 그전 사람, 우리같이 나이 많은 사람들은, 그전 사람도 아까 노웨이쓰 바람 불어, 불었다 그런 사람도 있제. 그렇지만 젊은 사람들이 알아듣기 위해서 그란께 우리들은 아따 샛마 와 부렀다, 높바람 불었다. 북서풍 불었다. 그렇게 하는데….

(어르신 바람이 예를 들어서, 지금 마바람 불었다 그다음에 바람이 어떻게 이동하고 그런 것을 예측도 가능합니까?) 그란께 그러제. 그란께 이. (하늘의 기상이나 그런 것을 보고 어디서 바람이 불어올 것이다. 뭐 이런 감이 오고 그러셨어요?) 그란께 바람이 이렇게 부는데 바람은 거기서 오는데, 하늘을 딱 쳐다봐. 하늘을 본다 치면 바람은 남에서 오는데 구름은 동남쪽에서 오거든. 동남에서 이렇게 올 때가 있어 변동될라고. 그러며는 곧 저 뭣이로 불겄다, 샛마로 바람 돌아가것다. 얼른 항구에서는 그러는데…. 바다에 가서, 섬이면 섬에 가서 섬 근처에 가서 섰다가 바람이 어디에가 섰어. 바람 여가 남풍이 불 때는 여가 어디가 되는디. 인자 여기서 바람이 서풍으로 돌아가며는 안 돼. 그러니까 서로 가면 남서풍이 분다 치며는 이렇게 보고 있다가 구름이 간다 치며는 아이고 바람이 곧 돌겄다 그래서 바람 돌아가기 전에 이동을 해 놔야제 뱃사람들은, 오래 배 타는 사람들은 [그런 식으로] 일기를 본다 이 말

"지금은 영어식으로 말하는 사람이 많었제.
지금은 젊은 사람들이 뭣하고 해서 영어도 배우고 해논께 그란께 그전 사람, 우리같이 나이 많은 사람들은, 그전 사람도 아까 노웨이쓰바람 불어 불었다 그런 사람도 있제."

이여.

말하자면 남풍이 불다가, 그것이 마바람이란 말이여 남풍이. 마바람 불다가 바람이 대략적으로 서로 많이 돌아가제. 이케(이렇게) 보면 바람은 남에서 오는디, 구름은 서에서 오거나 서남에서 온다 치며는 아이고 곧 바람 돌겠다. 배 돌아가자[라며] 밀어서 해 놓으며는 곧 바람이 터져서 돌아가. 세게 불어서 갈라 치며는 파도가 이렇게 일어나고 난리가 나제.

그런께 곧 바람 돌겠다 가자 그라면 남에서 불다가 이렇게 돌면서 뜬금없이 북에서 오는 하늬바람이 부는 경우가 있어. 하늬바람으로 바람이 터져. 그러며는 하늬바람 터지면, 하늬바람 요것은 한국 같으면 중심지가 있응께 괜찮치마는…, 저 시베리아에서 일어나는 고기압이다 그 말이여. 고기압에서 이케 내려오다가 암만해도 이 바닷가에서 남에서 일어나는 것은 저기압일 거 아니야? 태평양 바다에서는 저기압이 온다 치며는… 저기압이 북쪽으로 간다 치며는… 고기압에 가까운데 간다 치며는 체력이 약해지고. 또 하늬바람도… 그란께 (그러니까) 어디 같은 데서는, 한국에나 제주도나, 저기 남태평양 거기까지 하늬바람이 못하고 그쳐 불고 이런 것은 기압도 아니여. 그란데, 남쪽에가 섬이 있다 치며는. 여가 섬에가 둥그러니 있다 치며는. 여가 섰다가 구름이 마바람이 불며는 여가 섰는디. 여가 섰다가 구름이 북에서 온단 말이여 북에서 이렇게 잔뜩 이렇게 온다 치며는 밑에 구름은 북으로 가는 거 같아도, 찬찬히 보며는 그 우에(위에) 구름은…, 그란께 그것보고 무식한 말로 우리들이 평소에 말하는 것은 구름이 흘러가는 것이 큰 바람 불겠다. 남에서 보며는 구름은 북

으로 가는데 밑에는 그런데 우에를 보며는 구름은 북에서
남으로 와. 온께. 곧 바람 터지겄다. 바람 돌겄다. 돌아가자.
북에가(가서) 이케(이렇게) 있다가는 요리 남으로 와서 이
케 서며는, 있다가 얼마 있다 치며는 아니나 다를까 몇 시
간 있으면 북풍이 와. 여기서 바람이 세게 부는데 돌을라
면(돌아서려면) 고생을 하제.

　[이런 예측은] 10번이면 10번 다 맞제. 100%로 다 맞제.
그라고 인자 바다에 조용해, 조용하고 참 낮에나 밤에, 낮
에도 그런 때가 있고 밤에도 그런 때가 있는데, 낮에도 청
천백일에 번개가 1번 번뜩 치는 게 있어. 그란께 바다에
나가서 그것이 선장이면 선장, 뭐 뱃사람이면 [누구나 다]
항상 바다에 가서 정신을 거기다 두거든? 바람도 적이요,
파도도 적이요, 여¹²도 적이거든. 적이 많애. 배가. 그란데
인자 그런거 생각해서. 이케 깨끗하니 청명한 날에 북이
면 북, 남이면 남에. 자기가 서는 위치에 서는, 그 위치에서
본다 치며는 뜬끔없이 낮에 그렇게 훤해도…, 뜬금없이
동이나 서나 북에서 뜬금없이 번개가 뻔득. 그렇게 번개
가 친다 말이요. 번개가 친다 치며는 곧 바람 터지겄다 바
람 터질 것인께 어디로 가자. 경험이 있는 사람은 그렇게
한다치며는, 그렇게 해서 번뜩번뜩해서…, 싣고 [무슨 일
을] 하다가도 [배를] 밀어서 준비하자. 배에다 [짐을] 싣고
가는데 [그런 감이 들면] 섬이면 섬 [그런 곳으로] 피양¹³을
간다 이 말이여. 그란데 보고도 무관심하고 모르고 있다
가는 아니나 다를까 한 시간도 안 되아서 바람이 터진다
치며는…. 비행기서 제트기 수십 대 날아가는 것같이 바
람이 [와여]. 그것이 돌풍이제, 돌풍이 파도하고 바람하고
같이 해서 막 배로 불어가서 속력 뜬 배는 키를 못 잡어,

"[이런 예측은] 10번이면
10번 다 맞제.
100%로 다 맞제.
그라고 인자 바다에
조용해, 조용하고 참 낮에나
밤에, 낮에도 그런 때가
있고 밤에도 그런 때가
있는데, 낮에도 청천백일에
번개가 1번 번뜩
치는 게 있어."

"뜬금없이 동이나 서나
북에서 뜬금없이 번개가
뻔득. 그렇게 번개가 친다
말이요. 번개가 친다 치며는
곧 바람 터지겄다 바람
터질 것인께 어디로 가자.
경험이 있는 사람은 그렇게
한다치며는"

12 물 속에 잠겨 있는 바위, 암
초.
13 거센 파도를 피함.

[키가 말을 안 들어]. 바람을 이겨야 할 것인디 못 이긴께. 바람대로 밀려가고 그런 수가 있거든. 그런께 그런 거 하고, 또 밤이면 밤에도 그렇게 청명한 날에 뜬금없이 번개를. 번개가 번뜩번뜩 여러 번 치면 괜찮은데. 그런께 자기 위치에서 배에서는 위치에서 북에서 그러면 번개를 친다 치며는 뜬금없이 돌풍 불겄다. 그런께 섬에 가서 피난 가서 있고, 그렇게 하는데, 낮에는 그런데. 밤에는 해가 안 뜬게 잘 몰라. 번개를 보고 그것 보고 외번개라고 그런데(그러는데), 번개가 번쩍번쩍 여러 번 치는 때가 있고, 번뜩하고 1번 치는 때가 있는데, 1번 치면 늦어야 1시간 [만에 바람이 와]. 그러며는 1시간 내에 바람이 터져. 그러면 낮에는… 낮에뿐만이 아니라 밤에도 그래. 밤에도 뜬금없는 번개가 번뜩 치거든. 번뜩 친다 치며는 아하 큰일났다 바람 터지겄다 얼른 가자 그러며는 젊은 사람들, 경험없고 그러는 사람들은 아따 영감이 쓸데없는 소리 한다 그 말이여(그렇게 말한다 말이야). 뭐 이케(이렇게) 날(날씨가) 좋은데 바람은? 영감이 노망끼 들었는가 싶다고 그라면 잔소리들 하덜 말고 빨리 [그물을] 실어. 그러면 툴툴하면서 걷어 싣고 그라는데. 1시간 내에 그런께. 북쪽에서 그랬으면 북쪽. 서북에서 그랬으면 겨울에 젤 무서운… 말이 그래… 굿이라고 도지며는 범도 젤 무서워한다고 그런 것인데. 번개가 1번 치고 1시간 내에 바람이 터지면 어쩌게 사람이 날아갈 정도여. 그란데 그렇게 바람만 불잖어? 꼭 이만씩 하는 콩알만씩 하는 눈하고 비하고 섞어서 우지자지 하고. 그런께. 자연이란 게 그렇게 무서워. 그렇게 청명하고 달 밝은 밤에 1시간 만에 [갑자기] 하늘이 우지자지 해 갖고 거 콩알만씩 하는 눈하고 비하고 해서 섞어 때려 논

"자연이란 게 그렇게 무서워. 그렇게 청명하고 달 밝은 밤에 1시간 만에 [갑자기] 하늘이 우지자지 해 갖고 거 콩알만씩 하는 눈하고 비하고 해서 섞어 때려 논께."

께. 사람 얼굴을 맞으면 아픈께. 그렇게 떨어지거든 그렇
게 해 갖고. 그렇게 돌풍으로 터지면 고기를 못 실어. 못해.
그래서 할 수 없이 버려 놓고. 사람이 살랑께, 그대로 [그
물을] 버려 놓고 배 타고 섬으로 돌아오고 [말지]. 지금은
무전도 되고 다 연락도 되는데 그 아는 배 서로 배를 부르
면서 인자 곧 바람 분께(부니까) 얼른 와라 곧 바람 터지네
그러며는 거 뭣한 사람들은 쓸데없는 소리 한다고… 죽을
라고 노망 한다고…, 그러는 사람도 있고. 어째 그라요 곧
암말도 마소 바람 곧 터지네. 그런다 치며는 경험있는 사
람은 아따 형님 잘 보셨소. 자기들 중에도 본 사람은 보고,
번개치는 것은 밤에도 훤하니 뭣한께 나도 보고 해. [그물
을] 실으오. 하는 사람도 있고. 그러 안하고 쓸데없이 영감
이 그런다고 수십 척 있던 배들이 그렇게 해서 급하면 그
때는 할수 없어 그냥 [그물을] 버려 두고 오고….

　[65살에 투망배를 사서 타다가] 나이가 먹으니까 배를
팔아 버리고 한 3년 다른 배를 다녔을까. 투망배 해 가지
고 조기, 갈치, 민어 주로 그것 이제. 그러다가 72살 먹을
때까지 했을까….투망배로 별 재미는 못 올렸어. 그래서
충청도 태안 사람한테 팔았어. 그리고 있다가 다른 사람
배를 또 탔지. 내가 일생을 뱃생활로 보냈다고 봐도 되지.

*"내가 일생을 뱃생활로
보냈다고 봐도 되지."*

배운 게 도둑질이라고…

　그랑께 인자 아이를 다섯을 두고 막둥이 딸까지 대학
까지 보내고 그라제, 어느 정도 수입이 되니까 그러지. 농
사지어서는 못해. 농사를 많이 짓는 사람이나 아니면 모

▲ 구술자 집의 벽에 걸린 액자 속, 아들의 결혼 사진과 손주 사진들

르지. 둘이 농사지어서는 고등학교 대학까지 보낼 수가 없지.

(살아오시면서 다른 직업으로 바꿔 보려는 생각은?) 응. 그런 것도 해 보지. 그랑께 촌에 가서 농사를 지으려고 해도 땅을 사야 할 것인데, 지금이니까 그러지 그전에는 땅이 얼마나 비쌌소. 그 놈 가지고 농사를 지어서는 수입이 적어. 차라리 이제 나 혼자 배 다니는 것이 가족들 다 농사짓는 것보다는 수입이 좋다는 것이요. 그랑께 배를 다니는 것이여. 그랑께 말이 그래. 배운 도둑질이 낫다고 자기 아는 것이 낫지 모른 것을 할려고 치면 넘의(남의) 말만 듣고 할려고 하면 실수나 하제.

친구 중에도 그런 사람이 있어 촌에 가서 농사 짓네, 직장에 가네 하던 사람들도 다시 와. 농사 지으러 가도 못 짓겠더라 그래. 한 사람이 한 10여 년 전, 20년 전만 해도 아무것도 안 가지고 가고 두 손만 가지고 가도 2백 내지 3백은 번단 말이여. 혼자 주먹만[가지고] 가도 1달에 3백은. 1년에 2달은 논다고 해도 3천만 원 아니여. 2달은 집에서 쉬고 놀더라도. 농사 지어 갖고는 가족들 다 달려서 해도 3천만 원은 벌 수가 없어. 그랑께 우선 먹기는 곶감이 달다고 우선 달려들어서 자식들 가르치고 하면 남은 것이라고 하면 자식들 가르친 것이라고 할까. 그랑께 돈이라는 것이 보통 사람들이 말하기를 품돈은 허망하다는 것이여. 그때는 그렇게 벌었는데 쓸 때는 또 그렇게 쓰니까. 백만 원이나 2백만 원을 이번 달에 썼으면 다음 달에 또 벌면 되지 하고 괜찮으것다 하고 생각하지.…

제2의 고향 온금동, 일제 때부터 목수들이 많이 살았어

(온금동에는 어떤 분들이 많이 사세요?) 고치지 않고 그대로 그렇게 있응께 그라제. 서산동 집은 판잣집이여, 서산동 요(여기) 위로는 판잣집인데, 여기 온금동은 목수가 살던 집이라나서, 그래서 일제 때부터 [돈] 있던 [사람들이 사는] 집이라. 일제 때부터 목수들이 많이 살았어. 많이. [그랑께] 그라고 바닷가에 암만해도 그 할 꺼 없고(할 것이 별로 없고) 그랑께 배를 [타러] 많이 댕기제. [그라제]

◀ 온금동 집으로 가는 길

배를 [타러] 많이 다니고 화물선이나 여객선이나 어선이
나 [상관없이] 많이 댕기제. 그랑께 [그중에서도] 주로 온
금동[에서는]중선배 댕기는 사람들이 많이 댕기고 살았제.

(목수 일 하시는 분들은 어디로 일을 많이 다니셨는데
요?) 그러니까 지금 여가 요 앞에 바로 요 앞에 거가 삼영
조선소 있던 거가, 거기가 일제 때 오다[라는 사람의] 집이
고, 고 위에가 오노[네] 집이고 고 위에가 가와이[네] 집이
고 그 위에 목포에 조선소가 셋이 조르르 있을라치면 거
기서 암만해도 먼데서 사는 것보단 가까이서 살면서 일하
기가 좋지. (아, 이 앞에 조선소가 3개나 있었단 말이죠?)
일본 사람들 조선소가…. (그래서 온금동에 목수 분들이
많이 살았다는 말이군요?) 그라제. 그랑께 집이 지금 모두
이렇게 짓고 그랑께 그러지 [그전에] 지금으로부터 거슬
러 올라가서 40년[대]이나 50년[대]이나 그랄 때는 서산동
[의] 집은 판잣집이여. 모두. 그런데 여기[온금동]는 내 손
으로 집을 짓는 목수들이 살았기 때문에 판자 1자리라도
가져와서 세우고 붙이고 이랑께 집이 좋았제. 집이 그랬
는데. 고치지 않고 그 사람[목수]들이 목수 노릇 안 하고
시내로 나가 버리고 이리저리 해 분께(버리니까)…. 서산
동은 다시 그전 집들 뜯어 불고[허물어 버리고] 다시 짓고
그랑께 집들이 좋아지고 하는데 온금동에 있는 집은 예전
그대로 있거든.

"여기[온금동]는 내 손으로
집을 짓는 목수들이 살았기
때문에 판자 1자리라도
가져와서 세우고 붙이고
이랑께 집이 좋았제."

유달산 자락에 위치한 온금동 풍경

(일제 때 지은 집도 있겠네요?) 그라제. 온금동은 지금 있는 집은 안 짓고 그대로 있거든. 온금동 집은 해방 후로 지은 집은 몇 채 안 돼.

(그 당시 조선소는 언제 없어졌나요?) 일제 때. [조선소를] 허다가 일제 말에 해방되도록[까지] 있었제. 있어 가지고 그중 삼영 조선소는 다시 박승복이라고 [하는 사람이] 매입해서 다시 조선소를 만들고, 지금 한일 조선소 거기는 그전에 있다가 해방되면서 흐지부지 해 불고…. 그라고 가와이 조선소라고 목포에서는 제일 컸었제. 지금 목포 조선소가 그 가와이 조선소자리여.

▲ 유달산 자락에 위치한 온금동 풍경

할 말이 뭐 있갔어요

— 평범하기 그지없는 강인구 옹의 서해바닷가 삶,
옹진반도에서 오이도까지

주강현(한국민속연구소)

　강인구는 1934년 황해도 옹진반도의 해안에서 1시간여
떨어진 거리에서 태어났다. 해방되고 나서 분단된 조건의
북한 쪽에서 살았다. 1·4 후퇴가 이루어지고 난 4달 뒤
에 배를 타고 해주만의 수압도를 거쳐서 인천으로 들어
왔다. 단신으로 월남하여 날품팔이, 미군부대생활 등을
전전하다가 참으로 우연히 백부를 만나서 오이도에 정착
하였다. 오이도에서 염부생활도 했으며 오랫동안 구판장,
어촌계장 등을 일보면서 바닷일에 종사하였다. 지금은 옛
구판장의 전통을 살려서 간척 이후에 이주한 오이도해양
단지에서 구멍가게 수준의 구판장을 열고 있다. 이처럼

▲ 구술자가 살고 있는 오이도
이주민들의 해양단지

그의 삶은 매우 간단하며 복잡하거나 극적인 측면이 없다. 그러나 그의 삶은 적어도 다음의 몇 가지 점에서 우리에게 20세기 민중생활사의 전형성을 보여 준다.

만약에 분단이 없었더라면 그는 아마도 지금까지 이북 황해도에서 살았을 것이다. 분단은 그로 하여금 단신 월남하여 남한에 뿌리내리게 하였다. 그는 전혀 이질적인 공간에서 새로운 삶, 즉 강요된 삶을 시작해야 했으며 고향으로 되돌아갈 수 없다. 이러한 측면만으로도 충분히 20세기적이다.

그가 북한지역에서 목격하였던 한국전쟁 직전의 이른바 38선 사건이라고 하는 남북의 내전 상황에 관한 증언, 토지개혁, 38선이 한갓 말뚝에 지나지 않았기에 서로 왕래하였다는 증언 등은 익히 알려진 바와 같다. 어릴 적에 해주만 해변에서 보았던 염벗(전오염)의 증언은 이북지방 전통소금 제조법에 관한 매우 소중한 제보다.

그가 월남할 때 서해안의 수압도 같은 섬을 이용하여 인천으로 들어오는 과정은 오늘날도 많은 이들이 살고 있는 인천지역 월남민과 보편성을 공유한다. 날품팔이, 미군부대 잡부, 쑈리라고 부리는 미군기간병의 '머슴노릇' 등도 재미있다. 그가 오이도에 정착한 것은 아주 단순한 이유다. 백부가 미리 정착한 곳이었기 때문이다. 그러나 오이도는 이전부터 피양촌이 있었을 정도로 염전을 매개로 이북 사람들이 다수 살던 곳이기도 하다. 염전기술이 북방으로부터 전래하였음이 주목된다. 그의 구술을 통하여 지금은 사라진 군자염전의 노동관행, 즉 난치운영이나 소금가격, 소금 유통경로와 가시렁차를 비롯한 운반수단, 나아가서 배나 수인선 등의 역할을 알게 된다.

생선장사를 오래도록 하였기 때문에 그는 어종의 동향을 잘 알고 있다. 서울의 중림동시장에서 노량진시장까지 유통되는 경로, 수산조합의 발달사, 바다 지형의 변화와 조류, 어종의 변화 등에 관하여 증언하고 있다. 경인지방의 생선유통은 버스나 기차, 트럭 등을 이용하여 부단없이 서울로 집중되었음이 확인된다. 물론 가락동시장이 생기기 전, 오이도 갯벌이 사라지기 전의 일이다.

중방그물을 비롯한 건강망의 운영

▼ 1970년대 오이도갯벌에서, 멀리 옥구도가 보인다.

실태, 이의 소유관행도 증언이 이루어졌다. 조수간만의 차를 이용한 건강망어법이 오이도의 가장 중요한 관행어법임이 확인된다. 동죽 같은 조개채취도 활발하였으니, 시화호방조제 건설 이후에 조수간만이 약화되고 갯벌이 사라지고 패류가 소멸해 간 과정과 대비된다. 재미있는 것은 갈물처럼 그물에 물을 들이는 오래 전의 관행이 확인되었으며, 윗살막·아랫살막·중간살막의 세 살막에 관한 증언도 소중하다. 살막에서 살막고사가 이루어진 생생한 증언도 이루어졌다.

▲ 오이도의 삶에 급격한 변화를 몰고온 시화호 간척

그의 삶은 당대에 비견한다면 단순하다. 그러나 오늘날의 평범한 이들의 삶에 견준다면 결코 단순하지 않다. 고향이란 공간을 상실하고 새롭게 정착해야 했기 때문이다. 게다가 그는 두 번째의 고향상실을 맛봐야 했다. 염전이 사라지고 어항이 사라지고 끝내 시화호란 대규모 간척을 받아들여야 했다. 그의 집은 이주단지로 옮겨졌으며, 그는 바닷가에 살지만 막상 바닷가 뒤편의 관광객들이 거의 찾지 않는 곳에서 옛 구판장을 지금도 운영하고 있다. 그가 오고가던 갯벌인 정왕동에는 거대한 아파트군이 들어섰고 군자역도 정왕역으로 바뀐 채 전철이 들어오고 있다. 갯벌을 매립한 지역에 새롭게 이주한 그의 현재의 집은 본디 조개들이 살던 집이었다.

그가 운영하는 구판장은 옛 오이도의 마지막 흔적 중의 하나다. 마을 조건이 거의 바뀐 상황에서도 그는 자신이 면허받았던 구판장 이름을 그대로 새 건물에서 이어가고 있다. 그래서 슈퍼마켓이란 이름이 보편적인 오이도에서 그의 구판장은 매우 특이한 모습으로 다가온다.

그의 말년은 그래도 행복하다. 무엇보다 집을 크게 지어 빌딩 같은 집에서 살기 때문이다. 그는 여전히 술을 좋아한다. 이웃친구들과 만나서 소일거리로 술 한 잔 하는 것은 그에게 꿈 같은 시간이다. 물론, 그의 구판장가게는 거의 장사가 되지 않는다. 그렇다고 하여 그가 살아 있는 동안 구판장이 사라질 가능성은 거의 없다. 그는 '전통' 이란 끈을 쥠으로써 생존을 구가하기 때문이다.

조사단이 '20세기민중생활사연구단' 에서 기증한 벽걸이시계를 전하였다. 그는 구판장에 걸려 있던 시계가 예전에 오이도구판장 시절부터 쓰던 것이라고 하면서 낡은 시계를 내리려 하지 않았다. 새 시계는 새로 지은 건물의 2층 살림집으로 가져갔으며, 낡은 시계는 그대로 1층의 구판장을 지키고 있다.

구술자에 대한 조사는 주강현이 책임 조사하고, 상기숙(한서대), 이기복(한국민속연구소) 등이 부분적으로 동참하였다.

강인구의 연보

1934년(1세) 산과 평야지대이지만 해주와 지척인 황해도 벽
성군 서성면 백운리에서 5형제 중 장남으로 출생.

1941년(8세) 가좌공립학교(현 초등학교)에 입학.

1944년(11세) 봄, 해주 인근 바다로 원적(지금의 소풍)을 가서
염벗에서 소금 만드는 것을 보고 직접 경험한, 그때의
기억이 아직도 생생함.

1945년(12세) 공립학교를 다니던 중 해방이 됨.

1946년(13세) '38선 사건'으로 전쟁을 경험.

1947년(14세) 38선으로 군사경계선이 그어지면서 고향이 이
북 쪽, 사회주의체제로 흘러갔으나 아직은 이남과 이북
으로의 왕래가 가능하였음. 이북에서 토지개혁을 경험.

1948년(15세) 부친이 37세로 사망.

1949년(16세) 토지몰수가 본격화 되자 월남하는 사람들이 대
거 늘어남. 전쟁 직전에 옹진반도에서 38선을 오가면서
벌어졌던 이른바 38선 사건을 목격.

1951년(18세) 한국전쟁이 발발, 혈혈단신 남한으로 내려옴.
1월: 1·4 후퇴 때 옹진군 해남면 백부님 댁에서 숨어
지내다 대수압도-소수압도를 거쳐 월남하여 인천피난
민수용소에 잠시 기거. 약 3개월간 미군부대 하역 일을
하면서 근근이 생활.
4월: 약 20여 일간 충남 합덕에서 모내기 품을 팔음.
7월~9월: 다시 인천으로 되돌아와 미군부대의 '쏘리'
일을 하다가 월남한 백부를 우연히 인천 배다리 시장에
서 만나, 백부가 정착하였던 오이도로 들어옴.

1952년(19세) 오이도 염전에서 약 6개월여 말단 잡부로 근무.

1954년(21세) 휴전이 되고 4월 초순에 군부대(백마부대) 입대.
포천·대성산 등지에서 5년간 장기복무.

1959년(26세) 군에서 제대하고 다시 오이도로 돌아옴. 제대

후 곧바로 생선판매업을 시작. 어선이나 건강망에서 생선을 사들여 서울 등지로 판매.

1961년(28세) 당시 18세였던 현재의 부인을 중매로 만나서 결혼. 12월에 장남이 태어남.

1963년(30세) 처음으로 중매인 제도가 생기고 송도조합 오이도출장소에서 어판장을 관할하는 중매인이 됨.

1979년(46세) 7월경, 오랫동안 해 오던 생선중매인을 그만두고 어촌계장을 맡음. 횟수로는 3년이지만 실제로는 1년 반 정도를 맡음.

1981년(48세) 마을 어촌계에서 운영하는 구판장을 맡아 운영.

1983년(50세) 오랫동안 피우던 담배를 끊음. 그 해에 처음으로 시화호 보상을 받고서 아랫살막 동네 주민들이 인근 안산시로 집단 이주함.

1989년(56세) 오이도가 속한 시흥군이 급작스런 인구증가로 시로 승격. 1989년부터 인구가 폭발적으로 증가함.

1994년(61세) 서해안고속도로 인천-안산 및 서창-광명 구간이 완공되어 시흥민의 삶에 영향을 미침.

1995년(62세) 제2경인고속도로 건설, 시흥-안산 간 고속도로가 완공되어 시흥주변이 온통 도로로 뒤덮임.

1999년(66세) 시화호 보상으로 분급된 토지에 건물을 짓고 입주하다. 건물 2층에서 살고 1층은 가게를 준비. 3층에서는 장가 안 간 아들이 살게 됨.

2001년(68세) 이주보상을 받아서 건물을 짓고서 그 건물 1층에 마을구판장의 허가권을 그대로 이어받아 개인이 운영하는 구판장을 지금껏 열고 있음. 가게 일을 하면서 친구들과 소일거리로 하루를 보내는 지극히 평범한 삶을 살고 있음.

2003년(70세) 민중생활사 연구단과의 첫 만남을 갖음.

1 · 4 후퇴 때 나와 가지고

(한자로는 어떻게 쓰시나요?) 네, 한문이여~ 성스러울 강 자에 제비 강, 어질 인, 구할 구. (올해 연세가 어떻게 되셨어요?) 34년생이니깐. 개띠 아니겠어요. (키는 얼마 되세요? 완전히 신상조사같이 되어 버리네요.) 167이죠. (167 센티. 체중은요?) 체중은 현재 67kg 나가요. (예, 그 다음에 원래 본적은 어떻게 되세요?) 본적은 황해도 해주예요. (그럼 1 · 4 후퇴 때 내려오셨어요?) 예. (현주소는?) 정왕동 1014-○○. (1014-○○. 그리고 두 분 편하게… 아 우리집 같네. 할머니는 어디 계셔요? 옆방에 계셔요?) 위에 계십니다. (아~ 건물 위?) 예. (굉장히 부자신가 보네?) 부자여! (여기가 집이시라구여. 어, 그러면은, 여기 상호가 무슨 구판장이죠?) 어촌계 구판장. (어촌계 구판장~ 그러면 어 여기에는 언제 오셨어요?) 그때 완전 연수는 안 세 봐서 힘들고 몇 년돈지 그때까지는 기억이 안 나고. (예) 제가 여기 올 적에는 암튼 18세 때 연 거니깐 (18세 때부터 여기 계시는 거니깐 바로 이 자리에 계셨어요?) 아니죠. 여기는 바다를 메우고 이주한

"그냥 바다에 나가서 사는 사람도 있고
염전에 댕기는 사람도 있고
장사하는 사람도 있고
농사도 짓고
가지각색이에요."

▼ 1999년 8월, 소개되기 직전까지 운영되던 구판장

▲ 군대 가기 직전에 가족과 함께

곳이니깐 요 너머에 있었죠. 그러니껜 거기도 정왕동이긴 정왕동인데. 바로 산 너머예요. 그러니깐 정왕동 945번지에 있었지. (예전에는 정왕동 945번지에 계셨다!! 그럼 이제 젊으셨을 때는 또 뭐하셨어요?) 뭐 젊었을 적에 1 · 4 후퇴 때 나와 가지고 노동하다가 군인 갔다 왔죠. (1 · 4 후퇴 때 오셔 갔고. 군인 가셨다. 지금 그럼 부모님들은 다 작고하셨죠?) 그렇죠.

(학교는 어떻게 되세요?) 학력은 중퇴예요. (황해도에서 했겠네요?) 그렇죠. (그때 부모님은 뭐하셨어요?) 농사졌지. (농사, 농사. 부농, 중농, 소농?) 그게 다 뭐예요. 부농, 중농, 소농 그딴 게 없죠. 거기는. 그 당시는 근본적으로 그런 게 없었어요. 우리 때만 해도 그딴 농사제가 아니고 매 경지를 주어 가지고서 농사를 졌지요.[1]

전통농사 짓다 보니깐 빈부 차이가 없던 거죠! (아~ 예 그냥 농사.) 예~ 그냥 농사죠. 이렇게 갈 만석이라고는 하지만 현모 씨라고 몇몇 마을 사람들 저거 할 적에 그 시기에 공산당원들 빼고는 딴 사람들은 다 똑같았어요. (그래요~ 농사는 얼마나 지셨어요?) 아버지가 직접 물려받은 3천 평 정도 지셨죠. (유복하셨네~ 그러면은 형제는 어떻게 되셨어요?) 형제라면 뭐 고저 지금 나온 사람이라고는 나밖에 없으니깐 뭐 다 그냥 나만 안 당한 거예요 (그 당시에 어른신 형제분은 몇 남 몇 녀셨어요?) 동생으로다가.

1 해방공간에서의 북한에서의 토지개혁을 뜻함.

아래로 다섯 있었어요. 다섯. (그럼, 장남이세요?) 네. 장남. (그럼, 장남 혼자 나오신 거예요?) 그렇죠, 혼자. (다 여동생이에요? 남동생이에요?) 다 남동생. (남동생!! 그러면은 아들만 여섯 분이셨네.) 그렇죠. (음~ 지금, 아직 다 그쪽에 계시겠네?) 글쎄 있는지 죽었는지, 뭘 알아야지. 나오고서 여직 소식 모르는 거지. (근데 어떻게 그렇게 그냥 혼자만 오시게 되었어요?) 에~ 그쪽에 나랑 나이가 17살이면, 그때는 혼자 다닐 수 있지만, 지금 밑으로 가 볼 때는 14살짜리가 있고. 아버지는 일단 그전에 돌아가셨고~ (아~ 아버님은 몇 살 때 작고하셨어요?) 37세인가 돌아가셨어요. (그때 저기 뭐야, 할아버지 어르신 나이는 어떻게 되셨는데요?) 그때 14살인가 그랬어요. (그러면 어머니 혼자서 아드님들하고 농사를 지으셨겠네요? 그 뒤에는?) 그렇겠죠 뭐~ 내가 나오고 나서~ (그래 가지고는 혼자서 그리고는 소식이 딱, 끊어지신 거네?) 소식을 뭐 들을래야 들을 때가 있으면 뭐해. 끝나서….

　(그리고서는 바로 피난을 오신 거네? 혼자서?) 그렇죠. 혼자 피난 왔죠. 옹진반도에. 여기가 38선 이남 지역이죠!! 옛날에 그쪽에는 북의 인민군들이 들어와 있고. 큰아버지 있는 데로 나왔지. 큰아버지 따라온 거야~ (큰아버님 따라서. 그럼, 큰아버님이 뭐하셨어요? 당시에.) 농사지셨어 (역시, 농사지시고. 큰아버님이 어디에 계셨었다구요?) 옹진군 해남면이라는 데가 있어요. (옹진군 해남면. 여기는 어딘데요? 옹진군 해남면은 어디에 있는데요?) 경기도 옹진군이죠. 그때 그 당시에~ 원래는 황해도 옹진군이었는데 38선이 깔리면서 그쪽인 거죠. (그래서 큰아버님 따라서 이렇게 오시다가 여기까지 흘러오시게 된 거예요?) 그

렇죠~.

　(그러면 여기 혼자 오셔서 처음에 뭐 하셨어요?) 처음에는 뭐 남의 일도 하고 염전에서 소금 같은 거 만들고. (아~ 염전도 하셨어요?) 네, 염전도 하고. 그렇게 2~3년 하다가 이제 군입영장 나와 가지고 군에 나가서 한 5년 있다 왔어요. (아~ 그래서 군대가서 1년, 5년 정도. 어디서 근무하셨어요?) 9사단 백마부대. (백마부대 9사단, 그러면은 어~여기 가서 근무하시고. 여기 지역은 어디였어요?) 그러니껜 마지막 여러 군데 다녔지만 지금은 한곳에 근무하지만 그땐 1년만 되면 교체되고 교체되고 전방으로 들락날락 들락날락 나와 갔고, 제일 마지막으로 제대한 자리가 대성산. (대성산. 대성산은 어디 있어요?) 강원도. (거기서 제대하시고, 그때가 나이가 어떻게 되셨어요?) 스물여섯. (26세 때 제대, 그리고 다시 이리 오신 거예요?) 그렇죠. 그래 제대해 가지고 큰아버지가 살고 있으니깐 큰아버님도 안 갔고. (큰아버님 여기 오이도 사셨어요?) 그렇죠. (큰아버님은 가족이랑 다 오셨어요?) 다 나왔죠. (큰아버님은 가족하고 같이 여기서 살았어요?) 그렇죠. 처음에는 같이 살은 거죠.

　(그리고 결혼은 몇 세 때 하셨어요?) 28살 적에 했나 봐. (제대하고 2년 있다가.) 네. (아, 저기 뭐야 사모님은 지금 연세가 어떻게 되셨어요?) 나이가 나보다 무척 적어요. (예, 몇 년생이세요?) 올해가 환갑이니깐. (아, 그러면) 나하고 11년 차이나요. 10년 차. (10년 차? 올해가 환갑이세요?) 어~ (올해 61세?) 그렇죠. (어디 분이세요?) 그야 뭐~ 여기, 그 사람도 원래가 옹진군 사람이니깐. (아~) 피난 전에 나온 거야. (네) 이리로 이사 온 거죠. (아~ 피난 전에 이주

해서 여기 오이도에서 사셨다고요? 지금 61세면 굉장히 젊으시네~ 그러면 슬하에 자녀를 얼마나 두셨어요?) 나요? 3남 1녀. (3남 1녀. 3남 1녀~ 다들 출가들 했어요?) 셋하고 하나만 남았죠. (3남 1녀. 1녀는 막내예요? 딸?) 세 번째. (세 번째. 그러면은 아들만 하나 남았어요?) 네. (막내 아들?) 아니, 막내가 남지 않고 장남이 남았어요. 장남~ (장남이 남았어요? 아~ 어떻게?) 모르겠어. 나도 어떻게. (그러면 지금 장남은 몇 살이에요?) 나이가 지금 44살 되려나 봐요~ (44세. 지금 장남은 뭐해요?) 변호사 사무실 나가고 있어요. (그러면은 자녀분들 다 여기 계세요?) 집이 한 개니깐 않죠. 둘은 따로 나가 살고. 큰놈만 여기 살고. (다 이 지역에서?) 그렇죠. 이 근방이나 마찬가지죠! 한 동네에 사는 거지 뭐~.

　(그러면은 그 외에 가만 있어 보자~ 결혼은 뭐 중매로 하셨어요? 아니면?) 중매로. (중매결혼 하셨어요? 사모님하고 금슬은 좋으시죠?) 좋은 편이지. (그렇죠. 종교 뭐 갖고 있는 거 있으세요?) 저는 뭐 종교라야 할 거 없고, 할매는 교회 다닙니다. (그러면은 뭐 집에서 제사 같은 것도 안 지내시겠네?) 제사를 뭐 지낼 사람이 있나여. 아버지나, 어머니는 돌아가셨댔지만 아버지 있을 적에 어머니 종종 제사를 지낸 걸로만 알고 여태. 또 안 지내고 또 피난와 가지고 집도 없이 이리저리 돌아다니면서 뭐. 제사를 지냈으면 아버지 제사라도 지냈으면 좋겠는데. 거기서 동생들이 살았을 거 같으면 지내겠는데, 여기서는 알지도 못하고. 지금은~ (그럼, 남북교류를 해 가지고 서로 가족상봉도 하고 그러는데.) 그때, 거기를 갈려고 신청도 해 보고 하려 했는데 그게 한 번에 되는 게 아니고 몇 십만 대가 넘어오

니, 거 뭐~ 나 죽기 전에 하겠어요? 그래서, 아주 만나 봐야 동생들 얼굴도 몰라요. (그래요. 워낙 어려서.) 네, 어른들은 돌아가셨고 살아 계시면 구십 여덟인가 얼마 되는데….

(주로 여기 친구 분들하고 모여서 주로 친구분들이 다 뭐 어디에 현재 뭐들 하고 계세요? 연세들이 계셔서.) 있어야 아무것도 없어요. (과거에는 뭐하셨던 분들이에요?) 과거에는 그 사람들 농사짓고 일하는 사람도 있고 뭐~ 공무원으로, 서기 면서기로다가 일하는 사람도 있고 장사하는 사람도 있고 가지각색이에요. (그러면 그 당시에 여기 이 지역이 대부분 뭘하고 살았어요? 이 지역 사람들이.) 그냥 바다에 나가서 사는 사람도 있고 염전에 댕기는 사람도 있고 장사하는 사람도 있고 농사도 짓고 가지각색이에요.

어업이라는 건 전혀 알지 못했죠

(옹진반도에서 내려와서 군대도 갔다 오고 결혼도 하고 오늘날까지 살아온 이야기는 대충 들었습니다. 서론격이라고 할까요. 이제부터 본격적으로 듣고 싶습니다. 먼저 고향이야기부터 자세히 해 주세요. 아까 해남면이라고 했던가요?) 후면으로는 산이 있고 전면으로는 전부 다 평야죠. 논이 있고. (해발이 어느 정도 되나요?) 아마도 그 지역이 해발로 놓고 따져 보면 한 300. (높지는 않네요) 네, 높지는 않아요. (논 비율이 많은 편입니까?) 그렇죠 그 앞으로는 전부 논이고 뒤로는 산으로 된 지대니까. (곡창지대라고 해도 되겠습니까?) 그렇지요. 곡창지대라고 해도 되

죠, 그게. (그러면 쌀이 자급자족이 되던 곳이라는 얘긴가
요?) 아, 그 지역이요? 그렇지요. 충분히 자급됐지요. (그
당시로 따진다면 부자동네로 볼 수 있네요) 그때 당시로
는 그, 저, 부자고 가난한 사람이고 없었지요. 이북에는 토
지계획에 의해 가지고 전부 다 있는 사람 없는 사람 할 것
없이 노동할 수 있는 사람들에 의해서 나무래 한 사람 앞
에 얼마씩 분배해 줬어요. (그때가 몇 살 때였어요?) 고게
제가, 고때가 하마 열, 하여간 국민학교 댕기고 중학교 첨
들어갈 무렵이니까 아마 14살이나 그렇게 됐을 거예요.
(지금 선생님이 73이시니까 해방될 때가 정확히 따지면
지금 60년 됐으니까 선생님이 13살이셨네.) 그렇죠. 13살
되고.²

　(해방 전에 일제시대는 기억이 안나요?) 일제 때라는 거
는 그거 뭐, 더러 기억이 나긴 나지만 그저 뭐, 쪼끄말 때
학교 대닐때니 뭐… (학교는 어디 학교를 다니셨어요?) 그
때 당시에 일종의 공민학교라 그랬지요 뭐. (이름은?) 가
좌공민학교. (그게 지금으로 따지면 국민학교죠?) 그렇죠
국민학교죠. (그런데 왜 공민학교라 그랬죠?) 일정 때 공
립학교라 하지 않았어요? (아, 공립학교?) 네에. 가좌공립
학교. (그럼 몇 살 때 공립학교 들어가셨던 거예요?) 그때
7살 때 들어간 거 같아요.

　(해방될 때 지주들이 있었을 거 같은데? 지주) 그렇죠.
해방될 때는 땅 갖고 있은 게 있었죠 그때는. (지주가 많았
어요? 소작이 많았어요?) 그 때 그 지방에서 그렇게 큰 지
주는 없었고 대략에 소지주는 있었죠. (이름이 기억납니
까?) 안 나요… (자, 그럼 주로 농사를 짓고. 그럼 거기가
바다와는 상관이 없는 지역이었어요?) 아니요. 해주가 가

2 13세라면 1947년도의 일이
다. 북한에서의 토지개혁은
1946년 3월 5일의 북조선임
리인민위원회가 반포한 토지
개혁법령에 의하여 실시되었
다. 불과 20여 일의 짧은 기간
에 완수되었으므로 강용의
구술은 시기상 약간의 착오
가 있는 듯하다.

참거든요. 고기서 한 40~50리 될 거예요. (그럼 걸어갈 수 있겠네요.) 그렇죠. 걸어갈 수 있는 거리지요. 옛날엔 40리 다 걸어다녔죠 뭐. (그 동네서는 어업이라는 걸 전혀 안했죠?) 저는 어업이라는 건 전혀 알질 못했죠. 그 바다가스로 나올라면 한 40리 나와야 하니까.

염전이라는 것도 몰랐죠, 그저 바닷가에 염벗이라고 해서…

(그럼 염전도 남쪽으로 내려와서 처음 보셨겠네요). 염전이라는 것도 몰랐죠. 그저 바닷가에 염벗이라고 해서, 그저 조그맣게. 바닷가에다 집을 짓고, 거기다 인제 개흙을 파서 쌓고선, 거기다 갯물을 자꾸 끼얹어 가지고, 개흙이 완전히 짠물에 절구절구 해 가지군, 그걸 갖다가 이제 밑에다 솥을 걸고 그 우다 물을 부 가지고 그물을 나무로 떼 가지고 소금 맨드는 거.[3]

(그 이름을 염벗이라고 했습니까?) 예에. 염벗! (그걸 봤던 시점이 몇 살 땝니까?) 그게 그, 저, 핵교 대닐 때, 바다 가서 보고.

(딴데서는 쟁기로 갯벌을 갈던데…) 예에. 거기도 똑같은 거야. 소로 해 가지고 쟁기를 갈더라고. 갈면은, 인제 물이 높은 데 나가게 되면은 햇볕에 개흙이 그냥 아주 하얗게 되더라구요. 그저. 그러다 또 물이 들어오게 되는 거야, 그러믄 또 물을 담아 놨다 빠지믄 인제 그, 몇 번을 그렇게 해 가지구나무래는, 그 흙을 인제 퍼다가 물을 맨드는 거야 이제. (물을 내리는구나.) 으, 물을 내리는 거야. 그게. 물

을 내리믄은 짜지는 거야. (딴 데는요, 짚으로 집을 만들더라구요. 웅덩이도 파고.) 음, 거기서 기양 뭐, 갈구서 흙을 이렇게 높은 데로 올려서 그 밑에다 뭘 하는지는 우리는 몰르지 뭐. (아, 어렸으니까.) 거기다 물을 대구 갖다 붓더라구요. (물은 소금물?) 바닷물을 갖다 부으면은, 그 물이 결과적으로, 이 높은 데서나무리, 걸러서, 그 밑이 그 솥이 이렇게 네모난 게 큰 게 있어 가지고나무래, (철부예요? 철솥?) 철솥이지요. 물이 떨어지면은 그 물이 인제 하나 잇빠이하게 되면은, 또 물을 내려오는 건 내려오게 하고선, 밑에다 인제 아궁지를 맨들어서 불을 떼는 거예요 인제.

(제가 궁금한 게 있는데요, 딴 데하고 차원이 조금 틀려서 하는 얘긴데, 그 장소에다가 그대로 철판으로 된, 그걸 뭐라 불렀지요?) 가마솥이라 불렀어요. (철부라 그러진 않고?) 가마솥이라고만 들었어요. (그럼 그 가마솥을 놓고, 그 위에다 집을 해 놨다는 거예요?) 이제, 물이 주르르 내려오더라고 그리. (솥으로? 아, 솥으로 물이 내려오도록 설치해 놨어요? 지게로 져다가 물을 붓는 게 아니라.) 아니예요. 그런께 예를 들어서 이제, 이게 이쪽에다가 흙을 잔뜩 쌓아 가지고 그 흙 위로다가 물을 부으면 이짝으로 물이 걸러져 내려와 가지고 이제. (그 물을 어떡해, 호스가 없던 시절엔 어떻게.) 글쎄, 하여간 물은 일루 내려오더라구. (거리가 얼마 정도 떨어진 데예요?) 거리가… 한 보통 내가 보기엔 확실히 거리측정을 할 순 없지만, 하여간 10미터 이상은 떨어져 있더라고. (지게로 짊어지고 하는 건 없었어요?) 음… (그러면 거기에 물이 고이면, 간수라고 하는 짠물이 자연스럽게 솥으로 연결이 되는 거네요?) 그렇죠. (그면은 그 물을 갖다 붓던 데가 지대가 약간 더 높

아야겠네요.) 흘러내려야 하니까.

(염벗 했던 지역은 바닷가는 바닷간데 당연히 갯벌지대죠?) 갯벌은 갯벌인데, 바다에다 되면 갯벌가생이지 뭐. 가생이다 이렇게 맨들어 가지고. (물이 들어와야 하니까 바단 바다잖아요.) 바다야 바다. 갯벌에 물 들어오는 덴 바다야. 그런데 소금을 맨드는 데는 바다가 아니야. (그러면 사리때 물이 들어와서 이렇게 몇 번 하고 난 다음에 조금 때 끓이겠네요?) 조금 때도 끓이는 수도 있고, 또 그물을 저장했다가 뭐 이렇게 하여간 계속 불은 떼고 끓이더라고.(아아 계속요? 사리 조금 상관없이 계속 불은 떼고요… 그러면 선생님 동네에는 그런 게 몇 개 정도 있었습니까? 대략.) 그, 저희 동네가 아니죠 그건. 한 40리 떨어져 가지고. 학교 대니면서 그전엔 걸 뭐라 그랬나? 원적이라 그랬나 뭐라 그랬나? (원적이라 그랬죠.) 멀리 놀러가는 거. 지금같으면 소풍가는 그 식이지 뭐. 소풍을 가면 갓에 와서 그거 보구. 선생님들이 얘기가 이제, 이거 이렇게 해서나무래 소금이 되는 것이다 뭐 이러고. (그런데 그게 어렸을 때 기억이니까 그게 15개 있었는지 하나 있었는지 많이 봤는지? 궁금해서 그래요.) 그, 1개만은 아니였던 거 같애요. (어느 계절에 봤어요?) 계절은 우리가 봄에 봤지요 그것은. (다른 계절에는 일상적으로 봤던 건 아니죠? 동네가 아니니까.) 그렇지요. 동네가 아니니까 계속은 못보는 거고.

(그럼 거기서 만든 소금은 구경을 하신 적이 있었어요?) 예, 그 소금은 뭐, 저는 그걸 안 해 봤지만 이제, 아버지나 부모네들, 동네 사람들은 그런게 이제 저희들은 달구지라 그러죠. 달구지에다 나무를 해서 싣고 그거 갖고 가 가지

고나무래 소금하고 바꿔 왔지. (아아, 선생님네 동네 사람
들은 산이 있으니까 나무를 주고서 대신 소금을 싣고 왔
구나.) 그렇죠. (소금값이 비쌌을 거 아니에요.) 아 그때는
뭐 얼마나 비싼지 우리야 뭐 아나요. 그런 건 몰르구, 하여
간 우리가 1달구지 싣고가게 되든은 그쪽에는 가마 같은
걸루다 한 반가마나 이렇게 갖고 오죠 이제. (교환체제로
했구나. 그럼 소금 구웠던 그곳은 나무가 별로 없던 지역
이었나요?) 없지요. 근께 우리 있는 디가 산이다 할케 되
면은 그 밑으론 전부가 평야고 그 담엔 바다가 있다 보니
까 한참 내려와야 되니께. (평야에서 한참 가야 바다다 보
니까 나무가 있을 턱이 없구나…) 맞아요. (그렇게서 소금
이랑 나무랑 교환했다…)

(요걸 맨 마지막으로 본 게 몇 살 땝니까? 소금 굽는 걸
마지막 본 게.) 소금 굽는 걸 마지막 본 건 하여간 해방되
고서도 구웠어요. 그러케 가지고서 마지막으로 못 본 것
이 이, 저 뭐야, 38선이 갈리면서부터. 우리 사는 데는 38
이북이 되고, 소금 굽고 그러던 자린 이제 38 이남이 된거
예요. (아아 경계선이.) 네에. 알고 보믄 중간으로 경계선
이 나간 거지요. (옹진반도로 휴전선이 갈린거죠.) 저는 원
래가 이북 쪽에 살은 거지.

6 · 25 전쟁 전에 38선 사건이라는 게 생겨 가지고

(그러면 어렸을 땐 사회주의체제 하에 살았었어요?) 그
렇죠. 어렸을 땐 사회주의에 살았었죠. (다른 덴 기록을 보
면, 그때 월남도 하고 나름대로 복잡했다던데…) 그건 나

도 쭉 봤죠. 그게 완전히 그 38선 사건 쩍부터 쭉~. (그 얘기 좀 해 주세요.) 한쪽엔 소련군이 들어와 있고 한쪽엔 미군이 들어와 있은게, 그때 당시부터야 저는 그때야 벌써 14살쯤 됐을 거 같아요. 38선 갈리고 나서는 이북에선 토지개혁이라는 게 있었단 말이야. 토지개혁이라는 것은 지주고 뭐이고 할 것도 없고 일체 땅이라는 것이 니끼 네 끼 없이, 전부 다 몰수해 가지고 나무리는 땅문서고 뭐고 전부 다 압수해 가지고는 그 담에는 인제 노동력 있는 사람 18세 이상 된 사람한테 이제 몇 평씩 이제 좀 나눠 줬던 거예요. 그걸 가지고 이제 경작해서, 그게 그, 현물세라는 게 있었어요.[4] 이렇게 해 가지고, 그게 그, 저, 6 · 25 나기 전까지는 그렇게 하고, 6 · 25 나자마자 이제 물러나 뻐리고 말은 거지. (현물세 낼 땐 일제 때 내던 것보다 많았단 생각이 들었어요? 조금 낸다는 생각들었어요?) 일정 때 현물세나 이런 건 알지도 못하고 우리는. (일정 때도 소작료는 냈잖아요.) 저흰 소작은 안 했나 봐요 저희 꺼 가지고 운영하고. 그저, 일정땐 공출이라는 게 있어요. 뭐 얼마나 한지는 몰르죠. 저야 뭐 쪼끄말 때니까. (공출을 하다가 현물세로 옮겨진 거죠?) 이북에 인민공화국이 생기민서 완전히 현물세로.

(우리가 생각하는 것하고 틀리는 게, 인민공화국 됐어도 처음엔 양쪽으로 왔다갔다 했다던데.) 저저, 미군이 주둔하지 않고 소련이 주둔 안 했을 때는 왔다갔다 했죠. 38선을 갈라놓기 전에는. (갈라지고도 왔다갔다 하지 않았어요?) 갈라지고는 몰래 왔다갔다 한 거지 뭐. (몰래 다닐수 있었어요?) 다닐 수 있었지요. 뭐, 철조망 친 것도 아니고. 그런데 뭐라, 길로 말뚝만 그냥 그게 한 4키로 단윈가

"38선 사건이라고 6 · 25 나기 전에, 3년 전에, 그 38선 사건이라고 생겨 가지고 그게 왜 나게 됐냐면"

4 북한의 토지개혁법은 일본제국주의자와 친일파, 민족반역자들의 토지는 물론 5정보 이상의 지주토지 등을 전부 몰수하고 고용농, 무토농민, 소규모 경작농민들에게 무상 분배하여 소작제를 철폐하였다. 그 대신에 세금성격의 현물세제도로 바뀐다.

1키로 단위로 그냥 말뚝만 박아 논 거야 그냥 뭐… (그러니까 옹진반도에 철조망이 있었던 게 아니라 말뚝만 있었던거예요?) 그렇죠 이제. 그런데 경비병들이 이제… (경비병은 남한 쪽 경비병이에요? 북한 쪽 경비병이에요?) 그러니까 남한 쪽은, 38 이남에는 남한측 경비가 서고, 38 이북에는 북쪽 경비가 있은 거죠. (그런데 가도 총을 쏘거나 그러진 않았잖아요.) 아, 이제 못 가게 하죠. 결국은 토지개혁을 한나무래 토지를 몰수하고 이러다 보니까 그, 집에 돈 좀 있고 그랜 사람들이 전부 다 이제 월남을 핸 거예요. 다 월남하고. (교인들도 갔겠네요.) 교인? 교인… 그렇죠. 교인 같은 사람들은 대개 월남을 많이 핸 거야 저게. (지주들도 오구…) 그렇죠 이제. 그게, 6·25가 나고 나서 나도 일로 내려오구 말았이니께 그 후로는 몰르죠 인제. 그전 일로 보만 뭐, 지끔으로 보자면 집단농장제니 뭐 이러잖아요. (그렇죠.) 그땐, 6·25 전엔 그런 건 없었고. 그 개인한테 전부 다 분배를 해서나무리 현물세 내고.

(그런데 기록을 보니까, 옹진반도일 경우는 전쟁 터지기 전부터, 막 전쟁터졌을 때도 켈로부대인가 그런 부대도 왔다갔다하고 복잡했다던데?) 아아. 고게는 38선 사건이라고 6·25 나기 전에, 3년 전에, 그 38선 사건이라고 생겨 가지고. 그게 왜 나게 됐냐면, 게 이제, 경계를 이렇게 두고서, 일단 여기서 나무래 이북의 인민군이 그냥 막 밀고 내려오는 거야 옹진반도로 그냥. 그전에 은파산이라고, 저짝에 옹진반도에서 보면 국사봉, 은파산, 까치산, 이리 쭉 높은 산들이 연결돼 있어요. 38선 근방으로. 게 높은 고지를 점령을 해야 완전히 어디든지간에 자기네들 하고 싶은 대로 편리하게 된단 말이에요? 그걸 뺏을라

고 전부, 또 안 뺏길라고 밀고 올라오고. 그러다 한, 4키로 나 6키로 정도된 거리를 맨날 뺏었다 줬다 뺏었다 줬다. (그게 6 · 25 전이란 말씀이시죠?) 그이 6 · 25 전이지. (전쟁을 계속한 거예요?) 게 전쟁을 했지. 포도 갈기고. 우들은 그쩍에 나이도 몇 살 먹지도 않았을 때니께. 그서 그것도 구경하고 그랬다는 얘기여. (그게 전쟁 전이었단 얘기죠?) 그렇죠. (그걸 38선 사건이라고 하셨죠?) 음 38선 사건. (그때도 죽은 사람이 많았습니까?) 거기서 죽는 사람이 별로 많지 않았지만, 그 이제, 그쩍에는 큰 거 비행기 가꼬 그러는 건 아니고 포로 이제 쏘고 조총 갖고 은폐하고 뭘 하고 그라믄, 보면 부상자들 뭐 이라고 또 내려오고 그래는 것도 봤죠 이제. 많이는 못 봤어요. (늘 전쟁하는 거예요? 아니면 몇 달 만에 한 번씩 하고 그런 거예요?) 계속 연결돼 있는 거죠. 언제 다 할지는 모르는 거죠 게. (그때 북한 쪽에서는 몇 명 정도 주둔했어요? 선생님 동네 쪽에. 실제로 군인들이 많이 이동했어요?) 흐흐흐, 아 그거야 뭐… 어떻게 알겠어요? 그건 뭐…[5]

그냥 단신으로 월남해 가지고

(그럼 월남하실 적에 부모님은 계셨습니까?) 아버님은 일찍 돌아갔어요. 나 열다섯에 돌아가셨어요. (15살이면 해방나고 돌아갔네요.) 그렇죠 해방되고 가셨지. (어머니는?) 어머니는 게 어머니는 살아 계셨지. (어머니가 몇 살에 선생님을 낳으셨습니까?) 어머니가 저 23살 적에 저 낳았다고 그랬어요. (그러면 어머니가 살아 계셨다면 연세

5 부르스 커밍스는 이렇게 한국전쟁 전야의 내전상황을 설명했다. 특별한 반론과 항변이 많긴 하지만, 한국전쟁은 1950년 6월 25일에 시작된 것이 아니다. 내전은 시작되는 것이 아니라 다가온다는 진리를 서서히 깨닫게 된다. 한국에서 '열띤' 내전의 시발점은 소련군은 이미 철수했고 미군이 철수중이던 1949년 초 이후로 잡을 수 있다. 게다가 1949년은 중국공산당이 승리한 해였다(Bruce Cumimgs, *KOREA'S PLACE IN THE SUN* ('한국현대사', 김동노외 역, 창작과비평사, 2001). 즉, 구술자의 증언은 전쟁직전 긴박했던 옹진반도의 상황을 설명해 주는 것이리라.

가 한 96, 97세 정도 되셨겠네요.) 그렇죠 96, 97세 됐죠.
(그런데 해방 딱 날 때 어머니 계셨고 형제분이 몇이나 계
셨죠?) 형제가 5형제. (선생님이 제일 장남이시잖아요?)
예. 제가 장남이고. 둘째하고 3살 터울이랬어. 하나만 셋에
서 넷째 사이가 2살 터울이고 나머지는 쭉 다 3살 터울이
야. (둘째가 이름이 뭡니까?) 강봉구 (3살 터울이고. 그 다
음에?) 강학구. 강홍구. 강용구. (막내는?) 강창구.

　(그러면 그중에서 몇 명이 내려오신 거예요?) 그중에서
나 하나만 내려온 거예요. 그때 당시가 제가 18살 적이거
든. (그럼 나머진 다 어디 계신 거예요?) 다 북에 있지 뭐.
(다른 형제분들은 다 이북에 있는데 혼자 내려오신 이유
가 있나요?) 그때 당시에는 뭐, 피난이라 해서 이게 뭐냐,
그렇기 오래 걸리고 뭐 이런 걸로 따지지 않고, 제가 그때
열더살 쩍에인데 뭐, 애들이야 동생들이닌게 요매만 했지
뭐예요. 게, 어머니 혼자 계시고, 그 어떻게 다 데리고 피난
을 댕겨요?. 그니껜, 나이 좀 들었다는 나만 나가라 해가지
고 나만. 나오다가 보니깐, 낼 들어간다는게 그렇게 돼? 어
디?. 쭉 밀려오다 보니깐 여 와서.

　(이산가족 신청해 보신 적은 있으세요?) 아이 없어요.
(왜 안 하셨어요?) 그 뭐 해 봐야 70이상 된 사람도 어떻게
될까말간데 그거 뭐 신청해 봐야. 지금에 와서 뭐 찾아봐
도 뭐가 될 거 같지도 않고. (그래도 보고는 싶었잖아요?)
보고는 싶었는데 몇 10년, 한 20, 30년까지는 보고도 싶고
하더니 그 후로 자식들 낳아 길르고 살기 바쁘고 그러니
까 없어지고 말더라구. 그리고 어머니가 벌써 그렇게 됐
으면은 어머니는 돌아갔을 것이다 이렇게 되고. 동생들의
얼굴이라는 건 기억도 잘 안 나요, 인제는. 그때 당시에 제

"보고는 싶었는데 몇 10년,
한 20, 30년까지는
보고도 싶고 하더니
그 후로 자식들 낳아
길르고 살기 바쁘고
그러니까 없어지고
말더라구."

가 18살이고 고 밑에가 15살이고 뭐 전부 이렇게 되노믄
뭐 생각이나 나겠어요? (내려올 때 사진도 하나 안 들고
왔어요?) 사진. 그게 그러니까 지금 후회나는 게 바로 그
거예요. 사진이고 뭐이고 다 할 거 없이, 그이, 거기서 얘기
할 찍에는 뭐라 했느냐면, 작전상 후퇴하는 데 잘 걸려야
1달이나 2달 걸린다, 그러니까 인제 1달 2달만 잠깐 어디
다 피했다가 돌아오믄 된다, 이게 거기서 한 얘기고, 또 우
리가 봤을 때도 미군의 화력이나 활약에 비해 본다면 도
저히 뭐 감당하지를 못할 것 같고. 금방 또 올라올 것 같고
그래서 그냥 일체의 알몸으로 그냥 나오고 말안 거예요
그냥. (그런데 그 동생이라도 하나 같이 오시지 왜 혼자 오
셨어요?) 동생을 데리고 나올라 해도 동생들이 하나도 못
데려와요, 혼자 몸도 견디기 힘든데 어떻게. 그땐 혼자 댕
이기도 힘들어요. (선생님 나이가 그때 군대 징집나이인
데? 징병.) 여기 와 가지고 말이죠? (아니 거기 있을 때.) 거
기 있을 때 말하자면, 거기도 징집 나이가 됐죠. 됐는데, 원
채 몸이 약했어요. 지금도 그렇지만. 신체검사했는데 합격
도 못 되구. 고래고 좀 아는 사람이 있게 되믄 좀 봐주는
수도 있더라구요. (그래서 그냥 단신으로 월남하셨구나.)
그렇죠. 그냥 단신으로 월남해 가지고.

창고 안에다 가마떼기 하나씩만 깔고 자기 집
이야

(오이도로 온 이유가 있을 것 같은데요?) 아아, 그 이유
가 또 있죠. 저이 백부님은 또 그때 당시 먼저 나왔어요.

피난. 나와 가지고, 여기 와서. 그쪽에만 해도 저는 애들이
고 그러기 때문에, 영, 큰아버지만 해도 인제 부모님 곁 떠
나기가 싫더라구요. 인제. 그래 가지고 여기 들어와 가지
고 그냥 이 일 저 일 남의 부업 하는 데 가서나무래 일도
봐 주고, 뭐 그럭저럭 살아오다 이제 군에 입대해서 한 5
년 근무하고. (군대는 어디로 갔어요?) 군대야 뭐, 육군에
갔었죠.

　(내려올 때 걸어서 오셨어요? 배 타고 오셨어요?) 그,
저, 옹진까지는 인제 걸어서 와 가지고 옹진서는 인제 배
타고서 이, 저, 연평도 해서 섬에 와서 내려 가지고. (마을
배 탔습니까?) 그렇죠. 마을 배죠. 그 동네 사람들 배. 옹진
사람들 배. (연평도 거쳐서?) 첨에는 인제, 소수압도 그쳐
서, 대수압도로 다시 또 앵겼다가 그 다음에는 인제 인천
으로 내려왔죠. 거기서 배를 타고 인천으로 와 가지고, 인
천 와 가지고서나무래 결국은 그게서, 뭐, 안 한 게 없죠.
뭐. 미군부대 부두노동도 하구, 그럭저럭 한 2개월 지냈나
봐요.인제. 지내 봐 가지고, 그담에 인제 뭐가 돼 가지고
여름이 돼 가지고 충남가서 또 한 2개월 있다가 (충남 어
디?) 충남 합덕이라 그러는 데가 있어요. (거기 가서 뭐하
셨어요?) 모내기 품팔은 거야, 인제. 일당받고. 그거 끝나
고 다시 올라와 가지고, 우리 큰아버지가 오이도 있다 본
께 결국은 오이도 정착해 가지고. 그, 염전이라고 '대한염
업', 염전 있었어요. 여기가. 거기에 한 1년 댕겼나 봐요 아
마. (그때가 몇 살 때죠?) 그게 인제 20살 될 꺼 같아요. (군
대 가시기 전이에요?) 전이죠.

　(1·4 후퇴 때 월남하시는 과정을 좀더 상세하게 설명
해주세요.) 여기 저 옹진반도에 넘어와 가지고 뭐야 저, 해

남면이라고 하는데, (옹진반도에 해남면이면 해주군 소속
입니까?) 본래가 해남면이라는 데가 주소지지 뭐예요, 소
재지. 그게 면소재지지 뭐. 옹진군 해남면 소재지지. 거기
에 이제 우리 백부님이 살고 있었어요. 큰아버지가. 그래
서 저는 거기서 나와 가지고 인제 큰아버지집으로 와서
이제. 그이, 인민군들은 이미 서울 점령하고 다 그럴 적에
큰아버지 집에 숨어 살안 거지. (큰아버지는 38선 갈렸을
때도 이미 이남 쪽에 살고 계셨네요.) 그렇죠. 원래 이남에
있었지.

그래서 결국은 거기서 숨어서 한 4달 있다가 거기서 이
제 몰래 들어대니는 배가 있어요. 그래서 피난민을 실어
날르고 그러는데, 그게 연결이 되 가지고서 배 타고 몰래
소수압도라는 데로 (배가 얼마나 큰데요?) 크기는 뭐, 그
때 당시에 좀 큰 배도 있긴 하지만 보통배였어요 뭐. 지끔
으로 치면 한 5톤급 미만일 거야. (그 배를 탈 땐 돈을 내
야 되잖아요.) 그래, 내야죠. 거기에 뭐 또 자기네 가족 실
어나르느라고 댕기는 수도 있고 식량 가지러 댕기는 수도
있고. 전부 다 있어 가지고 아는 사람들하고 연결되어서
오게 되면은 그짝에 배삯으로는 얼마 안 준 거 같아요. 쌀
1말이나 주고 왔나 봐. 돈이 문제가 아니라 쌀이 문제였지.

(위험하지는 않았어요?) 위험하고 안 위험한 게 어디 있
어요? 죽기 아니면 살긴데 뭐, 흐흐흐. (주로 밤에 이동해
요?) 밤에. (물이 싹 쓸 때 나가야지 물이 들어올 땐 못 나
가잖아요.) 그런게 이제, 배를 이제 나 나올 적에는 어떻게
했냐 하게 되면, 한 4~5키로 그저 물이 쓰고 난 다음에
미리 한 4~5키로 바다 가운데다 띄워 놓고, 물이 거기까
지 쓰는 거예요. 그러믄 걸어서 거기까지 가야 되는 거지.

"위험하고 안 위험한 게
어디 있어요?
죽기 아니면 살긴데 뭐."

가서 인제 배를 타고 있으면 물이 나오면 타고 나오는 거지. (물이 썰었을 때 배를 저 멀리 대기시켜 놓고 걸어 나가는 거구나.) 그렇죠. (그러면 그렇게 타 가지고 맨 처음에 어디로 갔어요?) 게, 소수압도라고 이제. (소수압도까지는 얼마 걸렸습니까?) 시간이야 뭐 내가 재 보지 않았으니까 몰를 거고, 하여간 소수압도까지 거기서 초저녁에 밤에 해남에서 떠난 게 거기 들어온 게 얼추 날이 밝았으니께. 걸어오고 배 타고 오고 했으니까. (소수압도는 그 당시 컸어요?) 소수압도는 좀 작았고 대수압도가 좀 크고.[6]

(주민들이 많이 살았어요?) 그때 당시는 주민이 얼마 사는지 알지도 못하고 그냥 피난 나온 사람들 전부 다 기냥 거기 나와서 살았고, 여기까지 내려오진 않았고 전부 다 그저 뭐 이북으로 전진해 올라가게 되면 인제 들어간다고 전부 대기해 있는 사람들, 사람이 엄청 많았지 그때 당시에는. (아, 대수압도에서 대기하고 있었구나.) 처음에는 대기중이었는데 거리가 얼마 안 되니까 다 남하해가 내려온 거지.

(그 다음엔 수압도에서 어디로 갔던 거예요?) 소수압도에서나무리 저는 거기서 인천으로 내려온 거야. (연평도는 안 거치고?) 연평은 안 거쳤어. (인천으로 와 가지고 인천 무슨 부두로 오신 거예요?) 인천 그 저 뭐야, 그 만수동 부두라고 있는데 그… (화수부두요?) 으, 화수부두.[7]

(그 다음엔 생활을 어떻게 했어요?) 그냥 그전에는 혼자 나온 거니까 배 타고 나오면서 아는 사람도 있고 그러니까 그 사람들하고 그냥 피난민수용소라고 해 가지고서 창고 안에다 가마떼기 하나씩만 깔고 자기 집이야 이게 그냥. 거기서 나무래 그양 자고 일할 게 있으면 가서 일하고.

6 해주만 입구에 자리잡은 섬들로 주변이 갯벌지대이며 인천·강화에서 가까운 섬들로 조수간만의 차가 심하다.
7 현재 황해도 월남민이 다수 몰려 사는 곳이다. 옹진반도 출신인 김금화만신의 옹진 뱃굿인 배연신굿이 이곳 화수부두에서 해마다 벌어지곤한다.

그런데 그전에는 일할 데가 그렇게 있었어요?

미군부대 밤에 가서 일하고 아침이믄 나오고 그랬는데, (미군부대선 무슨 일을 하셨습니까?) 그때 당시에 뭐 여러 일이 많죠 뭐. 주로 뭐, 배에서 하역작업하는 하역물품 그거 작업하고 열차에도 싣고 트럭에도 싣고 했는데… (열차나 트럭에 하역물품 실어 주고 열차를 거기다 대놓고서 실어 노믄, 포탄이고 뭐 그 저 뭐뭐 여러 가지니께 우리는 잘 모르지 이제. 박스로 실어 주고. (인건비는 좋았어요?) 인건비가 뭐이 괜찮아요. 그래도 거기 가서 혼자서 하루 일하고 나서 그거 받으믄은 한 닷새나 먹을 수 있었어요. (그 정도면 뭐 괜찮았네요.) 뭐 혼자니께 그렇지 뭐 부양가족이라도 있다믄은 되갔어요? 거게. 그렇다고 거길 매일 들어갈 수도 없고. 그래, 그때만 해도 참, 애로점이라는 게 지끔도 조끄맣지만 그때 당시에 키가 적어 가지고 그 양놈들이 들어보내다가 빼요. 작다고 이제. 빼뻐리마 그날 못 들어가는 거고. 큰 사람들 꽁무니에 껴서 들어가믄 그날은 걸려서 들어가는 거고. (그런 일을 몇 개월이나 했어요?) 그것이 게 4월 달에 나와 가지고서 나무래 몇 개월인가 잘 기억이 안 나는데… (4월 달에 왔어요?) 1·4 후퇴는 이미 지나고 4월 달에 온거지. 거기서 우리는, 1·4 후퇴는 서울 수복하는 걸 말하는 거죠. 그거는 개들 진영에서 겪은거지 옹진반도에서. (그러면 와서 미군부대에서는 몇 개월이나 있었어요?) 한 3개월은 아마 했을 거예요.

그 다음에는 뭐 아는 사람들 하는 얘기가, 충청남도 저 충남으로 가게 되면은 일할 것도 많고 하니 거리 가는 게 낫다, 거기도 또 같이 따라 나섰지 이제. 나서 가지고 충남 합덕이라는 델 갔어요. 거기에 가 가지고서 모 심어 주는

거. 그 쪼끔해도 우린 모 심는 거 그건 잘했거든. 그래 가
지고 거기 갔더니 모도 심는다 해서. 모 심고 해서 몇 푼
받아서 돈도 생기고 해서 또 거기서 모 다매니까 또 할 게
없지. (잠은 어디서 잤어요?) 잠은 뭐 모 심는 사람들 집에
서 나무래 재워 주더라구요. (여러 명이 내려간 거예요?
혼자 간 거예요?) 셋이 갔어요 셋이. (모내기 해 봐야 1달
이면 끝날 텐데.) 1달도 안 돼요. 한 20일도 못했나 봐. (모
내기 끝나고 나선 또 뭐해요? 할 게 없잖아.) 할 게 없으니
까 도로 일로 걸어 올라왔지요. 차가 어디 있어요? 그때는.
합덕까지 걸어오고 합덕서 여기까지 또 걸어 올라오고.[8]
(며칠이나 걸려요?) 그거 뭐 며칠인지도 잘 몰라요. 갈 적
에는 이짝 요너머 형도[9] 이짝으로 배 타고 나가고 그래 합
덕으로 갔는데, 올 적에는 순전히 온양온천 저짝으로 걸
어올라왔지. (갈 때는 배 타고 가고 올 때는 걸어 올라오
고.) (시화호에 있는 형도 그리로 갔구나…) 그렇죠.

하긴 뭘해, 구두도 좀 닦아 주고 뭐뭐 침대청소 도 해 주고

(다시 오셔선 또 어떻게?) 거기서 그러니께 인제 한 20
일이나 있었던 거 같애. (인천에 다시 오셔선 또 일을 하셨
을 텐데…) 인천에선 뭐 또 그대로 미군부대 대닌 거지.
(다시 또 다녔구나.) 그때 올라와 가지고는 이제 가을이 됐
는데, 그쩍에 미군부대 다니다가, 그때 '싸린'이라고 아마
지금 우리나라로 비교하면 한 상사급되는가 봐. 자기 그
저 심부름이나 해 달라고, 미군부대 '쑈리'라 그랜 거야

8 당진군 합덕면의 광활한 합
덕평야를 뜻함.
9 현재 시화호 내에 있는 화성
군에 딸린 섬이다. 화성 남부
를 거쳐서 합덕이 위치한 아
산만으로 가는 지름길이다.

그쩍에. 그걸 나더러 하라고 그래. (쑈리, 맞아요 쑈리.) 예에. 그래서 월미도로 들어간 거야. 들어가서 참 편하더라구 그때는. 먹을 것도 잘 주고 옷도 사 주고 아주 그냥 그때는 팔자가 늘어진 거 같애. (쑈리가 하는 일은 뭐예요?) 하긴 뭘해. 구두도 좀 닦아 주고 뭐뭐 침대 청소도 해 주고 잔심부름이나 하는 거지 뭐이. (쑈리가 장교마다 하나씩 다 붙어있는 거예요?) 장교마다 다 붙어 있는 건 아닌 거 같애. (높은 사람한테만 붙어 있는 거예요?) 높은 사람한테만 붙어 있는 게 아니고 높은 분들은 쑈리 같은 것도 안 두는지 어떤지 그건 모르갔고 인제, '싸린' 이라고 우리나라로 따지믄 상사 중사, 선임하사급 되는 사람인데 걔들이 거기서나무래 부대애들 통솔하는 건 장교보다 걔들이 전부 다 하더라구. (돈도 잘 줬을 거 같은데요?) 아, 돈 잘 주는 것도 잘 주는 거지만 대우도 좋고 아주 뭐 좋더라구.

근데 외출을 나오게 됐어, 그저 인천 시내에. 나와 보니께 아, 백부님이 딱 나왔어. 백부님은 피난 안 나왔었는데. (큰아버지를 만났어요 우연히?) 그럼. (큰아버지를 어디서 만난 거예요?) 지금 말하는 거기서. (인천 어디?) 인천 배다리시장이라고 거길 나왔는데,[10] 이 냥반은 여기서나무래 생선, 민어라고 큰 게 있어. 생선을 짊어지고 거기까지 나온거야. 팔러. 그러다 보니께 큰아버질 보니께, 아. 큰아버지는 어디 계시냐 했더니 오이도 여기 있다는 거예요. (쑈리일은 그만했어요?) 아니 쑈리일을 그만했다기보담도 큰아버지곁을 영 떠나기 싫고 같이 살고 싶은 생각만 들고 그래 가지고 거 있고 싶은 생각이 안나 암만 잘해 주거나 말거나. 그래 가지고 미군놈들한텐 얘기도 안 했어요. 그 다음날 얘기도 안 하고 옷 같은 거 소지품 쪼끔 있

"근데 외출을 나오게 됐어,
그저 인천 시내에.
나와 보니께
아, 백부님이
딱 나왔어. 백부님은
피난 안 나왔었는데."

10 인천의 수문통갯골로 불리는 지역은 해안을 삼면으로 끼고 있어 갯골이 산골짜기 깊숙이 이어진 곳이 많다. 바닷물이 들어오는 넓은 갯벌과 갈대밭 저지대로써 갯골이 길게 이어져 동인천 역 뒤를 지나 창영동 파출소 앞까지 바닷물이 드나들었다. 이 갯골은 배가 드나들 수 있어서 밀물 때에는 해산물을 비롯하여 여러 가지 물건을 실은 작은 배들이 배다리 철로문 앞까지 드나들었기 때문에 '배다리' 라는 지명이 생기게 되었다. 1930년대 말까지만 해도 이 갯골에서 밀물을 기다리는 작은 배를 볼 수 있었다. 수로 주위에

으니께 그것만 가지고서 갈턴게 큰아버지 어떻게 가냐고 했더니, 아 수인역으로 나와서 쭉 타고 오다 보면 대부가 이렇게 있는데 글루 들어오면 소래다리 건너 가지고서 제방이 있다고 그런 얘기를 들었어. 그래 가지고 거기서 가서나무래 미군에겐 얘기도 않고 보따리 싸 가지고 오고 말았지. 토낀 거야. 근데 뭐 가갔다 해도 걔들이 가지 말라고는 안할 텐데 상관없지 뭐.

(와 가지고는요?) 여기 와 가지곤 여기 와서나무래 그때 한 해 지나고 그 다음해 또 한 해 지나고 그러다 보니까, 그 제가 여기 들어올 때가 19살인가 20살인가, 19살에 여길 들어온 거야. (오이도 어디로 들어온 거예요?) 소래다리 건너고 제방타고 들어와서나무래. (그러면 사촌형제들은 다 여기 있겠네요?) 사촌은 있죠, 사촌은 있어요. (백부는 언제 오신 거예요?) 백부는 나 먼저 내려 보내고 인제 그 다음해에 나온거지. 아직도 전쟁 할 때야. (백부는 가족 다 데리고 온거예요?) 예. 큰아버지는 다 데리고 왔어요. (가족이 몇 명인데요?) 그 당시에 가족 데리고 나온 냥반이 사촌누이동생 둘하고 사촌 하나하고 큰어머니하고 큰아버지하고 다섯이 나온 거지. (배 타고 내려왔겠네요.) 배 타고 내려왔지.

(근데 궁금한 게, 큰아버지는 인천으로 안 가고 왜 하필 오이도로 왔을까요?) 글쎄 물론 배가 여기다 닿게 됐나봐. 저기서 배를 타고 오는데. (큰아버지는 배를 운영했어요?) 아니에요. (근데 왜 여기로 왔어요?) 글쎄요 그게 큰아버지 혼자만 온 게 아니고 동네 사람 뭐 이제 두 분 하고 같이 왔단 말이에요? 그러다 보니까 먼저 나와 여기 있던 사람이 이리로 와서 먼저 정착했던 사람이 있던 거 같

집이 들어서고 상점이 자리 잡으면서 송현동에서 송림동, 배다리로 이어지는 긴 수로변은 거리로 번창하기도 했다. 배가 드나드는 곳이기 때문에 자연 발생적으로 시장이 형성되어 해방 후에는 상가가 더욱 번창하였고 6·25에도 인천 상가의 중심지로 자리잡으면서 1960년대 후반에는 이 배다리 수로를 복개하고 현대식 상가를 세워 자유시장으로 더욱 발전하고 있다. 일명 배다리 시장이라고 부른다. 구술자가 백부를 만난 것은 당시 인천 사람이라면 누구나 이용하는 가장 중요한 시장터였기에 가능했을 것이다.

애요. 그러다 보니께 이제 그 연고 따라 이리로 오게 된 거 같아요. (큰아버님은 여기 와서 처음에 뭐했어요?) 헐 게 뭐이 있어요? 그니까 인제 그냥 노동이지 뭐 아무 일이 없이 그냥 닥치는 대로 다 하는 거지. (근데 아까 민어 들고 나타나셨다더니.) 아 그 장사하는 거지 뭬이야. 그러니까 여기 뭐야 저 건강망이라 해 가지고 정치망, 거기서 난, 잡는 고기예요. 이제 사 가지고 거기다 팔른 거예요. 팔아서 이익 냉기는 거지 뭐야. (근데 민어를 들고 왔어요?) 민어를 짊어지고 이제, 몇 마린지 확실히는 모르지만. (민어는 크잖아요.) 크죠. 잘 짊어져야 대여섯 마리 안쪽이지 뭐.[11] (민어 짊어지고 오신 것을 선생님이 딱 만난 거예요?) 그렇죠 이제. 시장에서 만나 가지고. (민어가 인연을 맺어 준 거네요.) 흐흐흐. 그래서 지금 그때 생각을 지금 해 보면은…

(몇 월에 만난 거예요?) 그쩍에가 가을이야 가을. 충남 가서나무래 모내기 하다 올라와 가지고 인천 와 미군부대 댕기다가 또 쑈리로 들어가 있다가 보니 그럭저럭 가을이 된 거지. (쑈리는 몇 개월 있었어요?) 쑈리는 불과 몇 개월 못했어요. (참 다양한 거 하셨다…) 다양하나마나 그걸 지금 말로 하고 있으니께 웃을 얘기지, 사실상 웃을 얘기가 못 돼 그때 생각하면은. (눈물은 안 나왔어요?) 눈물 뭐 나와 봐야 무슨 소용있어요. 그래 가지고 여기 와 가지고나무래 대부도를 타고 와서 보니께 큰아버지도 무슨 집이 있는 사람이에요 뭐예요. 남의 방을 쪼끄만 걸 하나 얻어 가지고 5식구 다 있더라구요. 그쩍엔 뭐, 뭐가 없어요. 한 뭐 요만한 데만 한 50명이고 60명이고 소용없어요. 한데 다 기양 다 상관없어요.

11 민어는 보통 큰 놈은 1미터에 달한다. 당시만 해도 인천 앞바다 덕적도 민어파시가 유명했으며 인천 앞바다까지 민어가 올라왔다. 민어는 대개 초여름부터 초가을에 잡히므로 구술자가 백부를 만난 시점과 일치된다.

▲ 지금은 사라진 오이도안말.

   (그때 오이도에 내려온 사람들이 많았습니까?) 글쎄 여기 와 보니까 많지도 않더라구요. 피난민이 나 왔을 때만 해도 별로 많질 않았어요. 그러다 차차차차 하더니 아마 들어온기 전쟁 끝날 무렵에 아마 한 50세대. 많아졌어요. (그 당시에 원래 주민은 얼마나 됐어요?) 원주민도 한 50호밖에 안 됐어요. (원주민들은 본래 어디 살았었어요?) 원주민들이 원래 본말 살고 마을로 형성된 게 그때 와 보니까 본말, 그리고 가운데살막, 아랫살막, 그리고 저 학교 있는데 소래뻘, 한 너덧 군데로 갈라져 살더라구요. (선생님은 어디 정착하신 거예요?) 나는 안말에. (안말에 정착하셨고, 맨 처음에 오셔 가지고 무슨 일을 하셨어요?) 맨 첨에 와서 나도 노동핸 거죠. (무슨 노동?) 아무게나 뭐 닿는대로 그냥, 그때 여기도 가을이니까 이제 벼 베고 보리 갈고 뭐 하는 거 그런 거 뭐 전부 다 하고. (농삿일을 하셨구나.) 네, 농사일을 하구. 그 담에 보리가 나오게 되마 그

이제 오줌, 오줌 갖다 뿌려 주는 거. (거름 주는 거.) 게 거름 주는 거.

그런 거 이제 하다 보니까 그 쩍엔 어용소방대라고 있었어요.[12] 어용소방대장 최학근이라고 그쩍에 애들쩍인데 남의 일하는 걸 보더니, 우리 집에선 큰 일할 것도 없으니 우리집에 와서 그냥 잔심부름이나 좀 하면서 나무나 좀 해다가 군불이나 좀 때면 되니 우리집에 와서 그냥 고향에 들어갈 때까지 나하고 같이 살자 그런 얘길 하더라구. 그래 가만 생각해 보니께, 무작정 혼자 떠돌아다니는 것보담 그게 나을 거 같애요. 그래서 인제 그 집에 가 가지구서 1년 반 있었을 거예요 아마. (불도 때주고 여러 가지 일도 해 주셨군요.) 그렇죠. 지금으로 따지자면 고용살이 한 가지지 뭐야, 옛날에 머슴살이지. 게 머슴살이야. 그러고 살다 보니, 결국은 암만 해도 그건 안 되겠더라구. 돈은 그쩍엔 얼마 준다고 했는데 그거 갖곤 안 되겠고 게 20살이 되던 핸가 봐 그 해가. 안 되겠어, 그래서 아이 난 이제 나가서 자립해야겠다 그랬지. 그랬더니 안 된대. 나가 봐야 아무 소용없다고 장가들여 주고 다 해 준다고 나가지 말라고. 그래도 싫은 걸 어떻게 해.

소금 일 굉장히 힘들어요

그래 나와 가지고 그쩍엔 그 전매청이라고 염전이 있은 거예요.[13] (전쟁 때도 와 보니 염전을 하고 있었어요?) 아 그럼, 염전을 관둔 지가 얼마 되지 않았어요. (아니 전쟁중에도 소금생산을 계속하고 있었냐구요.) 아, 계속하고 있

12 의용소방대의 오류가 아닐까 한다.
13 소금생산은 전적으로 국가 전매청이 관할하는 국가독점 전매업이었다.

◀ 석화양식을 위해 돌을 져 나
르는 오이도 사람들(1960년
대)

었죠. 그래서 거기 들어가서나무래 지금은 대한염업이지
만 그땐 전매청이라 그랬거든. 전매청에 들어가 가지고
소금 맨그는 거, 거기 취직해 가지고서나무래 대니면서
가지고 1년도 못 대녔어요. 한 6개월, 한 4개월 하니께 겨
울이래서 겨울 되면 또 소금을 안 하거든.

　(그땐 아무나 하겠다면 받아 줘요?) 그때 당시엔 이 뭐
야, 인원이 딸렸어요. (왜요?) 게 사람이 없으니께. 소금 일
굉장히 힘들어요 게. (왜 힘들죠?) 소금 거기시를 전부 다
해 가지고 미어서 창고에다 쌓고 또 해고 그러니께 힘들
고 그래 안 할라 하더라구 게. (근데 소금을 어떻게 하길래
힘들어요?) 지끔은 염전 같은 거 하는 거 보면 전부 다 뭐
기계화돼 있더라구. 이제는 아주. 물을 푸는 거도 이젠 모
다[모터] 뛰어노믄 스위치만 너믄 물이 아주 퍼 올라오는
데 그쩍에는 이 물을 전부 발로 밟아 가지고 수리차라고
있어요. 수리차. (물레방아처럼요?) 아, 그 물레방아 돌아
가는 거처럼 그걸 이제 밟아 가지고 물을 푼거애 전부. (염
전에선 주로 뭘 했어요? 그 당시.) 그, 염전이야 소금 내는

"비만 왔다 하게 되면, 뭐,
밤에 자다가도 나가야
되고"

데. 그거, 뭐어. 물도 퍼구, 소금 걷구 뭐 그러는거지. (거기서 염부장부터 뭐, 그런거.) 에이! 그런건 하지도 못허고. 그냥 젤 밑에서 일만 하는 거지. (주로 어떤 일?) 그, 저, 염전일이란 건 공통돼 있는 일이기 때문에, 그 인제, 물을 퍼서 댔다가 인제, 소금 앉으면 또 소금 걷고, 소금 걷은 거 또 인제 운반해서 날르고 창고에 갖다 쌓고. 그런게 인제 일상적인 염전 일이죠.

(염전일을 여쭤 보는 겁니다. 차근차근 설명 좀 해 주세요.) 그 염전을 세밀하게 얘기할 것 같으믄 그 물도 마찬가지야. 저수지라고, 짠물을 저수해 놨다가 그 담에 이짝에 또랑을 쭉 맨들어 가지고 이짝으로부터 난치니 무슨 뭐니 쭉 내려가는거야 이제. (맨 처음에 저수지 있고…) 저수지에 있는 물이 흘러 가지고 또랑으로 나와 가지고 판을 맨들어 놨지. (느티가 있고 난치.) 으, 느티가 있고 난치가 있고 그 다음에 쌀난치가 있고, 쌀난치가 젤 밑에 오고 느티 그 다음에 난치 그렇게 올라가는데. (쌀난치라 그랬어요?) 에, 쌀난치란 것은 바로 밑에 난치를 말하는 거죠 이제. 그래 가지고 여기서 물을 이래 대 놓으면 넓어요 그 인제 난치란 데는. 그러니 거기서 이제 햇볕에 물이 쫄지. 인제 그러면 도수가 올라간단 말이에요? 그러면 밑으로 내리고 조짝엔 딴 물을 갖다가 대고 쭉 여까지 내려오면 여긴 이제 소금판이라고 소금 앉히는 데가 있거든요.[14]

(도수는 뭘로 따지는 거예요? 비중기로 하는 거예요 뭐예요?) 글쎄 뭐야 이, 측정기가 있어요. 물 도수 재는 거. (다른 곳에는 송진으로 만든 게 있는데 여기는 아니에요? 기계로 했어요?) 아니 기계가 아니고 저 뭐야, 요런 데다 이렇게 담아 가지고서 이 뭐야, 측정기라 하지 측정기로

[14] 첫 번째로 물이 들어오는 제1증발지를 난치, 제2증발지를 느테라고 하고, 최종적으로 소금이 생산되는 소금판을 결정지라 부른다.

그거를 요기다 집어 넣으면 그놈이 쪽 올라와서 몇 도 이
렇게 나오더라구요. 그 도수가 20도만 되만 소금이 오는
거야 소금이 되는 거야 이제. (그럼 쌀난치에서 바로 받는
거네요 소금을.) 쌀난치에서 소금 받는 거죠. (받아서 어떻
게 해요 그냥 두는 거예요?)

　비가 오게 되면은 천상 다시 또 해조구디이[해조구덩
이]라고 있어요 소금물 저장하는 곳, 비가 오게 되면은 거
기 해조구디이로 다 집어넣야 되는 거예요. (급하게 소낙
비가 갑자기 오게 되면 어떻게 해요?) 그러믄 대기하고 있
어야죠 날만 흐리면 기양. (예를 들어서 낮엔 괜찮은데 밤
에 2시에 온다 그렇게 되면 어떻게?) 2시에 온다고 하더라
도 빗방울 떨어진다고 하믄 이거는 뛰어나가야 돼. 무조
건. (누가 연락을 해요?) 연락은 뭐 누가 해, 본인이 나가
야지 뭐. (자기 담당구역이 있습니까?) 그렇죠 담당구역이
있죠. (혼자서 그 면적을 한 건 아니겠죠?) 혼자서 그 넓은
면적을 한 건 아니죠. 5정보 하게 되면 아무래도 한 3사람
은 있어야 되지.

　(여기가 총 몇 정보 있었어요?) 전부가 나도 확실히는
잘 모르는데 603정보라는 소릴 들은 거 같애. (그 당시에
여기 염전에 있던 인부는 총 몇 명이나 된 거 같애요?) 그
거야 뭐 내가 알 수는 없죠. (그럼 선생님이 처음 일할 땐
염부장이 있을 거 아니에요. 염부장.) 염부장이라는 사람
이 예를 들어서나무래 1정보나 1단보 2단보 해 가지고 딱
딱 짤라져 있는 거 그 구역 내에 1사람씩 있는 거지. (염부
장 밑에 몇 명이 딸려 있는 거예요?) 염부장 밑에 딸리는
인원이 그러니께 인제 빠또, 난치빠또 이렇게 해 가지고
아마 한 너덧 명 될려나 봐요 이게. (직책이 빠또랑) 그때

는 빠또라 하더라구요 지금 말하믄 반장급이지 몇 명 몇 명 데리고서 하는 거니까.

(그럼 소금 일은 보통 몇 월에 시작해서 몇 월까지 했어요?) 소금 일은 원래가 4월 달이믄 소금을 내게 돼 있어요. (음력이죠?) 양력이죠. (양력. 그러면 식목일 정도네요.) 그렇죠. 그때믄 소금이 나기 시작해요. 그래케 가지고는 가을 아무캐도 9월 말 10월까지는 하죠. (장마철에는 못할 거 아니에요.) 장마철에는 장마철이라고 못하는 게 아니라 비가 올때만 못하고 장마철에는 우선 물을 다 받아 놨다가 해만 나믄 또 퍼대요. 퍼대서 또 소금 걷고 계속하는 거예요 이제. (그러면 가장 소금이 많이 나오고 할 때는 언젠니까?) 소금이 가장 많이 나오고 할 때는 지금으로 말할 것 같으믄 5월, 6월 달이 제일 많이 나오는 거 같애요.

(염전 일은 아침에 보통 몇 시에 나가요?) 그거 뭐, 몇 시. 그때 그, 저, 시간이라는 건, 딱 저 정해진 시간이라는 건 없었어요. 옛날에는. 아침에 일찍 나갈 때 있고, 비만 왔다 하게 되면, 뭐, 밤에 자다가도 나가야 되고. 또 이제, 뭐 하게 되면 날이 좀 궂은 날은 아침에 좀 늦게 나가도 되고. 이제, 그, 뭐, 일상적으로 딱 정해져 있질 않죠. (비가 오면 왜 일찍 나가죠?) 비가 오게 되면, 짠물을 비가 맞게 되면은 염도가 다 없어질 거 아니에요. 그거를 이제, 가다 놓는 거예요, 또. 가다 놨다가 또 해가 나만 또다시 퍼서 인제 증발시키죠.

(소금도 차이가 있다던데, 소금발이 센 것도 있고 약한 것도 있고 구분이 되던데?) 아 그거 물 도수를 갖고 따지더라구요. 도수가 세면 소금발이 잘고 도수가 약하면은 소금발이 굵고. (소금발 굵은 게 좋은 거예요? 가는 게 좋

은 거예요?) 글세 거기에 대해선나무래 1등염 2등염 하고
따지는데나무래 나는 여엉 그건 알지도 못해.

  (자 그러면 소금을 생산하면 생산된 소금은 가마니에
담았어요 뭐에다 담았어요?) 가마니에 담았죠. (가마니에
담아서 어디로 실어 나르는 거예요?) 그쩍에는 가마니에
도 담고, 가마니에 담은 거는 역전으로 운반했고,(어느
역?) 군자역. (창고가 있었어요? 군자역에.) 아 있었죠 창고
에 갖다가 저장해 놨다가 열차에 싣고 수원 방면으로 내
려가고, 뭐 인천 방면으론 안 갔어요. 수원 방면으로 가고.
(인천 방면으론 안 갔어요?) 열차에 싣는 거. (열차에 싣는
거는 수원으로 가고 인천 방면으론 안 갔고.) 그리고 이제
그, 하넘이라고 해 가지고 전매청에서 나온 큰 배, 기계도
안 갖고 끄는 배 이런 배가 있었어요. 큰 배 하나가 3개 4
개씩 끌고 대니는 거. 그게로다가 소금을 싣게 되면 그거
하나로다가 정말 몇 백 가마씩 싣는 배들. (그건 가마니에
담는 게 아니죠?) 가마니에 담는 게 아니고 그냥 질통에다
가 짊어져 가지고 갖다 그냥 노상에 싣는 거죠. (진짜 소금
배네요.) 그럼 소금배지. (어디로 가요?) 그게 인제 인천항
으로 들어가 가지고 인천에서 하역해 가지고서 여러 군데
로 다 갔겠지요. (그러니까 판매용은 수원으로 갔구나 내
륙으로 갔구나.) 판매용이 아니라 요 내륙지방은 수원으
로. (내륙판매용은 수원으로.) (그런데 그때는 제가 알기로
는 수원에서 여주 가는 수려선도 있었잖아요.) 있었어. 소
철 다니면서 그것도 있었어. (소철이라 불렀어요?) 예. 소
철. (그럼 수인선도 소철이라고 불렀겠네요?) 그렇죠. (그
럼 그렇게도 실어 날랐고.)

  (소금값은 어땠어요?) 소금값이 제가 알기에는 여기에

서 전매청에서 대한염업으로 민영화 시킬 당시에 가격이 그 뭐 직접 전매청에서 파는 가격이 얼만지는 우리는 모르고, 여기서 파는 시세로 보면은 여기서 그때 당시에 가마당, 가마가 60키로가 1가마거든요? 그것이 2백 90원 했어요. (쌀은 얼마나 됐어요?) 쌀은 가서 1가마씩 사오게 되면 은 3천 원, 2천 9백 원 인제 이 정도 하고. (그럼 소금 1가마가 쌀 한 10분의 1 가격이네요.) 10분의 1도 더 됐다고 봐요 난. (그럼 소금값이 비싸지 않았다는 얘기네요.) 게, 지금으로 봐선 비싸죠. 지금은 소금값이 싼 거지 뭐. (지금은 헐값이니까.) 딴 값에 비하면 소금은 헐값이지. 딴 값에 비할 바가 못 돼. (전매청 있을 때는 아무나 소금을 사고 팔지 못하게 했잖아요?) 그때는 그런데 그때 당시에는 말만 전매였지 뭐, 말도 못했어요. 아무나 막 퍼다 팔믄 임자였어. (전매청 공무원이 있을 텐데 그게…) 그때 당시엔 그렇게 개판이더라구요. 그때 뭐한 사람들, 여기꺼 안 가져다 판 사람 없을거야. (그걸 어디다 팔았던 거예요?) 그냥 배에다 싣고서 나가 팔고, 또 배가 그걸 사려도 들어와. (야메로 파는구나.) 그렇지 야메지. 공식적이 아니지. (걸리진 않았어요?) 걸리죠. 걸리만 또 그 뭐, 걸리는 사람 또, 그 저 감시를 하게 돼요. 감시를 해도 그놈들도 다 마찬가지지 뭐. 그 감시도 팔아먹고, 또 감시먹으마 또 돈 주면 떨어지고 전부 다. 게, 세상이 그땐 그랬단 말이에요.

(소금을 등짐에 지고 갖다 팔고 그런 건 없었어요?) 등짐으로다가도 팔았죠. (주로 어느쪽으로 나가는 거예요? 야메로 팔면 어디로?) 게, 야메로 파는 건 대략 배가 들어와 가지고나무래 팔고, 또 그렇지 않으면 인제 자전거에 싣고서 시골에 갖다가도 팔고. (시골이면 어디 시골을?)

시골 뭐, 따지고 보면 밖에 나가면 다 시골이라 그랬지 뭐.

(가시렁차가 있었다고 들었는데 가시렁차는 뭐예요?) 응, 가시렁차라는 건 소금을 포장을 해 가지고 그 군자역까지 나

▲ 수인선으로 연결되던 군자염전의 가시렁차(1970년대)

르는 철길을 맨들어 가지고 글루 인제 내륙으로 굴러다닌 걸 가시렁차라고 했죠. (그건 옛날에도 있었어요?) 그렇죠 이제. 옛날에도 있었던 거죠. (일제시대에도 있었어요?) 일제때도 있었지요. (언제까지 있었어요?) 가시렁차가 이 저 이게 뭐 이 염전 폐지될 때까지 있은 거예요. 시화공단 생기면서 염전 폐지할 때까지 있은 거예요.

장기복무자를 할당이래 가지고

(그러다가 군대는 언제 가신 거예요?) 그러니까 군대가 거기서 염전에 들어가 가지고서 가을에 들어가 가지고 좀 하다가 1월 달 2월 달만 되게 되면은 인제 공금이라 해 가지고 소금은 내지 못하더라도 소금 내게 맨들기 위해 그 이 판, 말하자믄 논빼미 같은 걸 다져야 되고 발라야 되고 기냥 밟아서 논뚜락도 맨들어야 하는 시기가 있단 말이

야? 그걸 이제 1월 달부터 해가지고 4월 초순 전훈께 이제 4월 십 며칠날 영장이 나왔다구요. 징집영장이 나와 가지고. 그때 21살 때 나왔죠. 그래 가지고 그 영장받아 가지고 군대 갔던 거지 뭐.

(영장이 월남하신 지 2년 만에 나온 건가요?) 한 3년? (3년 만에. 아아. 염전 일 한 1년 하시고.) 1년 쪼끔 더 했을거예요. (그러고 나서 바로 군대 들어가신 거예요?) 그렇죠. 바로. (군대생활은 어디서 하셨어요?) 군대생활은 저 부사단에서 했어요. 백마부대. 백마부대가 그때 당시는 어데 한 군데 들어내질 않고, 첨에 보충갈 적에가 인제 그저 포천, 경기도 포천에 1사단 할 적에 거기 갔다가, 그 담에는 저저, 인제로 들어갔다가, 하여튼 일루 갔다가 절루 갔다가 하여간, 5년 동안에 몇 군델 왔다 갔다 했으니까 뭐.

(그때는 5년을 근무했어요?) 그때는 '장기복무지원'이라는 게 있었어요. 그때 행정을 서무계를 우리가 좀 보다 보니까, 그, 저, 그냥 그, 강제로 이제 프로수를 채우기 위해서나무래 그냥 뭐하는데, 그래 저 같은 놈은 가족도 없고 그라니께, 뭐 까짓것 군대생활을 더하든 말든지 간에 뭐한데, 갖고 있고 사실상 이런 애들은 아주 강제로 지원하는데, 그걸 안 할라고, 어떻게 그냥 뭐 하는지 나로선나무래, 내 양심상, 나도 안 하고선 아, 그, 저, 뭐냐, 소대원들을 강제로다 쫓가널 수 없갔더라고. 그래서 나부텀 먼저 지원하구서, 인제, 그, 프로수를 채울라니 어쩔 수 없어요. 수색중대 하믄 수색중대에 인제, 예를 들어서나무래, 50명, 50명, 30명 하게 되면, 장기복무자를 할당이래 가지고 그 숫자를 채워야 한다고. 일종에. 그래서 인제 장기복무를 허다 보니께 인제 한 2년 더하고 나완 거죠. 그땐 3

"저 같은 놈은 가족도 없고 그라니께,
뭐 까짓것 군대생활을
더하든 말든지 간에
뭐한데"

년을 군대생활 해야 되는데. (그러면, 대략 20살에 들어갔
으면.) 21살. (26에 제대한 거예요?) 예. (아아, 늦게 제대하
셨네요.)

제대해서 돌아오자마자 생선장사를 시작한 거지

(그럼 돌아오셔서는 뭘 하셨어요?) 돌아와 가지고서 바
로 오이도로 들어와 가지곤, 그때 당시에 그, 상업을 시작
핸 거야. 제대해서 딱 돌아오자마자 그 저 생선장사를 시
작한 거지. 그쩍부터는. 상업이라는 게 뭐냐 하게 되면은,
그때 뭐 이런 구판장 같은 게 아니라, 이, 저, 생선을 이제,
잡아오는 업자들한테 이제 사 가지고서, 그걸 이제 서울
갖다 판매하는 거죠. (아아. 생선을 어디서 받아 와서 파는
거예요?) 여기 이제, 어선들이나, 건강망이나 이, 저, 업주
들한테 이걸 사 가지고서 서울에 갖다 팔았죠."

(그럼, 그때는 어판장이 어디에 있었습니까?) 어판장이
저 넘에 지금 오이도 본마을에. 본마을이라고 안말이라
그러죠. (안말에 있었어요?) 예.

(그 당시에는 어떻게 판매한 거예요?) 그때 당시에 위탁
판매가 고전에 할 쩍에는 위탁판매 않다가, 한 몇 개월 지
나 가지고서 위탁판매가 있을 땐데. (그럼, 선생님이 할 때
는 1950년대 얘기잖아요.) 50년대가 아니죠. 나 제대하고
나서니까, 그러니깐, 그, 서기로 따지면 잘 모르겠는데 (그
래 가지고, 그 당시는 위판 방식이 어떻게 하는 것이었
죠?) 그러니까 처음에 송도출장소 거기서부터 얘기하면
되겠네. (네, 거기서부터 얘기해 주세요.) 출장소라는 거는

"물건 뭐 들어올 때면
아무 때나 하는 거예요
그건, 물건이 뭐
새벽 거시기가 없고"

오이도란 데가 여기가 바닷가라지만, 수산물을 한데 집합 시켜 가지고 경매를 불러 가지고 팔고 그런 자리는 없었 어요. 그래서 송도출장소란 것은 송도조합이 오이도에다 가 이제 출장소를 만든 거죠. (인천 송도조합이?) 그때는 인제 인천이 아니고 송도조합이었어요.[15]

(별도로?) 예에 별도로. 그래 이제, 거기서 이제 지정상 인으로 경매 물건 해 가지고 서울 갖다 팔고 인천도 갖다 팔고 이제. 그걸 이제 쭉 핸 거죠 뭐. 그렇게 하다가 송도 조합하고 인천조합 하고 인제 합쳐 뼈렸어요. 합쳐서 그 게 인제 인천조합이 되 뼈렀지요. (그럼 오이도는 어디 로?)

그래 오이도는 인제 인천으로 붙은 거지.(몇 년도 정도 에 붙은 거예요?) 고게 연도가… (선생님 몇 살 때 정도?) 대략 그러니까 인천조합으로 붙을 때가 내가 대략 서른 한… (5 · 16 혁명 나고예요?) 5 · 16 혁명 나기 전이에요. (50년대네요.) 게 35, 6살? (그렇게 붙어 가지고, 그 당시에 조합이 하는 일이 뭐예요?) 조합이 하는 일이라는 거느 그 인제, 조합에 조합판매소장이 있고, 일본인 경리[16]가 있고 또 간사가 있고 또 경리가 있고, 이렇게 체계가 구성돼 가 지고 이제 어민들이 잡는 수산물 일체를 전부 다 판장으 로 창고로 가져와 가지고 전부 다나무래 중매인을 둬 가 지고 중매인들이 인제 입찰하게 되믄 제일 최고로 사겠다 는 사람한테 물건을 전부 다 넘겨주는 거예요. (경쟁입 찰?) 예에 경매입찰이지 경쟁입찰. (그럼 수협에서 하는 것하고 똑같은 거네요?) 똑같은 셈이죠 이제. 그 제도가 지금 제도하고 똑같은 거지요.

'위탁판매소' 라는 것이 사실은 그전에 없었고. 이제 우

15 시흥 바로 건너편에 인천 송도가 있었으나 지금은 너 른 송도갯벌 모두가 물으로 간척되었다.
16 은연중에 '일본인 경리' 란 표현이 튀어나왔음을 주목 한다. 일제시대의 유산임을 알 수 있다.

◀ 옥구도에 있던 마을, 지금은
옥구공원이 되었다.

리가 장사하면서 그쪽에 그, 오이도 송도 출장소라고 한
사람이 촉탁으로 나와 가지고 있는데, 그때 당시에 그, 판
매 과정이라는 건 지끔 저, 수협에서 판매하는 과정이랑
비슷한 거지요. 그때부텀 거기서 이제 사 가지고 갖다 팔
고 그랬는데. 그래 가지고 이제, 첨에는 경매인 없고 상인
만 하다가, 쪼끔 1년 2년 지나 가지고 그쪽에 중매제도가
생겨 가지고. (중매제도가 생긴 건 몇 년돕니까?) 중매제
도 생겨난 건 연수로는 몇 년돈지 잘 모르겠고, 제 나이가
한 30살. 그때 중매제도가 생기기 시작한 거예요.[17]
    그전에는 중계인 없이 그냥 서로 저, 업자끼리 상인끼
리 그저 맞대민하고서 사고 하구. 그리구 인제, 판장을 출
장소라고 쪼끄맣게 하나 짓고서부터 시작된 것이 지끔꺼
이 이게, 뭐, 경매라기보다 중매제도가 있어 가지고 중매
상인을 이제, 3명이면 3명, 5명이면 5명, 이 사람이, 그 3사
람 4사람이 이제 경쟁입찰을 해는 거죠 인제. 해 가지고
거기서 낙찰되는 사람이 인제 다 팔구, 또 요게서 도매도
하구. 그런 제도로 판매소는 굴러가죠.

17 그렇다면 약 40년 전. 1960
년대 초반.

　(일제 시대 때부터 있던 거 아니에요?) 글쎄 일제 때부터 관계는 우린 구경도 못해 봤고, 그것도 제대하고 나서 결국은, 그것도 없었어요. 제대하고 나서나무래 인제 나 제대하고 나서 생긴 거예요 그 제도가. (인천조합이?) 아니 오이도 판매소가. 여기다 다 갖다 판 거죠. (위치는 어디였어요?) 여 안말, 요 넘에. (안말이란 데가 운전해서 가다 보면 저 옥구공원 그 뒤를 얘기하는 거예요?) 아니요 산 머녀. (거기 집 하나 있던데.) 거기 맞아요. 안말. (그 기와집은 무슨 집이에요?) 그 기와집 옆에가 판장 있고 그랬거든요? 그게 그 저 옛날에 지은 집인데 안 헐고 그래 있더라구요. (사람 살아요?) 그 사람 하나 지금 사는지 어쨌난지, 그래 수자원에서도 헐라 뭐 어떻게 하라는데 짜식이 그냥 보상 적게 준다고서 안 헐고 그러더니 지금 와선 지금 문화재로 뭐 어떻게 됐단 말도 있고 뭐, 지끔은 어떻게 된지 몰르겠어요. (거기가 안말이었어요?) 거기가 안말이예요. (거기가 안말이면 안말 앞에 도로가 딱 있잖아요. 거긴 바닷가였네 거기도.) 거기서도 한참 쪽 내려가야죠. 거긴 바닷가가 아니였었죠. (거긴 염전지대였죠?) 전부 다 염전이었죠. 앞에도 전부 다 안쪽으로 논이었고 그 앞으로 대부도 나가는 도로 저짝에도 염전이 있고 이짝으로 다 전부 다 논이었고 그랬어요. 고 밑에 대부도로 나가는데 쪽 내려가는 거기가 아랫살막이라는 데였고. 고 다음에 저짝으로 들어오는 데 거기가 해양단지라고 돼 있는 곳 있잖아요. (오이도로 들어오는데.) 예, 거기가 소래뻘이라 그랬고. (소래방향이라고 소래뻘이라 그랬군요.) 그렇죠 이제. (또 안말 쪽으로 보니까 거긴 아늑하던데.) 그짝은 지금 그 다 깎아 놔서 그렇지 먼저는 이렇게 아주 고기

가 아늑했지. 바람이 암만 불어도 까딱이 없었어요 안말은. 근데 다 깎아 없앤 거지. (밀어 버렸군요. 평지 만드느라고 지형이 변했군요.)

(위판장에서 선생님이 하셨던 일은 뭐예요?) 첨에는 이저 뭐야 그 저 중매인, 즉 지정상인이지. (몇 명이에요 지정상인이.) 그 당시에는 한 뭐 인원이 확실히 규정돼 있던 건 아니기 때문에 한 6~7명 됐었죠 인제. (해서 뭘 하는 거예요?) 그러니까 인제 예를 들어서나무래 저기서 이제 조개라든가 딴숭어라든가 뭐 생선이 들어오게 되면은 그 인제 조합에서 이리 입찰을 붙이는 거죠. (새벽에요?) 물건 뭐 들어올 때면 아무 때나 하는 거예요 그건. 물건이 뭐 새벽거시기가 없고 이 정치망이라는 건 물이 썰면은 가서 건져오는 것이니께 써이 만하고, 또 배는 물이 잇빠이 되믄 들어오는 거니까 건 뭐 수시로 해는 거예요.

엄청 많이 나오고 헐했지요

(생선장사 하던 걸 좀더 자세히 듣고 싶네요. 그때는 물건을 상인이 직접 사러 오는 거예요?) 중매인은 중개인이 아니고 중매인이기 때문에 내가 직접 사 가지고 서울로 가서 직접 팔았어요. 서울 이제 공판장이나 어판장 같은 데다가. (어민들한테 직접 사는 거예요?) 살 쩍에서는 판매소서 사는 거죠 이제. 어판장에서. 어판장이라는 것이 현재, 그, 저, 오이도 송도조합출장소 인제, 판장이 있었다고. 쪼끄맣게. ('송도조합'이요?) 그때 당시엔 인천이 아니고 '송도조합'이었어요. 이제 내중에 가서 송도조합이 거

"물건은 주로 서울로 나가고 인천, 수원 등 각지 사방으로 나갔지. 당시에 많이 거래되었던 종류가 엄청났어요."

▶ 1970년대의 어판장 모습

시기가 되고, 인천조합으로 합쳐져 가지고 인천 또, 조합 출장소가 됐지.아까 말한 대로.

　물건은 주로 서울로 나가고 인천, 수원 등 각지 사방으로 나갔지. 당시에 많이 거래되었던 종류가 엄청났어요. 예를 들면 제일 많이 나오는 게 대화, 게, 숭어, 민어, 여러 가지 나는 가지 수가 20~30가지 됐지. 그리구 패류는 한 4~5가지 정도. 동죽이 제일 많고 그 다음이 가무락, 그리고 빗죽조개라고 넓적한 조개가 있었구, 그리구 맛, 등등 그런 것이지요. 현재와 비교하믄, 당시에는 어패류가 워낙 많이 나서 하루에 서울로 올라가는 것이 지금 5톤차로 치면 하루에 3~4대 올라갔지요. 일반 물가와 비교할 때, 어패류 가격이 쌌지요. 쌀 1가마 정도라면 해산물은 자기가 지고 가지 못할 정도로 살 수 있었으니 엄청 많이 나오고 헐했지요.

　(당시에 여기서는 어떻게 갈무리해서 나갔습니까? 염장해서 나갔습니까?) 여기에서는 염장이라는 거는 별로 없고 전부 다 선어(鮮魚)로 나가고, 한창 봄 고때 그 전어라

고 나오는 거 있어요, 전어. 그게 원치 많이 나 가지고 그게 다 소비를 못 시켜 가지고 인제 염장을 해 가지고 군납도 해 보구, 저 이제, 형무소 같은 데로 납품도 해 보구, 그게 이제 마이 나와서 염장은 그거밖에 한 게 없고. 일반 선어는 전부다 생선으로다 출하핸 거죠.

(그럼, 냉동을 어떻게 합니까?) 냉동이라는 건 여기선 없었죠. (그러면 얼음으로 재워서 갑니까?) 그렇죠. 얼음으로다 해 가지고 가고, 금방 나완 건 바로 싣고 가서 서울가서 인제 얼음 채와 가지고 경매불르고. (여기 얼음창고가 있었단 말씀이시네요.) 오이도 판장에는 얼음창고라고 해 봐야 뭐, 쪼끄맣게 각 그 상인들, 예를 들어서 인제 나부터면 중매인이다게 되면 그 사람 자기가 스스로 인제 맨들어가지고 별도로 얼음을 재워 놓는 정도지 얼음창고란 게 원래 없었어요.

(차편은 어떻게?) 차량을 이용하고, 쪼끔 적을 때는 버스를 이용하기도 하고 인제. (주로 어느 시장으로 나간 거예요?) 그 당시에는 서울 그, 중앙시장이라고 있었고, 각 상회라고가 있었어요. 개인들이 하는 상회. 7개 상횐가 8개 상횐가 이렇게 되는데, 그런 데로 다 분산돼 들어가죠.

(혹시 청년 시절에 객주라는 얘기 들어 보신 적 없으세요?) 그때 당시 객주라는 건, 그전에 표현하던 말이고 그 쩍에는, '상회주인'이니 뭐, 이런 택이지. 그 옛날에는 객주라는 얘기를 썼다고 하던데 직접 들어 보지는 못했어요. 거기 가서 나무레 맡기고 자고, 댕기만 뭐, 객주라고. (객주가 뭐예요?) 예를 들어서 내가 생선을 가지고 서울로 올라간다 하게 되면은, 주인을 정해 가지고 그 주인더러 그 물건을 다 팔아 달라 해 가지고 그전이 다 물건 팔아 주구,

자기는 그것을 나무래 맽기고다 심[셈]해주믄 가지고 오는 거지. (그러면 객주한테 물건을 다 넘기고.) 그 맽기는 거나 한가지죠 뭐. 그 사람이 다 팔아 주는 거니까.

(이 동네서 객주했던 사람은 없어요?) 이 동네서 객주핸 사람은 없지요. 여기선 우리와 같이 전부 다 인제 갖다 물건 팔고, 고 전에 핸 사람들은 이제 모르죠. 지금 한 8~90살씩 먹은 사람들, 그 옛날에 여기가 인제 염전이 되기 전에는 완전 섬이었단 말이에요. 오이도라는 데가. 게, 그 때 당시의 일은 우리는 몰르고, 그, 일정 때 그런 건 우린 몰르죠.

고사 지내서 고기 마이 잽히게 해 달라고

(지도를 보니 윗살막 아랫살막에 대해 설명해 주세요. 무슨 뜻이에요?) 이 여기 어떻게 되냐면은, 여기 이렇게 건강망이 9개가 있다고 따져 보면, 여기 이렇게 중방이 되

▶ 오이도살막 1970년대

고 이쪽이 되고 이렇게 되면은, (그림을 그리면서 설명) 이 걸 왜 이렇게 살막을 줬냐면, 여기 이렇게 중살막 가운데 살막이죠. 이게 가운데에 있는 살막이야. 그리고 이제 아 랫살막이라는 것은 이쪽을 아래끝이라 해 가지고 이짝에 있는 걸 아랫살막. 요 젤 끝에 가 있는 거를 뒷살막이라 그 래는 거예요.

(살막은 뭐로 지은 거예요?) 게 지은 것도 아니예요 그 거는. 그냥 뭐냐 하게 되면은 비만 안 맞게 의지해 놓고서 그물에 갔다가 뜨거우면 거기서 조금 쉬기도 하고 이 사 람들이 원채 뭘 따지냐 하게 되면 미신을 완전히 위한다 구요. 그러면 여기 가서나무래 음식 같은 걸 차려 놓고 고 사 지내구. (그걸 뭐라 부릅니까?) 뭐 살막고사라 그러지. 하여간 그물고사라고 그래요 그물고사라고.

고거는 인제 어떻게 된 거냐면 옛날에, 고기를 잡으러 들어가게 될 거 같으면 고다가 이제, 집을 흙으로다 쪼끄 맣게 짓구 인제, 거기다가 인제, 무슨 미신들 미시는 거 있 잖아요? 지푸라기로 만들어서 뭐 갖다 놓고. 고살 지내고 그런다구요. 거기다 이렇게 막을 지놓고 가운데 이렇게 인제 그럼, 이거 가운데가 가운데고 저 밑에가 아랫살막 이고, 또 인제 요게가 뒷살막이고 이렇게 3개 살막이 있었 는데, 거기서 인제 고사도 지내고 인제 거기서나무래 무 슨 일이 있게 되믄 거기서 쉬어서 뭐야, 물이 덜 빠지마 인 제 쉬었다가 들어가고 하는, 인제 그런 장습니다.

(살막은 크기가 얼마나 됐어요?) 그냥 쪼끄만했죠. 큰 콘테이나 정도로 그냥 뭐, 집으로 진 게 아니고 그냥 이엉 풀 같은 거로 엮어 가지고나무래 비만, 그저 바람만 안 들 어오게. (틀은 어떻게?) 나무로 해 나무로. (나무로 세우고.

삼각형으로 세우는 거예요? 움집처럼?) 그렇지. 움집처럼. 내가 여기서 열아홉 이럴 때 보니까 그때는 이렇게 돼 있었는데, 군대 갔다 와 보니까 뭐 다 허물어 뻐리고 없애 버리고 없앴더라구. (살막에는 몇 명 정도 들어갔어요?) 그 안에 들어가는 인원이라는 게 뭐, 못 들어가기도 하겠지만, 거기 이런 종사하는 사람, 정치망이라고, 말뚝을 짝 박아 놓고 그물 쳐놓고 들어가서 고기 잡아 오는 사람들. 그리구 인제 고기가 인제 하나~, 둘~, 셋~, 넷, 아랫살막 같은 경우에는 3사람이 인제, 주인이 셋이 있었단 말이야 이렇게. 요 이 사람들이 보편적으로 1사람이 그물에 가서 고기 잡아 오는 사람들이 많이 들어갈 적에는 한 10여 명씩, 30명.

그렇게 되는데. 이, 살막 안에는 들어갈 필요도 없어요. 여기 사람들은. 그냥 그냥 가서 고기 잡아 갖고 오만 되는데. (살막에서 잠을 자거나 그러진 않아요?) 에. 그러니께 인제, 물은 빠지지 않고 1시간 더 있다 가야 된다 하게 되면 이제 거서 좀 쉬었다 가게 되는 수도 있고. (잠도 자요?) 잠을 뭐하러 거기서 자. (살막에서 밥을 해먹거나 그런 거는 없구요?) 그렇게 하는 사람들이 있었더라구. 피난나온 사람들. 이래, 갈 데 없는 사람들. 밥도 해먹고. (살막은 주로 언제부터 해요?) 봄부터 인제 가을까지. (가운데살막에는 살막이 몇 개 있었어요?) 가운데 살막이 3개. 아랫살막은 중방그물까지 해 가지고 4개가 있었구. 뒷살막이 인제 여기가 인제 하나, 둘. 전부 9개 있었어.

(그러면 군대 갔다 오니까 살막들이 일제히 다 사라진 거예요?) 다 사라졌어요. (왜?) 군대 가기 전에도 이 뒷살막 같은데는 없어지다시피 했고, 저, 아랫살막이라는 데

있고 가운뎃 살막으로 있었는데 갔다 오니까 없어졌더라구. (살막에 있으면 따뜻하죠?) 그전에는 그, 뭐, 거기서나 무래, 우리 오기 전에 지낸 사람들 말 들어 보니깐 뭐, 그 안에서 밥 해먹었다 뭐 했다 그랬다더라구. (그럼 살면서 고기 잡는 거예요?) 아니 주거지는 안말 있고, 근께 그 휴식장소로 봐야 될 꺼야.

(아까 말씀하신 살막에서 고사 지낸다는 건 뭐예요?) 고기 마이 잽히게 해 달라고 하는 거 있잖아요. (언제 지내요?) 그물을 이제 매놓고, 매놓고 나믄 떡도 좀 해서 가 가지고 놓고 고기 좀 마이 잽히게 해 달라고 얘기하는 거 그거지. (고삿날도 정해져 있었나요? 조금날 사릿날 식으로?) 그거 인제, 고기 있더라구요. 서맷날 지내는 거, 한맷날 지내는 거 있는데? 고날 자기네 그물 맨 사람들이 고날 인제, 갔다 그물이니까, 고거를 맞춰서 지내는 거 같더라구. (왜 서맷날하고 한맷날 지내죠?) 고 이제, 서매는 돼야, 언제든 나가 갖고 고기를 잡을 수 있으니까. (한맷날은?) 글쎄, 그건 미리 지내는 거겠지 뭐. [흐흐] (낮에요 밤에요?) 저녁때 지내요. 살막안에 상 차리고. (살막 안에다가?) 예. (뭐뭐 차려요?) 차린다는 게 별 거 없고, 포, 술[막걸리], 떡 해서 놓고. (고사 이름이 있을 것 같은데.) 살막고사라고 했지. 그걸 가지고. (실제로 그렇게 불렀어요?) '고사지낸다' 는 소리만 들었지 '살막고사' 란 말은 난 못 들었어. 고사 지내서 고기 마이 잽히게 해 달라고. (1년에 몇 번 지내요?) 몇 번 지내는 건 뭐, 내가 주관 안 해 봐서 모르겠고. 아마 한 절기로 따져 갖고 2~4번 되나 봐요. (언제 언제?) 봄 여름 가을 그럴 거예요.

(고사가 사라진 건 언제쯤?) 살막고사가 사라진 것도 따

지고 보면 시화공단 생기고 인제 바다가 전부 다 수렴되고 고기 못 잡으면서부터 시작된 거죠. (그런데 살막은 일찍 사라졌잖아요.) 살막은 일찍 사라졌어요. (그런데도 지냈어요?) 그 자리에다 가서 지냈지. (집이 먼저 사라지고 계속 지냈군요. 정확히 언제 사라진 겁니까?) 사라진 거? (예) 이거 사라진 게 바로 이 시화공단 생기면서 전부 사라진거 지. (그때까진 했었어요?) 그렇죠 계속핸 거죠. (그럼 1980년대 중반까진 했다는 말씀이시네요.) 80년대 중반이예요. 1987년에 저기 아랫살막 주민들이 이주를 했으니께. 이게 84~5년에 전부 사라진 거 같애요. (그러면 아랫살막 사람들은 87년도에 전부 막 공사 시작할 때 어디로 이사간 거예요?) 이 사람들은 안산시 선부동으로 전부 이주시켰죠. 1차적으로 그 사람들이 안산으로. 아랫살막이 1차적으로 매립이 됐으니까.

중방그물도 시화호때 같이 사라졌다

(그럼, 그 당시 중방그물이란 건 뭐죠?) 중방그물이라는 거는 인제, 어떤 식으로 돼 있냐 하게 되면, 이제, 이, 정치망인데, 물이 쓰고 난 다음에 다 빠지면은 인제 결국은 고기를 잡는 건데? 중방그물이라는 거는 '골'. 물이 쓰도 인제 쪽 빠지지 않는 자리에다 매는 걸 인제 '중방그물' 이라 하게 되는데, 그게를 이제 말뚝을 골에다 박구선, 그물을 밑창까지를 안 허고, 중간에다가 이렇게 매가지군 어느 정도 인제 물이 쓰게 되면은 그쪽에다나무래 고기를 걷어요. (그럼 밑으로 다 빠져 날 것 아니에요.) 밑으로 빠

져 나가는데, 이상하게 맨들어 갖고 하는데, 아! 그, 잘 걸리더라 구. (중방그물은 아무데나 설치 할 수 있는 게 아니고 골이 있는 데라야만 되는 거네요.) 골이 있는 데로만. 여기선 아랫살막이야. (가운데살막은?) 거 다 정치망이야 정치망. (뒷살막은요?) 뒷살막 도 정치망. (그럼, 아랫살막 거기 만 유달리.) 거기만, 그 거리라는 것도 딴 데서 정치망은 보통 뭐 5백 메타니 4백 메타니 뭐 이렇 게 되는데? 그, 정치망[중방그물] 이란 건 불과 백 메타 안팎. 백 메 타 될지 말지야. 개구랑 새에 고 기만 그… (그러니까 중방그물이 작았단 말씀이시죠?) 그렇죠.

▲ 오늘날의 시화호 방조제 풍경

중방그물은 정치망 식으로 되 긴 하는데, 중간에 골식이 있기 때문에 여긴 이렇게 일자 로 나가게 되죠. 양 날개는 조금씩 휘게 하고. 골이 넓은 편에 설치하죠. 중방그물도 시화호 때 같이 사라졌지요. 고기가 안 잡히는 게 아니라 제방사업을 하고 수자원에서 전부 수렴해서 보사을 다 내주고 나니까… 지금은 허가는 다 취소되고 없고 지금도 허가 없이 그냥 갖다 매둔 곳 1, 2군데 되지요. 지금은 김승범 씨와 김승렬 씨가 하고 있구 오이도에 살고 있지요.

(그물이야기를 더 묻겠습니다. 정치망이라고 하는 것은

글자 그대로 말뚝을 박은 건가요? 설명 좀 해 주세요. 여기서 정치망을 보고 건강망이라고도 했습니까?) 건강망이라고도 해요 이거를. (정치망이라고도 하고 건강망이라고도 하고?) 예. (말뚝을 박아 놓은 것이라서 정치망인데 그것을 건강망이라고 불렀다는 말씀이시죠?) 그렇죠. (그땐 건강망이라고 부르지 않았나요?) 그때는 건강망이라고 불렀죠. 정치망이란 거는 완전히 행정기관에서 하는 행정용어고. 이 건강망이라는 건 본래 그걸 가지고 건강망이라고 불렀어요. (네 알겠습니다.)

말뚝박아 논 거예요. (살막하고 중방그물은 틀린 거죠?) 예에. 중방그물이라는 거는… 이것도 정치망은 정치망인데, 그물 매는 위치가 틀린거죠. (그림을 그리면서) 정치망이라는 거는 완전히 이제 이렇게 해 가지곤 여기도 이렇게 해서 바다를 전부 다 쭉 하는 건데, 1사람당 하나씩 개인면허가 있었어요. 개인 걸로 되어 있었어요. 게 가지고 거기다가 말뚝을 박아 가지고 그물을 쳐 가지고서 완전히 물이 이렇게 들어올 적엔 들어왔다가 나가만 인제 여기 걸리는 거. (걸리는데, 중간에 불뚝이라고 없었어요?) 그쩍에는 그게 없었고 지끔에 와서 그것들을 맨들더라구요 이제. (전에는 어떻게 했어요?) 그냥 이렇게 한 거지 뭐 그냥. (길이는 얼마나 됐어요?) 요게 보통 한 5백~6백 메타 됐어요. (오 굉장히 크네.) 예에 크죠 그게. (몇 개 있었어요?) 여기가 정치망이 9개.

(누구누구가 소유했었습니까? 기억나시는 대로 좀 말씀해 주세요.) 그때 소유자요? (예.) 마지막을 얘기해야 되나 어째야 되나? (먼저부터 얘기해 주세요.) 그것도 매매를 해서 팔고 그래서. (기억나는 대로.) 처음에 내가 여기 와

"중방그물이라는 거는 골. 물이 쓰도 인제 쪽 빠지지 않는 자리에다 매는 걸 인제 중방그물이라 하는데 …
중방그물은 정치망 식으로 되긴 하는데,
중간에 골식이 있기 때문에 여긴 이렇게 일자로 나가게 되죠
양 날개는 조금씩 휘게 하고."

가꾸서 할 때 당시에 여기에 낸 사람들은 이젠 다 돌아가
신 경우지만, 여기가 인제 9개라 그래마 제일 처음에 여기
중방그물이라는 거 그게 인제, 그거는 바다 골새 골속을
막고서 중간이다 이렇게 그물을 쳐 가지고서 잡는 거를
말하는 건데. 그 중방그물을 박오득 씨란 양반이 핸 거예
요. 고 다음, 중방그물에서 고 다음 들어오는 경우가 그짝
에 박오돌, 그 다음 정치망 핸 사람이 박갑록. (만났던 분
이예요.) 고 다음에 핸 것이 김계창. 고 다음에 핸 사람이
최선봉. 그리구 고 다음에가 정영. 외자 이름. 그리고 고 다
음 거시기가 이진성. 이진성이라고 고 다음이 박상운. (그
러면 여덟인데요?) 여덟이야? (그 한 사람은 미상으로 하
구요.)

(중방그물도 정치망인데 골에다 설치하는 걸 특별히 중
방그물이라고 불렀다는 얘기죠?) 그렇죠. 물이 다 싹 썰지
를 않고, 어떻게 됐냐면 저짝에도 높은 펄이고 이짝에도
높은 펄인데 일로 인제… (중방그물 있다던 위치는 어디
쯤이예요?) 여기서 쭉 나가게 되면 안산시하고 시흥시하
고 경계고랑이 있다구요. 테마기념관 만들어진 데서 한참
가야 돼요 안산 쪽으로.

(좀 전에 살핀 8명 중에서 중방그물을 했던 분은 누구
예요?) 박오득 씨. (박오득 씨만 중방그물을 했고 나머지
는 그냥 정치망을 했다는 말씀이세요?) 다 정치망이지.
(그러면 중방그물을 하는 게 더 힘들겠네요.) 근데 그것은
골이가 면적이 많이 넓지가 않지요. 고거는 불과 잘해야
한 50메타. (그런데 굳이 박오득 씨가 거기 중방그물을 한
까닭은 뭐죠?) 그 이유는 그게 자기가 처음에 그걸 소유하
게 된 거예요. 개인소유였어요 전부. 그러니께 이제 대물

림도 할 수 있었고. 지끔이야 다 없지만 그 당시는 대물림
할 수 있었죠. (이 사람들도 대를 물렸나요?) 이 사람들도
이제 그대로 갖고 있다가 보상받은 사람도 있고 또 팔아
서 넘어가고 팔아서 넘어가고.

(팔면 얼마나 받았어요?) 그때 당시에 이거 한 바탕이,
(한 바탕. 바탕이라 불렀죠?) 네. 이거 한 바탕이 쌀 백 가
마에 거래됐다고 들었어요. 그때 당시에는. (선생님 쌀 백
가마면 엄청 비쌌네요.) 지끔은 백 가마야 아무것도 아니
지. 그때 백 가마면 아주 큰 돈이죠. 그때 쌀 백 가마만 가
지면 장리쌀을 놔 먹더라도 큰 떼부자여 그건. (쌀 백 가마
면 집 1채 값이네요.) 그때 여기 집이요? (예.) 여기 집이
뭐 집 짓고 있는 땅 집ᆞ다 합해 봐야 그 당시에 젤 좀 쓸
만한 집이 쌀 10가마밖에 안 됐어요. 그리고 시시곱절한
곳은 2가마 3가마. 그때 백 가마를 주고 샀어도 거기서 나
오는 어획고가 많으니까 뭐…

고기도 놀던 물이 좋다구

옛날에 고기도 놀던 물이 좋다구, 그 뭐야, 옛날에 살던
때가 좋았던 것 같애. 어떻게 됐든 젊어서 그런지, 지끔에
하여간 그때보다 편하게 산다는 건 지금이 편하게 살지요.
그때는 수도가 있나 뭐 정말. 전기도 중간에 들어왔고. 그
뭐뭐. 집이라 해야 뭐 단층집 오막살이 화장실에 뭐. 그냥.
밭에다 그냥 밭에다 그냥 짓고나무래 화장실이라, 그리고,
지금 와서는 전부 다 뭐 다 갖추게 사니까 지끔이 그때보
담 낫지 낫기는. 헌데 그때 당시는 젊었을 찍이라 그런지

그때 생각이 나. 지끔은 늙어서 아무것도 안 해 그러지. 사
실이야 지끔이 좋은 거지.

(몇 가지만 더 묻겠습니다. 여기는 조류가 어디서 어디
로 흘렀던 거예요? 뚝 막기 전에는 물이 쭉 흘렀을 텐데.)
저 팔미도 저짝에서부터 기냥 들어오는 거죠 뭐. 시화호
로 바로 치고 들어오는 거죠. (물살이 이쪽이 빨랐습니까
어땠습니까?) 그러니까 그게 수심 관계죠 그거는 . 완전히
지형 관계죠 뭐. 조금 여기는, 인제, 높은 데는 여기는 인
제, 가차워도 물이 안 닿고 좀 깊은 데는 벌써 쫙 밀려와
닿고. 게 골이라는 게 있잖아요 골. 골이란 게 있기 때문에
이 골을 타고 물이 들어오기 때문에 이 소래 같은 데도 요
기 들어오기 전에 벌써 소래 물 들어간다 말이에요. 게 지
형이 얕은 자리는 물이 먼저 닿고 지대가 높으면은 물이
나중 닿고.

(그 당시는 무슨 고기가 많이 잡혔어요?) 그때 숭어, 저
도 건강망인가 그거를 좀 댕겨도 보고 그랬지만 그땐 뭐
참 고기가 많았어요. (주로 뭐가 많았죠?) 봄에 여기 마이
들어오는, 지금은 뭐 없지만 그때 당시에 많이 들어오는
게 꽃게, 꽃게 뭐 숭어, 이 저 밴댕이, 이 저 전어, 그때 기
준으로 따져 보면 한 40가지 돼요 품목이. 그 뭐 쪼끄만
거 큰 거 다 따지면 그키 많은데, 그때 하루 인제 생산되는
양이라고 하면, 지금 쪼끄만 타이탄 같은 거 인제 뭐야, 4
톤짜리 뭐 이런거 그런거로 약 5대 정도는 나왔을 거야.
(엄청난 양이네. 대개 살에서 잡은 게 그 정도라는 말씀이
세요?) 아 살에서도 잡고 배에서도 잡고. 배가 여기 마이
들어올 적엔 40척 50척까지 배 물건이 들어왔는데.

(배는 어느쪽에 정박했어요?) 그때 당시에 이 아래살막.

*"살에서도 잡고 배에서도 잡고.
배가 여기 마이 들어올 적엔
40척 50척까지
배 물건이 들어왔는데."*

아래살막 있고 또 이짝에 배다리라고 있어요. 배다리는 현재 위치로 따지면 여기서 산모퉁이 돌아가면 배다리야. (저 들어오는 입구네요.) 예, 입구예요. (그 배들이 여기배예요? 딴 데 배예요?) 그때 당시에 여기 배가 한 20척 됐고. 딴 데 배 그때 당시에 일루 생선을 팔고 고기도 팔러 들어오던 배들은 이 옆에 형도라고 있어요. (시화호 형도?) 예 형도. 거기 배들이 일루 와서 팔고 그랬지요. 거기서는 생선 팔 때가 남양 저 사강으로 나가야 되는데 거기까지 뱃사람들이 갖고 짊어지고 나갈 순 없고 여긴 배가 직접 갖다 대노니께 일로 가져다 둔 거죠. (사강으로 갈려면 마산포로 가야 되잖아요. 그런데 마산포로 가지 않고 이리로 직접 왔네요. 여기 사람들이 물건 팔러 마산포로 가지는 않았어요?) 없어요 그런 거는. (마산포는 그때 당시에 연락선이 다니고 있었잖아요.) 글쎄요 아무튼 마산포 고쪽에 고기가 싼 거죠 전부 다 비싸질 않고 쌌다구요. 교통관계도 그렇고, 지끔이니까 포장되고 그랬다지만 그때 당시로 사강 같은 데 차 가지고 한 번 들어갈라만 진흙밭에 굴른 것 같아 가지고 뭐같이 되고 말도 못했어요. (그러면 선생님 여기로 형도 사람들 말고 어도나 음도 사람들은 안 왔죠?) 어도는 어디를 말하는 거야? (형도 옆에 마산포 앞에 어도.) 아아 거기 사람들은 안 왔어요.

(형도 사람들도 이북에서 월남 온 사람들이 많은데?) 맞아, 많았어요. 황해도 옹진사람들. (그러면 아는 사람들도 있을 수 있겠네요.) 아 여기 와서 알았죠. 고향에서라도 그쪽엔 몰라요. 애들쩍인데 뭘 알아요. 까물까물해 지끔 얘기한 걸 또다시 얘기하라면 못할 거야. (그래도 기억력 대단하십니다.) (그래도 같은 옹진 출신이라고 하면 반갑지

않아요?) 아 그건 틀림없어요. (지금에도 그렇죠?) 그래요.
그건 틀림없이 있더라구요.

(그러면 여름엔 뭘 잡았어요?) 그러니께 그 뭐 게 같은
거는 봄에 나오기 시작하믄 가을까지 나오는 거예요. 게
는 웬만해선 알 나와 가꼬 이렇게 될 적에는 게 잡아 오지
도 않았지. 지끔 같으믄 그거 뭐 없어서, 그거 뭐 보통 1키
로에 만 원 달라고 그러던데 뭐. 그쩍에 그런 건 안 먹었어
요. 그땐 그 게는 잡아 오지도 않았어요 수채. 알이 바깥으
로 나완 건 아예 잡기도 않고 먹지도 않았어요. 간혹 먹긴
먹었겠지만 시내 가서는 상품가치가 안 되서 팔지를 못했
어요. 지금은 없어서 못 먹지만… (그렇게 많던 놈이 언제
사라진거예요?) 없어라 한께 금방 없어지더라구요. 시화
로 막기 전부터 없어졌어요. (박정희 대통령 들어오기 전
부터 아니에요 혹시?) 그때도 이미 좀 적어졌어요. 한 60
년대. (나일론 그물 나오면서겠죠 뭐.) 맞아요. 나일론 그
물 그거 나오면서부터예요. (언제 나왔어요?) 나일론 그물
이란 것이 그저 나 한 30살, 35살 적까지도 나일론 그물
안 나왔어요.

(그럼 면그물 썼어요?) 그렇죠 면사 이렇게 해 가지고서
인제 갈물을 들여 가지고, 가나무라고 갈나무 있어요 그
걸 껍데기 벗겨서 말려 가지고 그거를 인제 팔았어요. 그
걸 사다가 큰 가마솥에다 넣고 물을 끓이면 완전히 그냥
갈색으로 물이 우러나요. 그러만 면사 그물을 그 안에다
집어넣어 가꼬 물을 들이는 거죠 그러케다가 그걸 갯벌에
모래장벌에다가 갖다가 널어 가지고 말래 가지고 그걸 갖
다가. 오래 썩지 말라고. 그걸 해 가지고 또 한 번 하고 마
는 게 아니라 15일 동안 한사리 동안 맸다가는 조금 때는

또 다 뜯어와야 돼. 뜯어 가지고 또 말려 가지고선 또 갈물을 또 들여 가지고 말려 가지고 또 가져다 쓰고. (보통 몇 년이나 쓸 수 있어요?) 그러케서 잘 써야 2년 안쪽이예요. 그렇게 힘들게 하다가 나일론 그물 나오니 이건 뭐… (옛날에 살맬 때만 해도 면그물 했었겠네요.) 그렇죠. 면그물로 했어요. (혹시 살에다가 면그물 대신 대나무나 이런 걸 쪼개서 한 거는 못 봤어요?) 그거는 그전에 일정때 그렇게 했대요. 싸리나무로 했대요. 일정 때 일정 그 뭐야 일정 때 바로 면사 그물이 있기는 있었는데 일정 때 거의 전부 다 그렇게 했다 그러더라구. 근데 그것이 바다에 가 보면은 지금은 볼래야 볼 수 없겠지만은 그전에는 보면은, 그걸 걷어 오지 않고 내뻐러 놘게 자빠져 가꼬 흙에 묻혀 가지고, 또 바람이 불어서나무래 바다가 패 나갔다 이제 덮이고 바다가 늘상 움직이는데, 게 어떨 때 보면 싸리나무가 쭉 있어. (싸리나무 흔적을 언제까지 봤어요?) 그게 그러니까 시화공단 생기기 전까지란 말이야. (시화공단 생기기 전까지도 가끔 나왔어요?) 예 뻘 속에서. (결정적 증거네요.) 그렇죠.

(그 당시에 조개는 뭐뭐가 나왔어요?) 여기서 나오는 조개는 젤 많이 나온 게 동죽. 맛도 있었고, 동죽 맛 가무락, 또 빗죽이란 게 또 있어요. 동죽이 많았죠. (그 당시에 아줌마들은 그걸 주웠겠네요. 동죽 가무락…) 뭐 조개는 가릴 것 없이 많이 잡았죠 다들. (그 당시 상품가치는 있었어요?) 아 상 가치죠. 다 서울로 가죠.

(서울 어디로 간 거예요?) 서울 뭐야 그 전에는, 일정 때나 여기 저 교통생기기 전에는 자전차로 대니고 그랬다 하던데, 뭐 우린 자전차로 대닌 건 못 봤고, 버스로 댕기고.

(버스는 주로 어디로 나갔나요?) 버스가 그러니까 서울로. 서울역에 가서 내리는 때도 있고, 서울역에서 내리면 서울역 뒤로 리어카에다 싣고 서울역 뒤가 중앙시장이 있었고 거기가 수산물 상회

▲ 동죽캐는 오이도사람들. 당연히, 지금은 육지가 되었다.

들이 쭉 많았다구요. 그 상회에 가서 팔고. (염천교 지나서 아니예요? 지금도 흔적이 있는데.) 염천교 지나서 맞아요. 고 밑에 중앙시장. 지금은 없죠? (지금도 있어요.) 그전에는 용산이나 이런 데가 없었어요. (그럼 그리로 가 가지고 직접 파는 거예요? 넘기는 거예요?) 전부 다 도매로 넘기는 거죠. (서울역 가는 버스가 없잖아요.) 옛날에 있다가 지금은 없어진 거죠. 천방호씨네 버스라고도 하나 다니고. 정왕역, 군자역이네. 서울역 가는 버슨데 하루에 3번 4번. (교통편이 있었군요.) 있었어요. (버스는 언제 처음 있었던 거예요?) 싣고 다닌 걸 따져보면은 내 나이 한 35, 36살 그짝에. (그때부터 서울역 가는 버스는 개통이 됐구나. 그러다가 그 버스는 언제 사라졌어요?) 그 버스가 사라진 게 그런께, 대략 아마 한 50대쯤에 사라졌을 거예요. 그 다음에는 트럭이 나와서 바로 실어 날르기 시작한 거예요. (그것도 서울역으로 실어간 거예요?) 그짝에는 서울역도 가고, 트럭 나오면서부터는 이짝에 노량진 수산시장도 생겼어.

▶ 소 달구지로 조개를 나른다.
뒤로 옥구도가 보인다.

그전에는 차가 없었어요. 차가 없어서 차 불러 가지고
싣고 가고 버스로 댕기지. (아이고, 고생이 많으셨겠네.)
우리 같은 나이는 버스로 많이 댕겼어요. (근데 그걸 어떻
게 다 날랐어요? 버스로. 많았잖아요 양이?) 양이 많았죠.
많았는데 이게 버스가 고저 생선 갖고 타고. 그때는 아주
말도 못할 정도예요. 서울 용산까지밖에 버스가 안 들어
가는데 거기서 내려 가지고. (그건 일반버스?) 그렇죠. 일
반버스. (시내버스?) 시내버스지. 이제 갔다 놓고 거기다가
리어커~ 리어커를 끄는 사람이 있잖아요. 그때만 해도~
그걸 끌고가 남대문까지 들어가고 깡까지 들어가고. (그
당시에는 남대문에서 했어요? 수산시장이?) 수산시장이.
거기~ (용산? 신용산?) 아니, 그때 중앙시장이. 아휴~ 잊
어 버렸네~ 서울역 뒤편 거기가 무슨? (염~) 염천교 자
리인데 지나와 가지고 수산시장이 지금도 있는지 모르겠
어요. 그때는 있었는데.[18] (지금은 노량진.) 지금은 노량진
인 거 알아요. (여기서 허락을 받아다가 그렇게 해서, 가지
고 가서 거기서 그것을 팔아 넘기시고.) 그렇죠. 그거 쫌

18 염천교 지나서 한국경제신
문사 못 미쳐에 위치한 중
림시장을 뜻함. 지금도 어시
장이 형성되어 있다.

하다가 어촌계장인가 그것 쫌 하다가 구판장 한 거예요. (계속 여기서 구판장?) 농사지어 가지고 또 하고.

고향 떠난 사람들

(그런데 갯벌이 쫙 막히면서 큰 변화가 있었는데 사람들의 삶에 가장 큰 변화는 뭐라고 생각하십니까?) 그때 당시에 이주관계지 뭐. 뭐야 그, 생계대책으로 일로 이주하는 경우, 그거를 이제 좋은 데로 가느니 나쁜 데로 가느니 이리로 해 달라 저리로 해 달라 뭐 그걸 가지고 변화라는 게 그거 좀 얘기 있었고. 한 부류는 안산시로 가고 그리고 또 이리 오이도로 왔고. (대부분 다 오이도로 왔습니까?) 완전히 저이 저, 수자원에서 해 준 데는 다 여기거든. (여기는 다 뻘땅이잖아요.) 그렇지. 다 이리로 몰려온 거죠. 그런데 자기네 준 대지를 팔고 딴 데로 이사간 사람도 있고. (그럼 여기는 쭉 살다가 이리로 이사온 사람들이 몇 가구 정도 있는 거예요?) 이리 와서 뭐 몇 가구라는 걸 제가 완전히 알 수는 없는데 한 절반은 아니라도 한 백 세대는 넘었을 거야 아마. (그래도 많이 왔네요.) (땅은 몇 평씩 줬어요?) 1필지씩인데 70평 뭐 68평, 젤 큰 게 74평. 평균 한 70평 줬죠. (그리고 또 뭘 줬습니까?) 보상 준 거라고는 또 요기 저 뭐 생계대책이라고 해 가지고서나무래 어시장 지은 거. 고거 인제 한 몫씩 준 거라는데, 그거 뭐 5평씩이라고 따졌는데 지금 와 보니까 5평도 안 되고 한 4평꼴로 주고. 저짝 넘에서 살던 땅값이니 집값이니 뭐 다 보상해 주고. 그러니 보상받을 건 다 받은 거지요 뭐 따지고 보면.

"한 부류는 안산시로 가고 그리고 또 이리 오이도로 왔고".

이 갯벌, 조개 잡던 거 그런 것도 전부 다 보상받고.

(그 당시 삶과 비교한다면 더 좋아졌다고 봐야 되나 어떻게 생각하세요?) 결국은 뭐 어떻게 보면은 거기서 그냥 살 적에나무래 더 좋다는 사람도 있고 일로 와서 사는 게 좋다고 하는 사람도 있는데, 그저 내가 생각해 보는 바로는 이게서 사는 것이 차라리 낫다고 생각해요. (왜 그렇게 생각하세요.) 그때 당시에 거기에는 시화공단이나 이런 게 저 생기지 않았을 거 같으면은 거기 땅값이 뭐 10만 원 전후였다고. 그러다 여기 생기미서 땅 가진 사람들은 그래도 보상을 최소한도 대지 같은 거는 백만 원, 배 가까이 받고 토지는 50만 원대 받고 이랬으면은 그게 얼만데. (논리적으로 따진다면 어차피 도시화가 되면서 댐이 안 막혔더라도 어차피 땅값이 올랐을지도 모르는데.) 시화공단이 안 생기면 도시화가 될 수도 없는 거고. 글쎄 그때 당시에 우리가 생각할 쩍에야 그것이 시화공단이 들어오니까 도시가 된다고 생각했지. 도시가 된다 해도 그렇지 우리가 이주를 해 가지고 손해를 본 건 없다 그렇게 생각을 하죠.

수인선과 소금의 추억

(염전이 사라지기 전의 오이도 환경이 궁금하네요) 어촌계원 총 세대수가 250세대 정도 됐으니까. (그 당시 어촌계는 안말 사람하고.) 오이도 사람은 전체 다죠. (가운데살막은 그때 몇 호 정도 됐습니까?) 가운데살막 5~6호 가량이나 됐는지 모르겠는데. (그럼 아랫살막은요?) 아랫살

막은 양쪽 두 군데로 봐 가지고 40호. (또 다른 마을은 무슨 마을 있었습니까?) 그래가지고 요짝으로 저 나가 가지고, '옥균도'[19]라고, 지금도 '옥구공원' 있잖아요?. (예.) 거기가 그또 그전에 정왕리로 돼 가지고, 뭐 한 동네는 아니지만 뭐 이웃동네가 옥구공원 '옥균도'라고 거기 있었고. (옥군도?) '옥균도'. 그리구 없죠 뭐. (염전마을이라고도 있었잖아요.) 염전마을이라는 게 옥균도지 뭐. 이 중간 마을정도 들어와서 '소래뻘'이라고 있었어요. '소래뻘 7호'라고 있었다고.

(소래뻘 7호 라는 건 뭐예요?) 근, 마을 저, 이름, 불르는 지명, 그걸 얘기해요. '소래뻘'이라는 것이 인제 여서 쪼금 나가 가지고 이제, 학교래는 것이 다 없어졌습니다만, 학교 저짝으로 소래뻘. 고짝으로 쪼끔 나가 가지고는 '7호'라고 있어요. (7호는 왜 7호라고 했어요?) 고기, 그러니까, 염전 그, 기숙사들 몇 호가 있었다구요. 고기가 그러니까, 7호 관아거든, 거기가. 염전 7호 관아. (그러면 염전이 몇 호나 되었어요?) 염전은 1호, 2호, 3호 해서 이제, 1구, 2구, 3구, 4구 이렇게 구로 나눠져서 4구까지 있었죠. (1구가 면적이 얼맙니까?) 우리야 몰르죠. 저기 2구는 6호까지 있는데, 4개 호는 20정보고, 또 1개호는 13정보고, 1개호는 17정본가 그렇게 돼요.

당시에 염전주택이 일본인이 만든 것도 있었는데 옥균도에 있었지요. 일본 사람들이 살던 집도 많았는데 20호는 훨씬 넘었는가. 일본식으로 지은 것은 '일본인들이 직접 살던 것만 일본식으로 짓고, 다른 것은 사택인데 일반 집으로 그냥 지어서 종업원들이 살았지 일본식이 아니었지요. 그때 당시에는 종업원들이 살 집을 제공했던 것 같

"당시에 염전주택이 일본인이 만든 것도 있었는데 옥균도에 있었지요. 일본 사람들이 살던 집도 많았는데 20호는 훨씬 넘었는가."

19 '옥구도'를 말함.

아요. 살다가 나중에 돌려주는 것인데, 개인 소유가 아니고 염전 소유로 넘어가고 넘어오고. 그 염전주택들도 시화사업 당시에 없어졌구 . 관사도 그 근방에 다 같이 있었는데.

옥군도에서 소금을 나르던 군자역까지는 약 4km밖에 안 되지요. 원래는 대한염업이 아니고 전매청으로 움직이다가, 대한염업으로 이전시켜 줘서 대한염업에서 나르던 것이 가시렁차라고, 기차 한량보다 훨씬 작게 쇠로 된 기구를 만들어서 역전까지 싣고 가서 다시 기차로 옮겨 실었구요.

뚜껑 없이 짐만 싣고 끌고 다니는 배, 이름은 잘 모르겠는데, 이 배는 대꼬작도 없고 그냥 바가지 같은 것인데 배 이름은 몰라요. 기계배가 끌고 갔지요. 여기에는 짐을 무지무지 많이 실었다지요. 짐배는 전매청 당시에 그랬던 것이지요 (대한염업 생기기 전에 전매청 때 배로 싣고 다녔다고 말씀하셨죠?) 응. (근데 전매청 안 하고 나서,) 전매청 안 하고 나선 인제 전매청에서 이, 대한염업으로 다 넘겨줬 버렸단 말이야?. (그러면서 기차로도 싣고 다녔어요?) 응. 기차로도 싣고 다니고. (배로는요?) 배로는… 대한염업으로 넘어가 가지고 배로 싣고 대니는 것은 못 봤어. (배가 없어진 거예요?) 배는 일본으로 싣고 나갈라는 거였지 뭐…(자유당 되고 대한염업으로 가면서 왜 배가 없어졌을까요?) 그, 정치가 바뀌면서 일본이 안 가져 가잖아.

(여기 소금이 저 강원도 내륙, 원주 이쪽으로도 다 갔어요?) 그럼 다 갔지.(기차가 먼저 출현했어요? 배가 먼저 출현했어요?) 그건, 배로 할 적에도 기차로두 갔고. (그럼, 배로 가는 것은 인천으로 갔고 기차로 가는 거는 어디로 가

요?) 기차로 가는 거는 하여간 기차로 싣고 가는 거니까, 그 기차라는 건 인천과 수원밖에 댕기지 않습니다. 그러니까 인천, 수원으로 나갔다고 봐야겠지요. (수인선?) 수원 서고 인천 서고. (하루 몇 번 왕래했어요?) 그때 당시에 뭐, 여게 우리가 객차로 댕기는 건 하루에 3번 왔다 갔다 했는데, 화물차는 뭐 그것도 아니고, 물건 있으면 있을 때 댕기고 없을 때는 안 다녀요. (당시에 수인선에 사람은 안 탔습니까?) 왜 안 타요? 타고 댕기지. (주민들이 수인선을 어떻게 이용했는지 좀 알아볼려구요.) 아아. 수인선은 우리는 그때 당시에는 사실상 거기까지 갈라면은 걸어댕기야 해요. (그럼 뭘 쥐고 거기까지 가는 거예요?) 그러이, 뭐 필요한 물건 있으마 지고 가고 이제, '자전차.' 자전차에다 실고서 이제 날르고. (오이도에서 군자역까지 걸어서 얼마나 걸려요?) 1시간 잡던 거예요.

(군자역에서 기차 타고 왕래하던 사람들은 주로 어디 사람들이 많았어요?) 그거는 뭐, 그쪽에는 교통수단 하게 되면은 철로 연변으로는 뭐, 수원서 인천까지 오는 게 딴 뭐, 뻐스라든가 이게 없었단 말이에요. 그렁께, 전부 다 그 차를 이용하다 보믄, 하루에 3번 댕일 쩍에 언제든지 만원이지 뭐. (주로 어떤 사람들이 이용해요?) 그때 당시는 주로 상인들이 많이 이용해요. 뭐, 쌀, 채소류, 생선류, 이런 것들 전부 갖고서 인천으로 팔러 가는 사람, 수원으로 팔러 가는 사람. (수원 사람들은 주로 뭘 팔러 다녀요?) 수원에서 팔러 오는 사람은 별로 없죠. 수원서 쪼끔 떨어져 갔고서 인제 올라오기 시작하는 거죠. 타고서 올라오고. 여, 인천도 인천 사람들이 수원으로 팔러 가는 거는 거의 드물고. (그럼 누가?) 그렁게 이제 중간 사람들이 하는 거야.

오이도 같은 사람들이 이제 여기서 나는 물건이 인천으로 가서 제값을 받을 수 있는 거다 하믄, 군자역에 가 가지고 인천으로 가고, 또 수원이 필요하다 하믄 수원으로 나가고. 그래고 이제 그와 똑같이 딴 역에서도 다 마찬가지예요.

(지금은 주로 뭘 이용해요?) 지끔이야 차나 마나 뭐 있어요? 해산물 나야 말이지. (그 당시 군자역전 풍경은 어땠어요?) 군자역전요? 역전풍경이 뭐, 거기에 염전 창고가 3갠가 4개, 큰 게 쭉 있고. 게 인제 기차역 있고 기차역 옆으로 음식점 좀 더러 있고 그 옆으로 구멍가게 더러 있고 고렇게들 있었지요. (그리고 민가도 있었습니까?) 그렇죠. 민가도 있었죠. 쪼끔만 들어가며 이제, '피앙촌' (평양촌)이라고 해 가지고 동네가 크죠. (피앙촌이란 건 뭐예요?) 동네이름이 피양촌이었죠. (왜요?) 정왕린데, 게, 옛날에 평안도 사람들이 많이 와 살았다고 해 가지고 '펴앙촌'이라고 그래 불러요. 그래 했다는 말만 들었죠 뭐. (집단적으로 모여 살았군요.) 그래 많이 한데 모여 살았나 봐요.

▶ 피앙촌(평양촌) 1982년

(혹시 수원역 다음에 대략 기억나는 역이 있으세요?) 먼 점은 다 기억이 됐었는데… 수원역 다음이. 원곡, 야목, 고새기, 사리, 어천. 어천 다음이 고새긴가? 그거. 그렇게 해 가지고 또 하나가 있는데 그건 잘 모르겠네. (어천이나 사리 사람들은 대개 해물은 실은 건가요?) 해물두 해물이지만 거도 농사짓는 사람도 있지요. (그렇죠. 야목은 농촌이지요.) 예. 농촌 사람들은 농촌 사람대로 그 뭐냥, 말도 못 해. 채소도 있고 콩까지니 뭐니 해서나무래 그냥 타기 시작하믄 쌀 전부 해서 뭐 차가 사람차가 아니라 짐차가 되다시피 해서. (언제까지 그렇게 해서 다녔어요?) 그것이 수인선이 폐지되기 전부터는, 언제부터 그랬냐 하믄, 경인산업도로가 생기고 또 뭐냐, 뻐스가 많이 이용이 되기 시작하믄서 수인선이 없어지고 그때 댕긴다는 거는 사람만 태워 가지고 객차 2개 달아 가지고 이제 고거로 댕길 적에.(화물선이 아니라 사람만 타고 다닌 걸로 바뀐 것은 대략 언제쯤입니까?) 사람만 타고 대니는 걸로 배낀 거는 아마 시화공단 생기기 4~5년 전부터 그렇게 된 거죠 아마. (얼마 안 됐군요. 그때는 맨 처음에 수인선이 있을 때 그 기차는 증기기관차예요 뭐예요?) 처음에는 그런께 이 그 뭐야, 조개탄 그걸로 댕기다가 디젤인지 뭔지 연기 안 나는 거로 댕긴 것은 연수로 알 수 없죠. 뭐.

(수인선 상의 역 중에서 가장 많이 이용하는 역은 어디예요?) 역전 중에서 가장 큰 역전은 수원과 인천 빼 놓구서 인제 제일 큰 데가, 사람이 많이 타고 내리는 거는 이, 군자역도 빼 놀 수 없는 곳이고, 또 저짝으로 가게 되면, 사리나 그, 저, 어촌 그짝으서 타고 올라오는 사람들이 많더라고. 근께 뭐뭐, 중간역들은 많을 때 있고 적을 때 있고

대중 못해요. (주로 여자들이 많이 이용했어요? 남자들이 많이 이용했어요?) 여자가 많았어요. (주로 뭘 팔러 가요?) 그 뭐야, 농산물. 뭐, 그, 해산물 이런 거.

(농사도 지셨어요?) 농사졌지. (농사 여기 뭐 없던데?) 아~ 저 산 너머에 있죠. 여기는 바다예요. (여기는 원래는 바다~) 바다를 메꾼 지 10년도 안 되었어요. (10년도 안 됐어요? 그러니까, 일종의 신도시네. 간척지 정도.) 그렇죠. 완전히 신도시죠. 완전히 아직은 사람이 살던 도시가 아니니깐. (아~ 그렇구나. 그러면 대부분 이쪽 분들이 어로에 종사하시나?) 이루 넘어와 가지고요. 저쪽에 이주 되가지고 전부 다 그냥 뭐냐 이루 넘어와 가지고 사는 사람 많긴 많겠지만 여기서는 나와서는 사람들은 전부 다 장사 뭐 하는 사람 있고 뭐 가지각색이에요. 바다에 나가서 일 하는 사람 있고 배 하는 사람도 있고. (그러면 어르신께서는 바다에 나가서 일하고 뭐 이런 건 안 하셨어요?) 바다에 나가서 뭐 직접 고기를 잡고 그런 게 아니고. (어부생활은 안하시고.) 네, 그런 건 안 했어요.

(또 뭐 염전을 잠깐 하셨다고?) 예, 염전을 나가서 일했어요. (그 얘기 좀 해 주세요.) 뭐 염전 일이란 거야, 소금 내는 일이니깐. (그 당시에 어떻게 했어요?) 그때 그 당시에는 이제 이 뭐야 이거 대한무역이 아니고 그때 당시에는 전매청 당사예요. (아~) 담배하고 소금하고 전매청품 이니까 아~ 그래 가지고 전매청에서 직접 관리해 가지고 그래 가지고 일하는 체계가 있죠. 일하는 사람 있고, 반장 있고, 감독 있고 있지 않겠어요? 그래 가지고 말단에서 처음 일하니까 말단 애들이 소금을 퍼 가지고 고물 안 쳐 갔고, 그것을 이제 걸어 가지고, 또 지금은 이렇게 끌고 다니

▲ 단일염전으로 국내 최대였던
군자염전. 1988년 모습으로
지금은 아파트촌이 되었다.

는 뭐 이런 거 같은 밀차가 있지만 그땐 그거 없고 소금을
메고 다녔어요. (아~ 그럼 힘도 장사셨겠네.) 사람은 아무
나 다하는 건데. 그저 다른 사람도 그 많이는 안 했어요.
한 6년 했나 봐요.

　(그 당시에는 이 지역에는 그런 염전이 많았던 거 같아
요.) 많으나마나 대한민국서 제일 크다는 염전이 군자염
전, 지금 이 시화공단 시화공단 자리가 전체가 다 염전이
야. (아~) 그게 일부는 있다가 없어져 갔지만. (무슨 염전
이요?) 군자염전. (군자~ 어~ 군자염전. 지금은 없어졌
죠? 이젠.) 이제는 없어요. (하나도 없어요?) 하나도 없어
요. 염전이란 100% 없어요. (염전에, 그게 없어진 지 얼마
나 됐어요?) 그것이 그러니껜 87년도부터 여기가 매립되
기 시작했어요. 그러니껜 87년 전이구나. 85~6년 전부터

▲ 시화호 생태기념관에 벽화로
만 남은 염전

염전을 안 했어요. (아
~ 그러니깐 86년부
터 그 그때부터 이미
매립이 되어서 염전이
끝났군요.) 그때부터
매립된 거지. (그러면
은 그 당시에 이제 결
혼을 하셔서, 자녀들
이 이렇게 생기고 그
럼 뭘로 생계를 했어
요?) 생계 그거죠 뭐. 근께 처음에는 작물 좀 재배해 가지
고 다른 사람에게 팔고, 또 농사를 짓고 그러다가 그렇게
해 나오다가 이제 구판장 해 가지고 거기서 좀 벌고 농사
좀 하고. 그때만 해도 전부 다 못 살았지 잘사는 사람 별로
없었어요. 반드시 살아 갈려고.

구판장이라고 그러고 명맥을 잇고 있는 거지

(지금하고 계신 구판장의 역사가 궁금하네요. 선생님께
서는 생선 넘기는 일을 몇 년 정도 하셨습니까?) 고렇게
하는 거를 내가, 그때부터는 서기로 따지게 되면, 79년까
지 했죠. (꽤 오래 하셨네요.) 꽤 오래 했어. 게, 말하자면
일상 직업이나 마찬가지로. (수입은 얼마나?) 수입이 그쩍
에 별로 없었어요. 헌데, 그때는 원체, 그도 좀 속이민 뭐하
미 해야 되는데, 우리는 그것도 속일중을 잘 몰라 가지고,
그냥 저기서 파래면 파는 대로, 나 먹을 거만 좀 먹고 인제

갖다주고 그래다 보니께, 그거 해 가지고 인제 그럭저럭
밥이나 먹고 그러다가 79년도 7월 달인가 봐요, 아마.

지가 인제 '어촌계' 라고 해 가지고나무래, 계장을 관두
게 되고, 날더러 인제 계장을 또 79년도 보라고 그러더라
구요. 그래서 인제, 난 뭐 여기 와서 타관이고 해서 동네일
을 보겠냐고 안하겠다고 했는데, 자꾸들 하라고 권고하고
그래서 인제, 그걸 좀 시작해 갖고 3년 좀 핸 거죠, 인제.
햇수로 3년이지 뭐, 실제로는 연수로 따지면 1년 반배끼
안 되죠. 그걸 하다 보니까, 어촌계도 그거 좀 그거 못하겠
더라구. 왜 그런고 하니, 사실상 그게 어촌계장이고 뭐구,
지금은 그거 벼슬이라고 아주 뭐, 이러고 저러고 하는 사
람도 많고 아주 못하겠어, 관둔다고 했 뿌렀어.

어촌계장은 그러니께, 일이라고는 할 거 없고 마을 단
위로 어촌계 편성되어 가지고 상호 협동조합 해 가지고
적을 두고서 거기에서. 뭐하면 뭐하고. 마무리, 세관 일들
을 고저~ 우리를 대표하는 내가 대표자가 되는 거지 뭐
~ (아. 반장~) 그렇죠. 어촌계장하게 되면 그 밀매리를
하게 되면 밀매리를. 그 동이건간에, 지금도 어촌계 한 가
족이었어요. 대표가 되는 거예요. 그거 잠깐 하다가, 그러
다가 그것도 뭐해 가지고 구판장. 그러니깐 거기서 구판
장해 가지고 구판장 나와서 하게 된 거예요.

관둔다고 허니께 이제 동네에서 하는 얘기가, 구판장이
나 한 번 맡아서 해라 그래서 1981년도부터 인제. 어촌계
장이고 뭐구, 지금은 그거 벼슬이라고 아주 뭐, 이러고 저
러고 하는 사람도 많고 아주 못하겠어, 관둔다고 했 뿌렀
어. 그때부터 인제, 관둔다고 허니께 이제 동네에서 하는
얘기가, 구판장이나 한 번 맡아서 해라 그래서 1981년도

"사업자 등록이
구판장으로 돼 있어서
구판장이라고 그러고
명맥을 잇고 있는 거지,
지끔은 뭐 어촌계와는
하등 관계도 없는 거지"

부터 인제.

(오래 하셨네요. 구판장 하신 지는 얼마나 되셨어요?) 한 20년 되었을 거예요. 저 너머서 하다. (오래 되셨네~ 그럼, 이 지역에서 하신 것은?) 한 3년. (바로 여기서?) 3년. (현 주소지에서는 어~ 3년. 그러면은 구판장. 주로 여기서 판매하는 게 뭐예요?) 여기서 판매하는 것은 몇 되지도 않아요. 별거 없어~ 내가 볼 건 없고 집 사람 보고 나오라고 했더니, 뭐~ 저 그거 일이나 하고 앉아 있다가 저녁시각만 되면 이놈저놈 죄다 모여서 한 몇 명 몇 명 모여요. (그래요~) 한 4시쯤 되면 술 한 잔씩 먹고 또 놀던~ (그러면 그분들도 대부분 여기서 오래 사신 분들이에요?) 그렇죠. 뭐 오래 산 사람들이지. 친구들도 있고~ (그러면 그분들도 나중에 저기 뭐야~ 살아오신 애기 들으면 좋겠다!) 그 사람들은 할아버지라. 우리네 사람이나 똑같은 거지. 뭐하고 아무것도 없어요~

(당시에 구판장은 어디에 있었어요?) 그 인제 그, 저, 그거도 안말 거기 있었죠. (가게가 구판장 하나밖에 없었어요?) 구판장은 개인들 가게가 고 안말만 해도 구판장까지 4개가 됩니다. (구판장은 어촌계 직할로 돼 있었습니까?) 그렇죠, 이제 어촌계 직할로 돼 있었는데, 그때 당시에 첨에는 그냥 직할로 하다가 내중에 이제 그시기 하더라구요. 뭐라고 하게 되냐면은, 서로가 심[셈]하기도 귀찮고 하니 맡아 가지고서 하고 1달에 전기세나 조금씩 내고서 하라고 그렇게, 동네서 해서. 고게 한 3년하고 나서니까 한 76년 75년도 정도. (예전에 어촌계 소속일 때는 벌어 가지고 나눠먹는 거예요?) 벌어 가지고 버는 대로 전부다 인제 입금시키고, 그 담에 인제 거기서 1달에 월급을 주는 것

이죠. 말하자면 어촌계 직원이 되는 거지요. 거기서 인제
1달에 얼마씩 주면 이제 그거 받아서 생활하고. 그게 아
마 한 3~4년 그러게 된 것 같애요. 그러구 나서 뭐, 별루
어촌계 수입되는 것도 없고 해서 맨날 심하고 그거 구찮
으니, 차라리 맡아 갖고 해 버려라 그래서 맡아 갖고 핸거
예요. 사실상 뭐, 돈도 별로 내는 것도 없이, 어촌계 전기
세 정도나 물고 쭉 해 온 거죠. (20여 년 전 그 당시에 어촌
계 구판장에서 팔던 물건은 어떤 거죠?) 생활필수품 같은
그런 거구, 쌀 같은 거는 없었구. 이 뭐야, 구멍가게에서 파
는 그, 생활필수품같은 거 팔은 거죠. 수입이란 것이 별것
도 없고.

　(구판장은 마을이 다 사라지고 난 다음에 이리로 다시
이어져서 하고 계신 겁니까?) 아니죠. 이거는 지금 와서
내가 그, 사업자 등록이 81년돈가 이래 낼 적에 구판장으
로 났단 말이야, 사업자등록증이. 그 등록이 죽지 않고 있
어서 여기 와서 이제, 사업자 등록이 구판장으로 돼 있어
서 구판장이라고 그러고 명맥을 잇고 있는 거지, 지끔은
뭐 어촌계와는 하등 관계도 없는 거지.

장가들여놓으니깐 다 도망가고 말아요

　(실례지만, 결혼은 몇 살에 하셨습니까?) 결혼도 쪼금
늦게 했어요 나도. 딴사람보다. 28살 쩍에. (색시는 어디
분이셨어요?) 여 동네 여자였어요. (오이도 분?) 네. (중매
로? 연애로?) 게, 중매로죠. (할머니 성함은요?) 임신화. (춘
추는요?) 나보다 11살 아래지.

(자제분들도 같이 사십니까?) 밖에 나가 살고, 하난 뭐 집에도 살고. (지금 아드님하고 사세요?) 아들 하나 있어요. 아들 셋인데, 큰놈하고 살고 있어 지금. 딸 하나 있는 거는 시집가고 없구. (어디로요?) 저, 충북 진천으루.

(사모님은 무슨 띠세요?) 글쎄 난 무슨 띠인지도 모르겠어. (올해 61세면은 무슨 띠가 되나? 건강은 하시죠?) 저요? (네) 그냥 건강도 뭐 완전한 편이 못 되죠, 혈압이 높고 좀. (혈압이 좀 있으세요?) 약주 좀 먹고 남자끼리는 못 끊는거야. (아, 그래요, 약주는 좋아하시겠네.) 네. 그건 잘 들어가요. 하루도 빠지는 날이 없으니깐. (아, 그러세요, 약주를 좋아하시는구나. 담배는 피우세요?) 담배는 끊었어요. (담배는 끊으시고. 담배는 언제부터 끊으셨어요?) 담배 끊은 지가 한, 50살쯤 끊었으니깐 한 26년. (아~ 아주 오래 되셨네?) 한 20년 되었어요. (담배 끊은 지는~ 한 20년, 약주는 보통 얼마 정도 하셔요?) 1병 정도 먹으면 될 거예요. (소주 1병?) 네. (뭐 1병 정도면은, 근데 매일같이 드신다고요?) 매일 먹는 거예요. 근데 그전에는 1병 더 먹었지만 지

▶ 부인, 아들과 함께 오이도의
옛집에서

금이라면 1병 더 먹으면 견디질 못해요 (주로 안주는 뭘로 하셔요?) 아주 많죠. (횟감도 많고 이러니깐.) 왜냐면 바다에 다니는 사람도 있고 (아~) 친구들 중 전부 다 아는 사람들 자기가 직접 잡아 가지고 오는 사람도 있고, 소주도 갖고 오는 사람도 있고 술 갖고 오는 사람도 있고~ 뭐 안주는, 만났다 하면 놀아요~ (그래요) 고기 가져오는 사람도 있고, 뭐 별거 갖고 오는 사람도 있고 (여러 가지~) 거기 또 이렇게 만들어 놓고 있잖아요 (여기가 안주 코너네~) 네, 여기가 구판장이에요 (어~ 뭐 여기 친구분들이 모여서 노시는구나.) 이 조그만 데에 빙 둘러 앉고 (완전히 뭐~ 놀이터네. 여기서.) 그게 아니라 장사라면 도저히 안 되요 맨날 일도 안 되고 그러니깐 할 일도 없고 그냥~ (이게 집이 건물인 거 같은데?) 네. (이 건물.) 네. (저기 이게 어르신 건물이에요?) 그래요, 네. (하~ 어르신 굉장히 부자시네.) 뭐~ 건물이래 봤자 부자일 게 뭐 있어. (그래도 자기 건물이잖아요?) 아이~ 자기 건물이면 뭐해요 (어~ 건물이라도 이렇게 지어 갖고 사시니깐~) 그렇죠 여기 사는 사람들 같진 않지. (나은 정도예요? 이게 몇 층짜리죠?) 조금한 거까지 3층이죠 (어휴, 3층 여기 위에 2층에서 살림하시나요?) 네. 2층에서 삽니다. (2층에서 살림하시고 그럼 3층에서는?) 3층에서는 장남으로다 혼자 3층 다 살지. (아~ 혼자 사니깐.) 2층에서 영감하고 할매하고 둘이 그리 되니깐 말도 아니에요 그러니깐 말도 아니야. 처음은 애들 다 각기 살려고 맘먹고 지금 지었는데, 반대로 장가들여 놓으니깐 (그럼요) 다 도망가고 말아요 (예, 요즘은~ 뭐.) 그 대신. (뭐, 가까워서 사는 거지 뭐~ 공부시켜서 내보내서 장가까지 갔으면 되었지 뭐. 시집장가

"뭐~ 건물이래 봤자 부자일 게 뭐 있어. 자기 건물이면 뭐해요."

갔으면. 그러시구나.)

(이야기를 쭉 들어 보니 그러면 그냥 염전 일 2년 정도 하시다가 계속 장사만 하셨네?) 그러니깐 장사든 농사든 이제 2가지를 한 거죠. (장사하고 농사. 농사는 어느 정도? 밭농사, 논농사 다 하셨어요?) 조금씩 다~ (농사 어느 정도 지으셨어요?) 농사 농경지 땅을 쌀 한 30가마 정도. (아, 그러면 제법 많이 하신 거네?) 그래서 나중에는 먹고 남았지~ (30가마면 많이 가진 거네. 그럼 몇 마지기였어요?) 그게 2천 5백 정보. 10마지기 넘는 거지. (10마지기가~ 그러면은 1 · 4 후퇴 때 젊어서 진짜 청년시절에 여기 오셔서 아주 자수성가 하신 거네, 그죠?) 자수성가나마나. 고생깨나 한 거죠 뭐. 하여간 17살 그적부터 여지까지 일만 해온 사람이나 마찬가지니께 뭐~ (계속 일만 하시고 사셨고.) 학교 댕겨야 할 나이에 일만 한 거여.(그러면 지금은 큰아버님은 이제 작고하셨겠네?) 돌아가셨죠. (그러면은 그분 가족들도 여기 이쪽에~ 다 뿔뿔이 흩어졌죠?) 사촌이 있는데 사촌이 지금 서울에 살고 있어요. 사촌 하나밖에 없고. 근데 사촌누이, 동생들이 있는데 죄다 시집갔어요. 지금 살고.

사람 사는 이야기

(그러면은 이거 지신 지 3년 되었다고요?) 3년은 넘었지요 한 5년 되었나 봐요. (한 5년, 이게 일종의 빌딩이에요.) 빌딩, 쉽게 얘기해서 빌딩이지. (아니 근데 여기 앞 건물 세 줘도 되잖아요?) 근데 아직은 뭐 할 게 없어요. 여기서

앞으로 바닷가 찻길은 거기는 세도 뭐 1달에 뭐 1억에 5
백만 원씩 하는 집이 많아요. 전혀 달라요. 근데 뒤로는 안
되요. (여기는 안쪽이라서 그런가 봐요.) 거기에서 이 땅에
다가 이 집만 짓고 살아도 그래도 괜찮죠. 그 사람만 해도
될 거야. 뒤는 그게 아니야. (그렇게 차이가 나나요?) 차이
가 나나마나 저기에서 이렇게 앞이고 이쪽이 뒤면은 앞과
뒤가 나간다고여, 앞대가리. (여기서 여긴데.) 아이고 소용
없어요. 그러니껜 놀러오는 사람들이나 방문객들이 그 앞
쪽에 바다로 된 데에만 빠지지 뒤로는 한 사람도 안와요.
여기는 사람 구경은 못하는 거여. (글쎄, 아니 이렇게 보니
까 주택가가 한적하고 좋으네요. 오히려 근데 장사하고
이러면 좀 문제는 있죠.) 장사하는 데는 안 돼요.

  (여기 하루에 매상은 별로 많이 안 올리는 거 같아요.)
아이고 없어요. 매상이나마나 아주 없죠. 없다고 봐야 돼
요. (없어요? 어떻게 먹고 살아요?) 뭐 먹고 사는 건, (집 있
고.) 그전에 갖고 있던 게 좀 있고 그러니깐 아주 애들이
좀 주고 그러면, (그러시구나.) 용돈 써 봐야 1달에 20만
원씩 주면 40만 원 50만 원 가지고. 내가 그렇게 살어. (진
짜 이거는 어르신 놀이터네?) 아이구, 세금 세무서 나오면
세금 부가세 면제인데. (아~ 그래요?) 그래~ 3천만 원 따
지면 팔아야 3천만 원 세무 자료를 내놓아야 돈을 내는데
그게 세 자료를 만들내야 못 만드니까. 그러니깐. (그렇지,
그러네~ 그러면 친구분들은 여기 언제쯤 들어오셔요?)
여기 4시 반이나, 4시. (그때쯤이면 슬슬 모이세요?) 그렇
죠. 슬슬 모이죠. (요즘 겨울이라서 그런지 엄청 한적한 거
같네. 아니면 저녁 무렵이 복잡한가? 어때요?) 복잡하고
분주한 땅이 저쪽 앞이여. 근데 공일에 복잡해요. 저쪽 앞

*"아이고 없어요.
매상이나마나 아주 없죠.
없다고 봐야 되요.
뭐 먹고 사는 건, 그전에
갖고 있던 게 좀 있고
그러니깐 아주 애들이
좀 주고"*

에는 별루 복잡한 데 없어요.

(요즘은 하기는요, 대형 마트가 많이 생겨서 더 진짜 안 되는 경향이 많아요. 그러면은 사모님은 그냥 댁에 계시는 거예요?) 그렇죠 뭐. 댁에 있고 여기 뭐야 여~ 수산시장 옆에 대도시가 있는데 거기 일자리가 젓갈 판다고 가서 만 원도 받아 가지고 오고. (아~ 젓갈. 그 주로 이젠 그 손님들은 대부분 관광객들이잖아요? 동네 사람은~) 동네 사람들이야 뭐 별로 있어요? 여기는 놀러 온 사람들이나 뭐 관광객이 오고 또 요 근방에 공단 그쪽에 신도시 사람들이 많이 들어오는 거 같더라구요. 한 번 와서 사 가 보고 이젠 뭐 그러는 거죠. (그 들어올 때 저희가 쭉 한 번 돌아봤는데 보니까 그 공장을 임대를 준 집들이 많더라구요.) 이 지역에요? (네) 그저 공단 내에 있잖아요. (네. 그럼, 전자부품 뭐 그런 것들 같더라고요. 그러면 예전에 얘기 들은 것 같아. 여기 이 지역 특수상 그 어촌하고 농촌하고 같이 병합이 같이 공존한다는 얘기가 있었던 거 같애.) 공존이여? (네) 그건 우리가 이주되기 전에부터 해당되었죠. 저번에. 지금은~ (지금도.) 농사를 지었고.

(어촌에 종사하는 분들도 별 분 없는 거 같애.) 어촌에 종사하는 사람이라는 것이 여기다가 사는 사람이니께는 배가. 배가 조그만 배들만 아마 7~80척 되나 봐여. 그렇기 때문에 고저 바다에 나가서 조개도 잡고 뭐 그런 사람들이 아마 몰라도 40명, 50명 될 거예요. (아~ 조개 잡는 분들이 지금 여자분들 아니에요?) 그렇지 않고, 여자도 있고 남자도 있고. (주로 여자 분들이 많이 하죠? 그거 혹시 아주 오랫동안 조개잡고 그러신 분 알고 계시는 분 있으면 소개 좀 해 주시지.) 오래 조개를 잡은 사람이 있지. 여

기저기 여자들 많은데. (네 ~) 지금 있을까 모르겄어. 그래 지금, 거저 조개 까고 있어요. 나이들 좀 먹은 사람이라면 뭐 얘기하고도 잘 아는 사람들이니깐. 다 ~ (그러면 있다가 오후라도 좀 소개시켜 주시면 좋겠는데. 그런 분들~) 뭐, 소개시켜 줄 필요도 없어

▲ 오이도 주민들과 함께

요. 여기만 가면 요 앞에 돌솥산장이 있다고여. (돌솥산~) 내 거기서 까고 있어요, 조개~ (주로 몇 시. 주로 언제 나가서 잡아 와요?) 잡아 오는 건 물때에 잡는 거죠. 간만의 차이가 있으니깐. 지금은 조금 때라 나가지 못할 거야. (주로 조개를 잡아서 까고 그걸 어디다가 넘겨요?) 여기서 잡는 조개는 까는 게 아니고 지금까지 있는 건 전라도 부안서 올라오는 조개. 전라도쪽 꺼 저희가 까고 여기서 직접 까아 나온 조개는 여기서 그냥 관광객들에게 다 팔아 버리고 저 앞에 회 치고 뭐~ 조개구이 하는 사람들. 그 사람들이 다 사 가요. (아. 그렇게 아직도 그런 몇 명이라도 하시는 분이 많이 계시는군요.) 그건 그 사람들이 그냥 소일거리로. (소일거리로.) 원래 쪼그마서부터 젊어서부터 해 왔구, 나가게 되면은~ 뭐냐 요새 보통 나가서 잘 잡으면 5~6만 원씩 잡아 오니깐. 집에서 놀아 봐야 그렇고 그러니깐 하는데. (그러니깐 뻘이죠?) 뭐야 물 쓰고 나면 못 나가고 그러면 큰일이죠. (아. 그러니까 요즘은 못한다고요?) 요즘은 조금 때라. 조금 때일 거라고~

뭐, 할 말이 뭐 있갔어요

(조금 때? 그러면은 대부분 그렇게 조금이니깐 힘들고. 그러면 어르신 다른 일 하신 일은 없었구요?) 다른 일 한 거 없죠. (그날부터 구판장하시면서 어촌계 일도 쫌 보시면서 그러면은 그러한 배는 한 70척 된다고 그랬죠? 그러면 그 배를 몰고 나가서 이제 어획을 하는 거죠?) 그렇죠~ (그래도 꽤 많네요.) 많은 편이죠. 사실은~ 근데 요새는 초보기가 지났죠? (요즘은 한가한 때네요.) 지금은 봄이 돼가지고 재차 시작되겠죠. (그러면 요즘은 주로 그냥 쉬고 계시겠네?) 쉬고 있고, 어쨌든 일들을 해야 할 것들 다 갖고 굴도 가서 따 오고 바다 쪽에 그물 걸어 놓고, 저쪽 가면 맛이라고도 있어요. 맛도 쫌 파 오고 뭐 그냥 일하는 사람들은 계속하고 있고 그 다른 사람들은 놀고 있고~

(어때요? 연령층이 젊은 사람들도 요새 많이 해요?) 바다요? (네~) 바다야, 젊은 사람들이 하지. 늙은 사람들이 할 수 없는 거지. 바다 일은 젊은 사람들이 해야지. (그래요~) 40대~ 50미만, 60대도 있긴 있어요. 있는데~ (하기야, 연세들이 드시니 못하지.) 60대까지도 나이는 많아요. (일단은 일은 고되도 돈이 되니깐.) 그러니깐 이런 공장 같은 데 나가서 일하다가 1달이라도 일하면 지가 돈 쫌 처음 받아서 돈 백만 원도 안 주니깐. 근데 바다에 나가게 되면, 배 타고 나가서 갔다 오면 한 돈 10만 원 같은 건~ (그러면은 예전에는 오랜 옛날. 그때는 더 많았죠?) 그때는 더 많았죠. 수익은 지금보다도 오히려 못하다고 봐야 하

죠. (그걸 잘 처리를 안 하니깐~) 그땐 물건 값이 좀. (그 당시에 배는 몇 척 정도나 되었어요?) 작업장도 하면서요. 그전에 배는 지금보다는 숫자별로는 아마 적었나 봐요. (아~) 지금 배가 여기에 오이도 이 땅만 한 게 아니라 저 가로다가 화성군, 화성군 사람들 위주로 해 오고, 또 여기서 소형 선박이라고, 쪼금한 배가 많이 나와 가지고 그걸 또, 사용하는 사람들이 있고. 어떻게 지금 배가 여기는 많이 들어온 거야. (주로 배는 그렇게 쪼금한 배를 건조하려면. 만들고 그러는 것은 어디서 의뢰를 해요?) 그러니깐 공단이 있더라고요. 배치고 만들어서 가지고서 그랬었는데 사오는 거예요. (거기서? 꽤 비싸다고 들었는데.) 그렇죠. 조선소~ 철강 조선소 만드는 데래요. 그게~ 기계까지 놓아 가지고서 만들어 놓으니깐 한 7~8천 가나 봐요. (작은 거라도 7~8천이나 하는구나. 주로 혼자서는 안 하잖아요? 그쵸?) 둘이 해요. (최소? 최소 둘 정도 해서.) 혼자 하는 사람들이 있긴 있는데. (혼자서는 힘들지, 위험하지 ~ 지금도 위험한 게 많지 않아요?) 지금은 요 근방에서 전부 다 하고 있기 때문에 위험한 게 없어요. 바람 부는 날만, 쫌 잘 부려 주면은~ (그러니까 날씨 봐서, 날씨가 좋을 때에 나가고 이러는구나.) 어선 통제하는 사람들이, 경찰관들이 나와 있어 가지고서 바람 불고 태풍 불면 배를 출항을 안 시키니깐. (아~ 별로 해상사고 날 일은 없군요.) 그렇죠. 해상사고 일은 별로, 지금서다 1~2건 정도 있긴 있었지만 큰 사고는 별로 없었어요. (그러니깐 여기 또, 북한 쪽하고 가까워서 납북되는 경우도 있을 거 같애.) 그건, 옛날 얘기죠. (요즘은 그런 일은 없고.) 옛날에는 간첩선이 여기까지 들어왔다 나갔잖아요. (그렇죠?) 그래, 한

"바다야, 젊은 사람들이 하지. 늙은 사람들이 할 수 없는 거지. 바다 일은 젊은 사람들이 해야지."

참 군대 나갔다 와 가지고 예비군 생활 할 적에, 경우에는 간첩선이 여기까지 왔댔어요. (아, 간첩들이~ 그럼. 배를 ~ 요즘은 많이들 출항 안 하죠?)… 어떻게 해…

(다, 그냥 인근에서 일종의 소규모로 하는 폭이네?) 그렇죠. 소규모죠. (이렇게 또, 크게 오래 전부터 크게 하는 데는 없고요?) 크게 하는 데 있죠. 근데 오이도 사람들이 하는 배는 없고, 산 사람, 사람들이 하는 사람들이 쥐왕배로 큰 배를 갖고 있는 사람들이 몇 있는데. (이쪽 지역 분이면서 아니면 이쪽 지역분이 아니더라도 오랫동안 하신 분들?) 여기 와서 사니까 하는 사람들. 여기서 다 합해 봐야 4~5년밖에 안 되었고, 저 화성군이라던가. 안산시. (네~) 그 밑에 거기서 해다 온 사람들 몇 있어요. 이젠 그 사람들은 여기까지… 출어하지 않고 저~ 금강선착이라고 있어요. 거기서 판매하죠. 주로~ (그렇군요. 근데 요즘은 보니깐 저는 잘은 모르지만은 그렇게 어획하고 그러면은 그래도 수지가 맞는 거 같애. 그쵸?) 그러니깐, 지금은 많이는 못 잡아도 확실히 조금 어획량은 값이 좋았어요. 그래, 옛날에는 여기서 잡은 조개가 있는데 그게 그 적에는 대래라고 그래요. 1대, 2대래도 잡는데. 그때는 그걸 아마 모르긴 몰랐지만 한 40~ 50대 잡아야 사람마다 그랬다고요. 근데, 지금은 키로(kg)로 하는데 1키로에 4천 5백 원, 5천 원 이렇게 하는데, 한 대 때는 돈 만 원만 한 거예요. (그건 도매금이죠? 그래도.) 도매금이 아니라 소매죠.… 근데, 요새는 조개 2대 값만 잡으면 쌀 1가마니 넘어! 그때는 50대를 잡아야 쌀 1가마니 했는데 이제는 2대만 가지면 이젠 하니깐 양은 그때보다 많이 확실히 들잡지만 소득면에서는 그때보다 지금이 나아요. (그러니까, 요새

우리 어촌이 윤택해졌어요. 많이~)

사실상 농촌보다 다릅니다. 농촌은 특히나. 나도 농사를 지어 봤지만 쌀 한 30가마 할려면은 거기에 들어가는 비용이 (만만치 않죠?) 열 가마 값은 들어가야 해. (그치~) 그러니 이제 이걸 자기 재산 뒤져 갔고 뭐 땅 뭐 나 가지고 한다는 것이 옛날 1가마니 쌀가마 1대가 지금 가격으로 따지면 30가마 보통 한단 말야. 그럼, 만 원짜리 돈 15만 원씩 받아 가지고, 돈 한 4백 50만 원이 되야 하는데, 한 차례 50만 원 떼가고 나면 돈 한 2백~3백만 원 남는데, 그러니 지금 제일 최하 봉급받는 사람들이 아무데라도 가서 일만하면 1달이면 돈 백만 원 벌잖아요? (그렇죠.) 석달만~ 아무것도 안 갖고도 그때 농사짓는 사람보다 낫지. 농촌하고 어촌하고 하게 되면은 어촌이 지금은 확실히 낫죠. (윤택하고, 그쵸?) 아~ 농촌 사람들 사실상 돈 10만 원 지금 그렇게 벌려면 무엇을 해 벌어야 해~ 그거 저 비닐하우스로 해 가지고 또, 뭐 해 가지고 한다는 게 쉬운 얘기가 아니에요. (그렇죠~) 몇몇 힘있는 이라도, 다만 나이 한 50대 되는 사람 같으면 15kg~20kg으로다 갔다 왔다 하는데 시간 가는거 보니깐 2시간 이래 가지고 이제~ 15kg이면 돈이 얼마야?

(음, 그러네요. 부유할 수밖에 없네. 옛날에 비해서 그쵸? 그러면 과거에 구판장 일하실 때, 주로 그냥 이렇게 손님들은 인근에 동네 사람들?) 특히, 아무래도 그쪽 부락민들이고 또 그쪽에도 공일이면 그쪽은 바닷가지. 여기가 바다 가세인데, 바다 가세로 집이 있었어요. 그래 가지고 횟집 들어서고, 이제 공일이면 차가 수십 대씩, 백여 대씩 댕기니깐 회들 먹으로 오는 거지. 그 사람들이 왔다 갔다

하게 되면은 그 사람들에게 음료수라도 팔고 뭐 이러는
거지. 그때는 꼭 장사가 지금같이 이런 논구석에서 밟으
면 그때에는 구판장이란 게 하나 있고 쪼금한 의자 한 두
개 있어 갔고… (거기서 오래 하셨죠?) 거기서 한 15년 했
지. 이쪽에서는 한 4~5년. (4~5년 하시고 이제 뭐 또, 연
세도 있으니깐~) 이제는 힘들어서 못해요. 이건 그리고
보이지도 않아요. 사람 많이 와도 소용없어요. 안 돼요. 사
는 사람 10명만 들어와도 북적거리고 나면 누가 뭔지 하
나쯤 집어도 모르는 거지. 그 담에 돈을 거슬릴 적에 모르
고. (아~ 보통 한 그래도 이제 아침에는 나오시는구나?)
아침에는 일찍 가지도 않아요. 아침 먹고 슬슬. (슬슬~ 바
로 집이 여기시니깐.) 공일에나 되어야 몇 오지. (그냥 지
키고 앉아 계시는구나.) 그냥. 이게 테레비가 최고지. (어.
TV 하고, 또 오전에 친구들 오시고 그러니깐, 음~ 아니
아까 어촌계 갔더니 여기가 사랑방이라고 그러더라고.)
어촌계 갔었어요? (그럼요.) 일루 어촌계에서 들밀어 보내
요? (아니요, 이제 저희가 여쭤어 보았지. 연세 좀 드시고
오래 사신 분 좀 추천 좀 해달라고 그랬더니, 이제 어르신
을 추천하더라고요. 이제~ 그 어촌계장님은 오늘 뭐 수
산청 어디 갔다고 그래 가지고. 직원하고 같이~ 거기 청
년이 얘기하더라고여. 그래서 저희가 왔죠. 그쪽 얘기가
여기가 사랑방이라고 그러더라고요.) 아~ 그러니까 알고
오셨구만. 뭐~ (아 그럼요, 알고 오지 모르고 어떻게 찾아
뵈어요. 뭐 다른 뭐 해 주실 말씀은 또 없으세요?) 뭐, 할
말이 뭐 있갔어요.

박현수
영남대학교 문화인류학과 교수, 20세기민중생활사연구단장
서울대학교 문리과대학 인류학 박사
저서: 『소도시의 생성과 구조』
『조선총독부 중추원의 사회문화조사』
『산체스네 아이들』(번역)

이균옥
영남대학교 민족문화연구소 연구교수
경북대학교 국문학 박사
저서: 『동해안 지역 무극 연구』
『동해안 별신굿』, 『한국의 굿』(공저)

김양섭
중앙대학교 인문컨텐츠연구소 연구교수
경희대학교 대학원 문학박사(중국사상사)
논문: "南宋代 金華地域의 反道學運動과 朱子學 受容",
"元初 婺州地域의 反元運動과 吟社, 講學活動",
"元末·明初 金華學派의 正統觀念",
"항만에 묻힌 민중의 삶을 찾아서"(공저)

최경호
목포대학교 호남문화콘텐츠연구소 연구교수
중국 중앙민족대학교 민족학 박사
저서: 『北京胡同變遷與旅遊開發』,
"오래된 집, 사합원의 매력과 관광자원화", "후통(胡同)의 관광화"

주강현
한국민속연구소장, 문화재전문위원, 해양문화재단이사
경희대학교 문학 박사(국어국문학)
저서: 『한국의 두레 1·2』, 『왼손과 오른손』, 『조기에 관한 명상』,
『북한민속학사』, 『21세기 우리문화』

20세기 한국민중의 구술자서전 1. 어민편 **짠물, 단물**

엮은이 박현수
지은이 이균옥 · 김양섭 · 최경호 · 주강현
펴낸이 고화숙
펴낸곳 도서출판 소화

초판인쇄 2005년 6월 10일
초판발행 2005년 6월 20일

출판등록 제13-412호
150-037 서울시 영등포구 영등포동 94-97
Tel: 2677-5890(代) Fax: 2636-6393
www.sowha.com

ISBN 89-8410-274-1
ISBN 89-8410-273-3(세트)

값 9,000 원